让孩子学会与亲人、朋友、自己进行交流
无数细节的改变让教育更有力量

培养孩子情商108个细节

主编　陶红亮
编委　郝言言　苏文涛　薛英祥　薛翠萍　唐传汉
唐文俊　王春晓　史　霞　马牧晨　张宁宁
邵　莹　石　柳　李　青　赵　艳　唐正兵
陈　振　张绿竹　张莉萍　隋珂珂　李　伟

湖北长江出版集团
湖北教育出版社

(鄂)新登字02号

图书在版编目(CIP)数据

培养孩子情商108个细节/陶红亮主编.—武汉:湖北教育出版社,2011.11(2020.11重印)
ISBN 978-7-5351-6931-0

Ⅰ.培… Ⅱ.陶… Ⅲ.儿童-情绪-智力商数-培养
Ⅳ.B842.6

中国版本图书馆CIP数据核字(2011)第164442号

出版 发行:湖北教育出版社 武汉市雄楚大道268号
网 址:http://www.hbedup.com 邮编:430070 电话:027-83619605

经 销:新 华 书 店
印 刷:天津旭非印刷有限公司
开 本:880mm×1230mm 1/32 11印张
版 次:2011年10月第1版 2020年11月第5次印刷
字 数:225千字

ISBN 978-7-5351-6931-0 定价:21.00元

前言

从事教育行业这么多年，我与众多家长和孩子打过交道，发现每个孩子都有自己的特点。有的孩子学习成绩很好，而不懂得如何与小伙伴进行交往；有的孩子成绩一般，却能在小伙伴中一呼百应；有的孩子过于内向，不乐意出门与人交流，甚至学习成绩也不见起色；而有的孩子却是德智体全面发展，能合理安排自己的生活，学习、玩耍两不误。

家长们经常会找到我大倒苦水，埋怨孩子的调皮和固执，也对孩子不时出现的一些状况束手无策。家长想让孩子见到客人热情地打个招呼，孩子却“吱溜”一下钻到卧室的床底下了，不肯出来见人；家长想让孩子陪着客人的孩子一起玩，孩子却不肯把玩具分给小客人，甚至于对小客人推推搡搡，准备“决一死战”，保卫属于自己的这一堆玩具，顿时家里变成了几个小孩子的争夺保卫战的战场。

对孩子的疼爱和期望，让家长对这些“小屁孩儿”们又爱又恨，却又不知如何去管教孩子。家长们相互讨论，四处寻找答案，却得到了五花八门的解释，让人哭笑不得。

为满足家长的需求，我把家长在教育孩子过程中容易出现的一些问题进行了统计和整理，编写了《培养孩子情商 108 个细节》，详细介绍了科学培养孩子情商的知识，并对此提出了最容易运用、最简单、最便捷的解决方案，希望能够帮助家长解决可能出现的问题。

《培养孩子情商 108 个细节》是经过精心编写而成的一本教育指南，清晰的层次便于查阅和使用。我将本书分为九个章节，分别从孩子的心理健康、自控能力、情感表达、性格、人际关系、为人、品质等几个方面对培养孩子情商进行解读，系统地对 0—12 岁孩子的情商进行分析，以及对家长容易出现的错误教育方式进行纠正，指导年轻父母正确、科学地教育孩子，培养孩子的情商，让年轻父母在家就能轻松教育孩子。本书中的情商培养是目前国内的最新研究现状的总结，对最受家长关注的情商问题提出科学实用的解决方案。

由于孩子的年龄特点，导致了孩子的自控能力比较差，做事容易情绪化，如果孩子被情绪左右，那么孩子的不良情绪不仅会使他人受到干扰，而且也会使自己身心受到影响。亲人、朋友、自己，是孩子生活中要面对交流的三大主要对象，想处理好这三者之间的关系，就需要孩子学会用语言、用行动表达自己的情感，家长可以从本书中了解孩子的情绪情感，帮助孩子恰到好处地表达自己的内心。当孩子撅起小嘴大发脾气的时候，年轻的父母应该明白此时孩子不是在展示自己可爱、懂事的一面，而是想达到自己的小目的。家长还会在孩子的意志比较消沉时不断对孩子进行劝解、安慰，直到孩子又抿着嘴巴开始微笑。可是，想让孩子长大就要让孩子学会自己来调控情绪，学会用正面、稳定的情绪面对世界，并有办法抵抗负面情绪。当孩子能不被情绪左右时，才是孩子真正成熟的时候。家长需要塑造孩子良好的性格，不让孩子的命运因为性格发生改变。

人是群居动物，做任何事都离不开人际桥梁的搭建。家长需要明白：能处理好人际关系的孩子，更容易成为领导者，受到人们的追随和崇拜。善于人际交往的孩子，才会懂得协调人际关系的技巧，能够容易地化解纠纷，宽容别人的行为，并且能够很好地与人进行合作、分享。因此，家长一定要教会孩子为人处世的道理，学会做人。让孩子学会为人，就是交给孩子一把人生的金钥匙，开启生命精彩与神秘的大门。善于为人的孩子，能促进人际关系的和谐，与人分享自己的快乐和悲伤，能愉快合作，受到他人的欢迎。家长还需要让孩子拥有优秀的品质，因为当孩子拥有了优秀的品质时，能够更有责任心和同情心，更坚强地面对困难与挑战，更容易与人交往，这些都是孩子成功的必备要素。

孩子的生命就是一张白纸，让孩子成为怎样的人，决定因素不是孩子本身，而是后天的教育和栽培。家长对孩子的教育，将影响孩子的一生。正确的教育，能让孩子的身心健全成长；有偏颇的教育，则会使孩子出现种种问题，小的问题表现为恐慌、懦弱，或自以为是，而大的问题则可能是人品的缺陷，价值观、人生观的错误。

拥有本书，能让孩子攀爬上人生的另一个高峰。当孩子的自控能力增强的时候，当孩子能恰当地向人表达自己的情绪和关心的时候，当孩子能不畏挫折、勇往直前地克服困难、解决问题的时候，当孩子能与人沟通、善于为人、有良好的人际关系的时候，就是家长最开心、最欣慰、最能实现自己抱负的时候！

目录

第一章 关爱孩子，让孩子的身心都健康 001

看着孩子一天一天长大，在孩子明亮的眼睛里，父母似乎已经看到了孩子成人成才的样子。但孩子的心理是否也像身体一样健康呢？怎样关注孩子的心理才能让孩子自尊、自信地迎风而立呢？本章从多个角度对孩子的心理健康进行了讲解，对父母的各个疑问做出解答，帮助父母更好地、有针对性地促进孩子心理成长，让孩子快乐无忧地长大成人，并拥有无人匹敌的健全身心。

第二章 学会自控，别让情绪左右孩子

当孩子撅起小嘴大发脾气的时候，家长应该明白此时孩子不是在展示自己可爱、懂事，而是想达到自己的小目的。当孩子的眼睛失去自信、快乐的光芒时，家长应该了解到孩子此时的意志有些消沉。于是，家长开始对孩子进行劝解，不断安慰，直到孩子又抿着嘴巴开始微笑。可是，想让孩子长大就要让孩子学会自己来调控情绪，学会用正面、稳定的情绪面对世界，并有办法抵抗负面情绪。当孩子能不被情绪左右时，才是真正成熟的时候。

第三章

情感表达，教孩子学会表达自己的情感

亲人、朋友、自己，这是孩子生活中要交流面对的三大主要对象。想处理好这三者之间的关系，孩子就要学会用语言、用行动表达自己的情感，懂得感恩，懂得孝道，懂得自爱，不管男孩还是女孩，都需要知道如何恰到好处地表达自己的内心。孩子的内心世界丰富多彩，渴望得到启发，能够痛快地表达出来，满足他们的情感需求。

孩子降生到这个世界时都是一样的，但经过几年的成长之后，为什么有的孩子会信心十足、满含微笑地面对世界，而有的孩子会没有底气、不敢抬头呢？原因就是经受挫折时各自的态度和应对方法不同，导致了孩子的不同表现。挫折是一笔巨大的精神财富，如果能珍惜孩子经历的挫折，正确应对挫折，那么孩子的一生将会精彩不断，充满惊喜。

第五章
性格培养，好性格带来好命运

性格决定命运，一个良好的性格对人的一生都有着重要的影响。当一个优柔寡断、自卑、消极、孤僻，甚至有些胆小怯懦的人站在我们面前时，他就会有逃跑的欲望。同样道理，如果我们的孩子性格出现了问题，那么，有逃跑欲望的人就将变成我们的孩子，而且，孩子在未来事业上也不会有大的成就。因此，在孩子小的时候，家长朋友们就要开始努力塑造孩子的良好性格，不要让孩子的命运走向毁灭。

第六章

人际关系，善于交往的孩子更具潜力 175

卡耐基曾说：成功是由15%的专业技能与85%的为人处世构成的。人是群居动物，做任何事都离不开人际桥梁的搭建。善于人际交往的孩子，懂得协调人际关系的技巧，能够化解与小伙伴的纠纷，宽容他人的行为，并能够与人合作、分享，懂得怎样赞美别人，善于理解他人。能处理好人际关系的孩子，更容易成为领导者，受到人们的追随和崇拜。

当孩子拥有宽广的胸怀，诚实守信，不去嫉妒别人，善良对待身边的人，有责任心、有同情心，能担当应该承担的责任，懂得思考和自我反省，并能在困境中自我激励，这样的孩子获取成功的几率几乎是百分之百。拥有优秀品质的孩子，能够更容易与人交往，更坚强地面对困难与挑战，更有责任心和同情心，这些都是成功必备要素。

第八章 善于为人，让孩子成为最受欢迎的人 281

孩子成才很重要，但孩子成人更重要。懂得如何做人，才会拥有更完美的人格尊严和人生追求。善于为人，比善于做事更具挑战力，也更能让孩子合理运用。让孩子学会为人，就是交给孩子一把人生的金钥匙，开启生命精彩与神秘的大门。善于为人的孩子，能促进人际关系的和谐，与人分享自己的快乐和悲伤，能愉快合作，受到他人的欢迎。

第九章

正确教育，父母影响孩子一生的幸福 311

孩子的生命就是一张白纸，让孩子成为怎样的人，决定因素不是孩子的身体因素，而是后天的教育和栽培。家长对孩子的教育，将影响孩子的一生。正确的教育，能让孩子的身心健全成长，有偏颇的教育，则让孩子出现种种问题，小的问题表现为恐慌、懦弱，或自以为是，而大的问题则可能是人品的缺陷，价值观、人生观的错误。

第一章

关爱孩子，让孩子的身心都健康

看着孩子一天一天长大，在孩子明亮的眼睛里，父母似乎已经看到了孩子成人成才的样子。但孩子的心理是否也像身体一样健康呢？怎样关注孩子的心理才能让孩子自尊、自信地迎风而立呢？本章从多个角度对孩子的心理健康进行了讲解，对父母的各个疑问做出解答，帮助父母更好地、有针对性地促进孩子心理成长，让孩子快乐无忧地长大成人，并拥有无人匹敌的健全身心。

你是否关注过孩子的心理健康

近年来，校园暴力、孩子沉迷网络、自杀等事件不断出现，三亿多未成年人的心理健康日益变得脆弱，家庭对孩子不恰当的“教育”方式所引发的心理健康危机将会影响孩子一生的命运。因此，关注孩子的心理健康显得尤为重要。

怎样判断孩子的心理是否健康

首先是孩子性格的转变。例如：以前孩子无忧无虑，现在突然变得有点沉默，不爱动；以前孩子温和听话，现在动不动就发脾气；以前孩子对人宽容、友爱、懂事大方，现在却变得爱计较了，不容忍别人，甚至有些孩子出现了报复心理，这些都属于性格上的变化。

另一方面则是行为上的变化。孩子心理上出现问题，很多时候会表现在行为上，比如孩子不仅变得少言寡语，而且在饮食上也出现问题，比如厌食、食欲不振，或者暴饮暴食。最明显的行为表现是孩子不愿意上学，不愿意与亲近的人交流，甚至不愿意外出活动。有的孩子会出现相反的状况，比以前好动，总是坐卧不安、心神不宁，学习时注意力不再集中，学习成绩明显下降，甚至出现易激怒的情况，有较强的攻击性。

如何让孩子的心理更加健康

孩子产生心理问题甚至出现心理危机的根本原因，在于他生命中重要的人际关系没有达到完善，如亲子关系、师生关系、同伴关系出现严重问题。其中，亲子关系在孩子的心理问题上起着决定性作用。心理健康标准的核心是：凡对一切有益于心理健康的事件或活动做出积极反应的人，其心理便是健康的。中小学生心理健康大体可以包括喜欢与他人交往、懂得提高自我修养等方面。

经常与他人交往，拥有良好的同伴关系，是促进孩子心理健康的重要因素。为了使良好的同伴关系得以建立，需要告诫孩子要将尊重他人放在第一位，从他人到自我，从外表到内心，从言语到行动。孩子有了这种意识，同伴间才会有宽松和谐的关系。在集体活动中，应该将孩子平等的竞争意识激发出来，正视现实，教育孩子和同伴和睦相处，必须彻底扭转孩子以自我为中心的思想，引导他们学会互助和关心，培养他们善于合作、巧于交往的技能。丰富的游戏活动可以使孩子的心理更加健康。这个时期孩子逐渐向往与成人一起活动，但因为受知识、能力限制，还无法和成人一起活动，而游戏却可以使孩子的要求得到满足，使孩子的个性发展和身心健康得以促进。用游戏来教导孩子，使孩子在轻松愉快的环境中生活和学习，增强孩子的自控能力，将他们的潜力挖掘出来，让孩子既获得了知识，强健了身体，又使孩子有了较强的交往能力。在游戏中，家长要定位好自己的角色，不能成为指挥者，而要成为孩子的合作者和伙伴，给孩子足够的自由空间，让他们自己选择，充分尊重孩子的兴趣，勇于创造、大胆想象，从而形成一种轻松愉快、健康活泼的心理氛围。通过广泛开展亲子游戏，孩子身心健康会得到不断发展。

孩子每每谈及自己压力大、精神紧张的原因，第一个提到的便是父母。一个有问题的孩子一定来自于一个有问题的家庭。家庭教育不恰当就会造成家长与孩子的关系紧张，引起孩子严重的心理危机，父母应该高度重视这一情况。

惩罚孩子的前提条件是肯定孩子，宽容孩子的不够完美，不要对孩子过于严厉地管束。父母是孩子人生的第一任老师。当孩子生活在一个不和睦的家庭，就容易形成烦躁、孤僻的性格，反之，有了和睦的家庭，孩子会性情温和、乐于助人。父母是孩子学习的榜样，家长的言行举止会影响孩子的一举一动，可以想象，做事简单粗暴的父母培养不出一个知书达理的孩子。家庭环境直接决定着孩子心理健康的发展，因而创设良好的家庭教育环境至关重要。另外，良好的家庭教育氛围还包括家庭教育与幼儿园或学校教育的连贯性、一致性和整体性。家长在进行家庭教育过程中需要懂得孩子的一些生理和心理特点，用科学方法去教育孩子。对孩子的表扬要多于批评，不能实施“棍棒”教育，努力营造一种良好的家庭教育氛围，能够在更大程度上促进孩子的心理健康。

细节提示

家庭关注孩子心理健康需要注意三点，即关注每一个孩子的心理健康、培养孩子身边重要的人际关系、对孩子进行抗挫折训练。培养孩子的抗挫折能力的方法有很多，一是延迟满足，二是爱孩子的同时要敢于对孩子说不，甚至能够对孩子的错误进行惩戒，三是让孩子养成运动的习惯，四是鼓励孩子参加一些社会实践活动。

被忽视的孩子更容易争强好胜

恺恺妈妈的烦恼:“我家恺恺近来特别好占上风,总爱跟同伴争比,从球踢得多远,到家里有多少玩具,都要胜人一筹,昨天他竟然说‘我换牙了,牛牛没有’,弄得我们哭笑不得。孩子太争强好胜好吗?”

孩子的争强好胜的确让家长们左右为难。如果淡化孩子的竞争意识,家长们唯恐孩子将来会处于劣势;如果一味强调竞争,又怕给孩子心理造成压力,甚至担心孩子会变得功利和不讨人喜欢。

怎样理解孩子间的竞争

从心理学的角度看,每个孩子都需要被别人关注,有些家长为了避免孩子被过度关注成为“小皇帝”,一心要培养他的独立性,就采取忽视孩子的教育方式,也就是“不管”,好像这样就能使孩子健康成长。其实这样的教育方式并不利于孩子的成长,会使孩子觉得自己被忽视。为了能使自己得到关注,他们往往会产生这样的想法:如果我比别人出色,一定会得到我想要的关爱,从而逐渐形成了处处争强好胜的性格。孩子的内心是脆弱的,他们长大后会强烈地寻求被理解、被关注、被爱的情感体验,一旦找到了就特别依赖。另一方面,如果孩子在成长过程中没有充分表达出被忽视的不满,他们成年后会继续表现出争强好胜,并容易和人发生冲突,具有较强的攻击性;而被培养出来的独立性只是表面现象。这些事情可能是家长没有预料到的。

家长该做些什么?

1. 不要任凭孩子自由发展

家长从意识上不要认为任凭孩子自由发展就能使孩子具有独立性,长期“不管”孩子导致的结果就是不能让孩子的身心做到真正独立,更容易给孩子带来伤害。

2. 端正孩子的竞争心态

竞争意识与自我意识是密不可分的,清晰明确的自我意识是与他人的对比之下凸显出来的。在孩子自我意识快速发展的关键期,孩子为了发展自我,就迫切需要拥有与别人区分开的、私有的、独特的个人经验,从而显示出自己独立的与众不同的人格。为了在不同对象面前、不同环境下表现自己,孩子需要深入了解自己的言行将会使自己在别人眼里的形象有怎样的改变,产生怎样的影响。孩子自我意识发展的重要表现正是竞争意识的萌芽出现,家长应及时予以支持和正确引导。

如果家长对孩子过强的竞争欲望感到担忧,应该先端正孩子心态,要让孩子明白每次竞争是展示自身实力的一个机会,是一件意义重大而且美好的事,不应该充满妒忌和愤懑,要用平和的心态看待竞争中的超越与被超越。参与竞争的意义之一,就是学会风度优雅地接受失败,并且诚心实意地祝贺对手。家长们要告诉孩子,在竞争中获得胜利是值得骄傲的,但能与伙伴团结合作,也是现代生活不可缺少的品质。

3. 告诉孩子无论输赢,父母都爱他

每个孩子都需要适度的关爱,家长要理解孩子,尤其要理解孩子内心的柔弱和对关爱的渴望。不用刻意期待和培养孩子应该怎

样独立，这样，孩子才会从内心到行为都做到真正独立和健康成长。

对于好胜的孩子来说，如果他在班里个子不高，或者不会跳皮筋，都会让他担心自己会落在同伴后面。当孩子向我们倾诉内心的不安时，家长们最好别用类似于“你很可爱”、“你唱歌好听”、“你学习好”等评语来转移话题，以此应付孩子。比如，我女儿学羽毛球困难，有次她爸爸带她练习时，她沮丧地说：“我不善于打羽毛球，我善于写字。”这是我曾经用来安慰她的话，现在却让她感到自己能力不够，没有自信。父母在一定情况下可以通过做比较的方式来安慰孩子：“文文跑得快，但你说话声音比他响亮。”这能让孩子明白每个人都有优势。另外要让孩子知道无论他的竞争结果怎样，父母都从内心爱他，这一点比任何竞争都更重要。

细节提示

在和孩子一起做游戏时，家长可以选择一些适合孩子能力的游戏，或是改变一些复杂游戏的规则，使之简单化。在游戏中即使家长不用故意退让，孩子也可能获胜，这样使孩子在一种公平竞争的情况下获取成功的喜悦。在游戏的后期，慢慢地增加难度，使孩子逐渐增加对失败的体验。

让孩子在自信当中生活

自信心是孩子成长过程中对情商影响最大的一个因素，孩子的自信心强，则理解能力、判断能力、交流能力都能有长远的发展，相反，自信不足就会让孩子自卑甚至造成自闭，对成年之后的世界观、人生观、价值观都会产生消极影响。

孩子没自信的外在因素

1．孩子从小到大，当他做错事或犯错误的时候，你有没有用消极的负面的语言来评价孩子？

2．生活中有没有怕孩子做不好而不让他尝试着去做？

3．对孩子的态度会不会过于严厉，要求会不会过高？

4．有没有拿孩子和别的孩子做比较？

> 晚饭后，妈妈带我到杨阿姨家做客。哇，屋里有许多不认识的人。杨阿姨家的文文姐姐正在给大家唱歌，唱完了，一位叔叔说："欢迎小男孩为我们唱歌！"然后大家都笑眯眯地望着我，妈妈也用力把我往前推，可我从来没有在这么多不认识的人面前唱过歌。我不敢抬头看大家，唱得很轻，而且我听见文文姐姐在轻声笑："嘻嘻！像蚊子叫。"回家路上，妈妈说："我很失望，你一点也不大方，瞧文文姐姐，多可爱，唱得多好！"我感到很委屈。要是我们家来了许多我认识的叔叔阿姨，我一定会唱得很好的。

在类似这种情况下，孩子往往由于胆怯而不愿意表演，勉强表演的效果当然不好。此时，不能以别的孩子如何优秀的方式来批评自己的孩子。

培养孩子的自信心，我们可以参照以下几点进行：

正面认识孩子，并多鼓励孩子

人类本质中最殷切的要求是：渴望被肯定。在日常生活中，要善于寻找孩子的长处。例如想表现出对孩子的信心和鼓励，可根据具体的情况来对他说，“我相信你能做得到”，当指出孩子的优点时，父母可以微笑着说，“我觉得你的数学学习能力很好”、“你能主动整理自己的房间，这个做法值得提倡”、“你的字写得很工整很认真，看起来很舒服”。鼓励孩子表演特长，当孩子开始表演讲故事、唱歌和背诗的时候，用手给他打拍子，并深情注视他，表示应和。当孩子有进步的时候要根据具体事例进行表扬，和孩子相处时，需要经常寻找他行为值得赞许的具体地方，运用赞许的语言来鼓励他，但不要空洞大范围地表扬孩子。可以说：“孩子知道自己穿衣服了，有进步嘛！”尽量不要说“孩子你真行”等空洞的语言表扬孩子。

保护与重视孩子的自尊

多赞许，少批评，有助于增强孩子的自尊心，因为有强烈自尊心的孩子，对自己所做的事情充满信心，而缺乏自尊心的孩子，不愿参加集体活动，认为没人支持他，非常缺乏自信。因此，家长切忌用尖刻语言讽刺挖苦孩子，不能在别人面前不尊重孩子甚至惩罚孩子，不用别家孩子的优势与自家孩子的不足相比，不滥施权威，不把孩子的话当“耳旁风”，以免孩子丧失自信心，产生自卑

感,损伤自尊心。鼓励孩子勇于尝试,勇敢地面对失败和挫折。千万不要在任何人面前和任何场合用消极语言评价孩子,比如:"瞧瞧我这孩子,天生就是胆小!"等。

让孩子从成功的喜悦中获得自信心

家长要信任孩子,平时可以给孩子安排一些力所能及的事做,这主要是在培养锻炼孩子的生活自理能力,放手让孩子去做,而不是家长把一切都大包大揽,更可以培养孩子的自信心。如果经常无视孩子的需要,会让他因为没有受到重视而沮丧。当他在你身边满怀期望地提出:"妈妈,我想喝牛奶。"如果你在为一些事情忙碌而当时不能满足他,要告诉他具体时间:"回到家,妈妈给你拿牛奶,好吗?"放低对孩子的要求和期望,会减轻孩子身上的巨大压力,让孩子在做的过程中能够毫无顾虑心无杂念地去努力做好。

细节提示

并非只有学习才是最重要的,孩子的其他方面对于建立信心同样重要,多找孩子的闪光点,发现孩子的长处。孩子问你如果做不好怎么办?家长的态度也很关键,回答孩子:"没关系,谁都有做不好的时候,有会犯错的时候,我们可以从犯错中吸取经验,人都是在犯错中长大的。只要认真做过就可以了。就算你真的没做好,也没关系,检查一下原因,下次还有机会做好。"

父母的“关怀强迫症”

“关怀强迫症”在我们的社会中普遍存在，并给人们带来很多痛苦，但还没被人们所重视，父母总把孩子放在自己的掌心，却不知孩子渴望拥有一片自己的天空。

在我们日常生活中的每个角落都会出现“关怀强迫症”，它体现着关怀付出者对于关怀接受者无微不至关怀的美好出发点，却不知它也是有负面影响的。

“关怀强迫症”的含义

“关怀强迫症”的原意是交互依赖，即一个人总是爱向别人提供别人不需要的关怀，特别需要别人依赖自己。并且还强迫别人接受自己的关怀，当别人对自己有依赖的时候，他就会认为自己有价值，获得心灵的满足。有时是物质上的资助、生活上的照料，有时体现为语言上的劝说。总之，他们是通过让别人需要自己、依赖自己，给予别人不恰当的关怀来确立自己的人生价值，获得心理满足。这种病态的现象在我们周围是普遍存在的，因为关心别人的行为一直是受社会认可的，人与人之间也需要互相帮助和关心。但是，如果运用不恰当而强迫别人接受自己的关怀，这就是一种不健康的、容易对人与人的关系产生破坏影响的行为和心理问题了，如果这个现象出现在父母对孩子的关怀上，就会扼杀孩子的独立意识和自理能力。对孩子来说，成长的结果只有两种可能：一种可能是孩子坚决反对这种关心，就会导致孩子和父母之间发生严重的冲突；另一种可能就是孩子对父母服从和依赖，于是孩子的成长

能力就退化了。

“关怀强迫症”和健康关怀的差别

两者的差别可以从关怀的付出者和接受者来分析:第一,审视关怀付出者自己是不是特别依赖于付出关怀。健康关怀的关怀付出者是通过帮助别人获得快乐,让社会更加和谐,充满温情。“关怀强迫症”的出发点是关怀付出者依赖别人对他的感激之情,从而获得心灵的满足。第二,审视关怀接受者是否需要你的关心,是不是提供了他们不需要的东西,强迫别人接受关怀。健康关怀的关怀接受者需要帮助与关心,能够通过别人的帮助获得成功,或者走出困境。而“关怀强迫症”的关怀接受者并不需要过多的关怀,却得到了不必要的关心,给自己的生活造成了一定的不良影响。

家长的“关怀强迫症”,指的是一些家长以取消孩子独立性为前提,给孩子过度的关怀和照顾。这种关怀和照顾带有一定的强迫性,不管孩子是否乐意接受,是否需要,都要强加给予。一旦孩子拒绝了家长,家长还会心生沮丧甚至怨恨孩子。

“关怀强迫症”带来的危害

这样的“关怀”是无法营造出良好的亲子关系和温暖的家庭氛围的。如果父母给予孩子的关心到了过度的地步,容易形成孩子性格上的缺陷。有的孩子会变得有很强的逆反心理,有的孩子长大后没有独立思想、独立人格,这样的孩子将来在社会上生存都将会是困难的。

有时候家长关心孩子,主要目的是为了让孩子少走弯路,他们都认为自己吃了很多苦,不能眼看着孩子再吃苦、犯错。其实这种教养环境出来的孩子不是柔弱手无缚鸡之力,就是性格自私冷漠,专横跋扈，甚至脾气暴躁易怒，容易冲动，喜欢打闹，长大后难以获得成功和拥有幸福。造成这一局面的原因是孩子从小在家里备受宠爱，已经形成了这样的意识："我就是家里一切的中心，全家人都围着我转，听从我安排是应该的。"这些孩子在外面不知道礼貌谦让关心别人，回到家里不知道孝顺父母、尊重长辈。殊不知，这样的行为结果并不是孩子的错，这一切都是由于家长患了"关怀强迫症"，忽视了孩子成长与发展的空间需要。

患有"关怀强迫症"的家长急于"爱"孩子，为孩子提供了不必要的关心，孩子应该做的事情不让孩子自己做，当孩子变得越来越"没有人情味"，没有责任心，严重缺乏生活常识时，实际上是对大人、对孩子的永久伤害。

有个中国人在外国山区驾车旅游，看到路边竖着一块牌子，上面写着"A fed bear is a dead bear"，意思是"被喂饱的熊是死熊"。他不太明白是什么意思，伙伴告诉他：过去很多人在路边看到熊，都十分好奇地从车里扔食品给熊吃。熊尝到了甜头后，就老站在路边等人施舍食品，慢慢地失去了自己觅食的本领。到冬天没有人去喂它们食品时，有的熊就会被饿死。所以政府为了提醒人们，在路边竖起了很多牌子，告诉大家把熊喂饱了，实际上是把熊喂死了，所以说"A fed bear is a dead bear"。

很多父母对子女的过分爱护和关心，也像把孩子当做寻找食物的熊一样对待，给他足够的食物。家长的"过度保护"恰恰是忽视了对孩子健康人格的教育和培养，也扼杀了孩子自主发展的精

神和创造的灵性，由此培养教育出来的孩子依附性很强，没有解决问题的能力和迎接挑战的能力，在成年后仍出现一些孩童时期才会出现的毛病，比如娇生惯养、倔强、任性、缺乏独立生活能力、适应新环境能力差等。

细节提示

作为家长，不但要关心孩子不断长大的发展需要，还要关心孩子的安全需要、生理需要、心理需要等，懂得尊重孩子合理的要求与意愿。这样，我们会为孩子愿意接受我们的帮助与关怀而感到很高兴；我们也不会因为孩子不愿意接受我们的呵护而失落。每一位家长都应该懂得，孩子的未来将由他们自己去承担，去创造。

隐形压力的原因是关心过度

大多数家长把对孩子的期望变成了自己的语言和行动，他们不时询问着孩子的学习成绩和学习状况，变着法儿给孩子做好吃的、买各种营养品，这些做法都在无形中给孩子施加了压力。他们没有意识到，即使是一些简单的鼓励孩子的话语，也正在给孩子造成不同程度的心理压力。

现在生活条件下，来自孩子之间的竞争和社会竞争的压力正在通过各种途径让孩子们的精神上逐渐形成“隐形”的包袱，而且这个包袱有越来越重、越来越大的趋势。家庭应该是孩子放松身心、减轻心理压力的地方，那么怎样避免孩子的这种“隐性压力”呢？

多表扬、少唠叨、不责骂

家长自身应做到内紧外松，在平时不妨抽些时间带孩子上街购物或到景点游玩，调节一下孩子的精神状态。家长要正确看待孩子的考试结果，不要对孩子不理想的考试成绩大惊小怪，更不能责怪打骂孩子，应该心平气和地同孩子分析原因，帮助孩子纠正态度。关于孩子烦恼情绪，家长可以和老师进行配合，及时对孩子进行疏导，消除负面情绪。当孩子每一次有了进步，家长都应对孩子给予赞扬和鼓励，增强孩子的自信心。

大部分家长都会认为，在较好的生活条件下，孩子学习应该更加努力，并且不自觉地把自己的感受和理解贯穿到对孩子的日常教育中，导致对子女学习的期望值过高，孩子的压力过大。为了让

孩子成才，家长过多地干涉孩子的日常生活，束缚孩子的行动。各种各样的目标在孩子心中演变成了种种压力，在一次次的强调中放大，直至超过了孩子们的心理承受能力。

不要过分体贴

家长应该让自己先轻松起来，调整自己的心态，不要把自己的人生观、价值观、世界观强加给孩子，父母需要经常和孩子保持感情沟通，要给孩子自主选择的权利，毕竟人生之路要靠他们去走，谁也不能大包大揽。

豆豆还有几天就要期末考试了，豆豆妈妈坚持给孩子做“营养餐”，生怕豆豆吃不好。只要豆豆在家，妈妈和爸爸不看电视，说话也压低声音，怕影响他学习。可豆豆并不领情，动不动就发脾气。豆豆爸爸很苦恼，找朋友询问，朋友告诉他：“你是对豆豆太体贴了，导致豆豆的压力过大，平时你们生活作息可以正常一点，该看电视就看电视，该吃什么就吃什么，说话更不用压低声音，你试试看。”豆豆爸爸照着朋友的说法去做，果然豆豆的脸上重现了笑容，期末考试也考得不错。

家长对孩子的照顾可以从言行体贴转为暗里关心，在家里不要谈论过多的考试话题，也不要刻意制造紧张的气氛，生活如平常一样，多聊聊孩子感兴趣的话题。只要真诚，通过考试之外的其他话题，也能及时了解孩子最近的学习状态和心理状态，孩子会主动表达自己的心声。

细节提示

任何一件事包括考试都有不成功和成功这两种可能。孩子们年龄尚小，机会很多，失败对现在的独生子女来说并不是坏事。只要父母在关键时刻能起到指导性作用，在孩子即将失败的时候提醒他，而不是把家长的意识强加给孩子，就足够了。

让孩子学会爱自己

若是一个人的心里没有寄托，那么就难免在不如意的时候产生不可理喻的思想，甚至做出极端的行为。孩子的思想暂且还不会受到亲情责任与法律意识的束缚，家长千万不要等到孩子已养成思维定势的时候才去纠正子女的严重思想问题。

爱自己是指有初步照料自己的能力，有自我保护意识，懂得自爱自尊。孩子只有学会了爱自己，才能逐步把这种行为迁移到他人身上，从而养成良好的行为习惯。

培养孩子自尊自爱

一个懂得生活的人，要首先学会自爱。家长想把孩子教育成一个有用的人，就要从多方面培养孩子的自尊自爱，例如培养孩子的安全感、独特感、能力感、方向感。

1. 培养孩子的安全感

孩子需要家长这样做：经常告诉孩子，你是多么地关心和爱他。为孩子记录各项大、小成就和成长里程，如第一次填色或游泳比赛获得入围奖等，让孩子知道你以他为荣。尽管在家长眼中，某些事情微不足道，但是若孩子觉得重要，你也该尽力协助他并信守承诺，让他相信无论成功与否，你都重视他，你永远都支持和接受他。

2. 培养孩子的独特感

多赞赏孩子的特质和容貌，协助他们树立一个良好的自我形象，鼓励孩子多注意运动强身及梳洗仪容。孩子需要学习表达自己。聆听孩子的感受、想法、梦想及意见。跟他们讨论,帮助他们形成自己的意见。让他们明白不需要与人家完全一样,自己可以有自己的做法及想法。

3. 培养孩子的能力感

常被鼓励及称赞的孩子,会觉得自己是个有能力的人。家长应该把着眼点放在孩子值得赞赏的地方及做得好的地方,不要常常批评他的错失。多在人前赞美他,孩子会更受鼓舞。不要只计较成果,而要多把精力放在孩子付出的努力上面。如果你只谈结果,孩子便会觉得全力以赴也是徒然。在学习解决问题的过程中,孩子才能体验到自己真正的能力。

4. 培养孩子的方向感

帮助孩子订立合理的目标,帮助他们把目标分拆成几个步骤,多提供机会让孩子去主导和选择,自主的经验让孩子更有动力去承担后果,孩子越清楚自己的方向,就越肯负责任。鼓励孩子对自己的成果进行评估,例如,孩子向你展示他刚完成的生字功课或一篇作文,你可以请他告诉你,他对该项功课打算修正的地方和最满意的地方。让孩子明白一时的失败或一些错误是正常的事,并非等同彻底的失败,重要的是如何补救、处理及不再重犯错误。

教育孩子自尊自爱

家长要做孩子的朋友,爱护、珍惜孩子的自尊心,让孩子以家庭成员的身份参与简单的家庭事务,常和孩子谈心,倾听他的意见和要求。

妈妈给孩子讲灰姑娘的故事,孩子认真地听着,妈妈

决定问孩子几个问题,帮助孩子自尊自爱。

妈妈:灰姑娘的后妈把门锁起来,她为什么能够去参加舞会,而且成为舞会上最美丽的姑娘呢?

孩子:因为她有仙女帮助,给她漂亮的衣服,把狗和老鼠变成仆人,还把南瓜变成马车。

妈妈:对,你说得很好!想一想,如果灰姑娘没有得到仙女的帮助,她是不可能去参加舞会的,是不是?

孩子:是的!

妈妈:如果老鼠、狗都不愿意帮助她,她可能在最后的时刻成功地跑回家吗?

孩子:她不会跑回家,她还可能会把王子吓坏。

妈妈:虽然灰姑娘有仙女帮助她,但是,光有仙女的帮助还不够。所以,我们都是需要朋友的,无论你走到哪里。我们的朋友不一定是仙女,但是,我们需要他们,我也希望你有很多很多的朋友。下面,请你想一想,如果灰姑娘因为后妈不愿意她参加舞会就放弃了机会,她可能成为王子的新娘吗?

孩子:不会的!如果她放弃了机会的话,她就不会到舞会上,不会遇到王子,也不会让王子认识和爱上她了。

妈妈:对极了!如果灰姑娘不想参加舞会,就是她的后妈没有阻止,甚至支持她去,也是没有用的,是谁让她下定决心要去参加王子举行的舞会?

孩子:她自己。

妈妈:所以,就算灰姑娘没有妈妈爱她,她的后妈也

不爱她，这都不能够让她不爱自己。就是因为她爱自己，她才可能去寻找自己希望得到的东西。如果你像灰姑娘一样有一个不爱你的后妈，或者觉得没有人爱，你要怎么样？

孩子：我要爱自己！

妈妈：对，没有一个人可以阻止你爱自己，如果你觉得别人不够爱你，你要加倍地爱自己；如果你真的爱自己，就会为自己找到需要的东西；如果别人没有给你机会，你应该加倍地给自己机会。没有人可以阻止灰姑娘参加王子的舞会，除了她自己。对不对？

孩子：对，我要爱自己，多给自己机会。

总之，生活中家长要使孩子学会真正地爱自己，不失时机地教育孩子。

细节提示

帮助孩子爱惜自己的生命，正确认识自己，让孩子懂得人人都有所长也有所短，要努力地、自觉地、不断地提高自身的整体素质，使自己能够更好地全面发展，给自己的人生打下更好的基础，以便为社会、为家人做更大、更好的贡献。

孩子不宜过早入园

家长问得最多的问题就是:2岁、2岁半的孩子要不要入园?他们普遍担心孩子在刚入园时会缺少照顾或生病,极度担心孩子刚入园会不适应幼儿园生活,是否能促进孩子的成长。

可爱的毛毛2岁刚过就被妈妈送进幼儿园读全托,有时老师反映说他已经有三四次欺负别的孩子了。最令妈妈担忧的是毛毛不喜欢呆在家里,他一回到家里就发火,老吵着要回幼儿园,毛毛妈妈现在都不知道怎么办才好。如果可以重新选择,就算苦一些她也自己照顾孩子,一定不会再把孩子过早送进幼儿园。

孩子不宜过早入园

不少父母认为独生子女在家中缺少玩伴,不容易合群;交由保姆或老人照顾,孩子独立性差且容易任性;保姆文化水平低,老人精力有限,在家孩子学不到相应的知识,所以应该尽早送孩子进幼儿园。话虽如此,但也不可盲目为之。什么时候去幼儿园要根据孩子的心智是否成熟来决定,当孩子能够暂时离开家庭且能单独融入新环境时,就可以入园。从某种角度来说,孩子身体上的适应比心理上的适应更加重要。孩子的个体发育千差万别,如果执意让孩子到幼儿园的集体生活中培养“独立性”,无视孩子的年幼体弱,结果反而很可能影响孩子的身心健康。因此身体不够强壮、年龄过小、自理能力差、心理比较敏感的孩子是不适宜入园的。过早地将孩子送到幼儿园,一旦孩子无法适应集体生活,会在孩子心灵深处烙下伤疤,影响孩子的健康成长。太早进入幼儿园确实不利于孩子的发育，一般情况下最好不要将2岁以下的孩子送进幼儿园。对他们来说，一对一的照看是最为理想的。孩子的心理问题非常复杂，父母对孩子的影响才是至关重要的。

孩子入园的最佳时机

随着孩子心理和生理的发展，孩子成长到一定阶段(3岁左右)，生活基本上能够自理，自己的愿望和要求能用语言表达，他们已经不满足于只和几位家庭成员进行交往，产生了参与社会生活的需要和愿望，伙伴关系开始发展，产生了与小伙伴交往的愿望和兴趣。

具备以下的能力对于入园孩子来说是必要的：在语言表达能力方面，孩子不仅要有能表达自己所有意愿的语言能力，还要听得懂对方所说的话的意思，这样才能够和别人做简单的沟通，表示出自己的意思；在基本动作技能方面，孩子应该具备一些基本动作和简单的技能，如握剪刀、丢球等，这样才不至于在入园后什么都不会，无法参加园里的活动；在一般社交常识方面，要懂得“排队”、“轮流”等规则，有请求别人帮忙解决问题的能力，会处理自己的大小便问题等。

给孩子做好入园准备。一些孩子不愿去幼儿园，哭哭啼啼，甚至有的孩子大吵大闹，这不仅仅是孩子的原因，也有可能是父母在孩子入园前没有为他做好准备。入园前两个月，爸爸妈妈就要帮孩子顺利度过心理关，在家里学会睡觉、吃饭、上厕所、交际等几大难关，调整作息时间。

总之，能处理好孩子上幼儿园的适应问题，孩子就能上幼儿园了，这个时间是因人而异的，毕竟他们要长大、要独立，家长不能一

辈子牵着孩子的手走路。家长可以告诉孩子:“幼儿园是孩子的学校,不是妈妈的学校,妈妈不能跟着去。”让孩子逐渐锻炼自立能力。

细节提示

家长可以有意识地选择一些幼儿园,比如每天上午从9点到11点,家长可以陪同入园,让孩子逐步适应幼儿园环境,让他们了解到在幼儿园可以和许多小朋友一起玩,感到上幼儿园是一件开心、有趣的事。

谁的事情就需要谁负责

一百个孩子有一百个特点，也就需要一百种教育方法，但一百个孩子取得成就的基础、成长的基础只有一个，那就是责任感。

所谓责任感是指每个人对他人和自己、对集体和家庭、对社会和国家所负责任的情感、认识和信念，以及承担责任、履行义务和遵守规范的自觉态度。作为成人应该怎样在日常生活中培养孩子的责任感呢？

从自己的事做起

自己的事情自己做主。让孩子能够自己做主自己的事情，培养孩子的自信心和主动性。父母可以让孩子自己决定起床的时间，如果起床时间到了仍然不肯起床，那么上课迟到了被老师批评，是自己造成的。让孩子切实履行自己的诺言，自己许下的诺言就应该尽力去履行；自己答应了别人的事情，必须认真对待，即使是不情愿也要做，这不仅是对别人负责，也是对自己负责。让孩子自己做主，逐渐培养孩子的主动性和自信心，从小就学做一个言而有信的人。

父母对孩子必须严格要求，做任何事都要负责任。孩子对自己做的事要负责，看图书、玩玩具，要有将图书、玩具送回原处的习惯，要记得主动去完成老师布置的任务，要懂得自己去保管好自己的东西。总之，责任感的培养首先要从孩子自己的事情做起。父母还应该让孩子明白，自己的事情自己做，但一个人只做好自己的事情是远远不够的，因为任何人都具有社会性，孩子也是这样，孩

子是家庭的一员，在学校又是班集体的一员，如此就有责任协助家人做一些家务事，协助同学或老师做一些班集体的事，在力所能及的情况下对集体和家庭尽到自己的责任。只有这样，孩子将来才可能更好地为社会尽责。

让孩子对自己行为的后果负责

让孩子对自己行为的后果负责。父母培养孩子的责任感，应该抓住生活中的点滴小事。只要是孩子独立行动的结果，无论事情的结果是好是坏，都应该鼓励并引导孩子勇于承担责任、敢做敢当，而不应该由父母替孩子承担后果，以免淡漠孩子的责任感，给孩子提供逃避责任的机会。

> 1920年，有位男孩踢足球时不小心打碎了邻居家的玻璃，人家索赔10美元。闯了大祸的男孩向父亲认错以后，让父亲对自己的过失负责，为难地说："我没钱赔人家。"父亲说："这10美元先借给你，一年后还我。"从此，这位男孩每逢假日、周末便外出辛勤打工，他经过半年的努力，终于挣够了10美元，还给了父亲。这个男孩就是后来成为美国总统的里根，他在回忆这件事时说："通过自己的辛勤劳动来承担过失，使我懂得了什么叫责任。"

成人应做好孩子的榜样

成人应当为孩子做好表率，树立责任感。身教胜于言教，成人的处事方式及言行影响着孩子，让他们在潜移默化中树立责任意识，在观察中学习。负责任的成人应做到：第一，要尊重孩子、提醒孩子、接纳孩子，而不是限制孩子、动怒指责孩子、过分强调家长的

权威等。第二,要努力营造一个和睦、民主、富有亲情的氛围,这是成人有责任感的重要体现。第三,与孩子进行平等的交流。不少成人认为孩子太小,什么都不懂,其实,孩子对外界的事物非常敏感,理解力很强。作为成人必须认真倾听孩子的心声,一定不能忽视孩子的心理活动。

培养孩子的责任感还要一步一步加强,注意适应孩子的能力发展。孩子责任感的培养是家庭教育中容易失误的大问题,也是孩子个性发展的核心内容。有不少家庭正是在这个问题上没处理好,留下长久的遗憾,造成了不良后果。诸如孩子的自私、冷漠、任性、意志薄弱、自暴自弃等不良习性,都与缺乏责任感有关,而诸如孩子的自卑、压抑、自我封闭、消沉、过度敏感等消极状态,又都可能与父母在孩子身上滥用权力有关。

细节提示

让孩子从小事做起,自立自理,做个有责任心的人,关键的一点是该惩罚孩子错误的时候要适当惩罚他,不能纵容孩子继续犯错误。因为犯错误的孩子不知道错误会给自己带来什么危害,会有怎样严重的后果。孩子对自己不负责任的做法和行为,是教育者过分迁就养成的。

让孩子做幽默大师

具有幽默感的孩子大多开朗活泼,因而往往更讨大家的喜欢,人际关系也要比不具幽默感的孩子好得多。幽默不仅是一种可爱的性格,更是一种可贵的品质。因此培养孩子的幽默感也是素质教育的一个有机组成部分。

对于儿童期的孩子进行幽默感的教育与培养是完全有可能的,重要的是要根据孩子当前的需要,抓住时机对孩子进行引导和渗透,启发孩子发散思维,帮助孩子学会运用幽默。

创设幽默的氛围和空间

让孩子在有幽默感的大环境中生活,是培养孩子幽默感的最好方法。家长每天和孩子生活在一起,能够最大限度地向孩子撒播幽默的种子,培养孩子的幽默细胞。当孩子在一筹莫展时、遭遇挫折时,以及家长需要提醒孩子应该怎样做或不该怎样做时,家长都可以运用幽默的方法来对孩子提出建议、忠告或批评。

> 有一次,有个孩子养的一盆花快蔫了,家长幽默地说,哎呀,没给它喝牛奶,营养跟不上!这个孩子恍然大悟,随即也幽默地说,看来要给它加强营养啦!后来,家长与孩子一起给花施肥、浇水,这盆植物长得特别茂盛。

幽默可以代替没味道的提醒和多余的唠叨,可以代替缺乏亲切感的批评。给孩子带来了新奇和有趣,让孩子愉快地接受家长的指导,效果更为显著。

充满自信,才能让心态积极乐观

乐观、积极向上的心态是幽默的心理基础。培养孩子的幽默感,就要培养孩子的抗挫折能力,不是一味地悲观失望,而能看到事情积极的一面。真正幽默的人,都不会惧怕别人的嘲笑,而且他们非常善于自嘲,实际上这种自嘲是建立在自信的基础上的,要引导孩子建立自信,特别是一些性格内向的孩子,要经常引导他从实践操作中获得成功的体验,看到自身的力量。孩子最快乐的莫过于做自己喜欢的事情,从内心感到快乐的孩子才会有幽默的资本。

丰富的语言表达能力

孩子拥有了丰富的词汇就有助于他们表达幽默的想法。如果孩子大脑中的词汇贫乏,语言表达能力太差,同样也无法达到幽默的效果。父母可以在平时多给孩子讲一些幽默故事、机智故事、脑筋急转弯等,吸引孩子的兴趣,并训练孩子思维的敏捷度,丰富孩子的词汇。父母在期望孩子具有幽默感的同时,不要忽略孩子的个性特点。有的孩子比较活泼开朗,有的孩子比较内向文静,他们所表现出的幽默感的形式也会不一样。幽默来自人自身丰富的内涵,随着孩子知识面的不断拓宽,阅历的不断增加,谈吐举止自然会有所改善。父母们要耐心让孩子的内心世界丰富起来。真正的幽默是自然而然表现出来的,千万不要为了幽默而幽默,否则幽默就会变成冷嘲热讽,或者变得油嘴滑舌。

注重日常生活中的点滴培养

孩子幽默感的培养可在日常生活中随时进行。如饭前饭后,让孩子在家长面前说谜语讲笑话,抓住电视节目中喜剧人物的幽默风趣的话进行即时点评等。此外,孩子与同伴交往发生困难时

家长可以引导孩子学习用幽默的方法自主解决困难;指导孩子用幽默的方法向他人提出建议或批评等。让孩子在生活中学习并且懂得运用幽默,能够促进孩子交往能力的发展。

总之,充满幽默感的语言、动作和事物总是能让孩子的眼睛亮起来,这在无形中也刺激了孩子的大脑,训练了他们的思维和语言能力。当你严厉地对孩子说:“再不把玩具收拾好,以后就不给你买玩具了。”倒不如加一点“幽默调味料”,如“玩具们玩了一天都累了,要回家休息了,不然他们要伤心地哭了”,有意识地让自己和孩子在有目的的语言和气氛中轻松一下。我们应该给孩子足够的空间,让他们去寻找属于自己的生活乐趣。

细节提示

家长可以多给孩子看或读幽默轻松的小故事。幽默轻松的小故事不仅能让孩子在轻松愉快的氛围中喜欢上阅读,还能在潜移默化中培养出孩子的幽默感。同时,很多儿童文学作品中的主人公都是乐天派,他们虽然遇到各种各样奇怪的困难,但总能化险为夷,继续乐观地对待人生。多让孩子接触这样的故事,可以培养孩子的乐观情绪。大人还可引导他们自行编写幽默故事,对课本文章、电影故事或电视剧剧情改编,或是添加一个令人捧腹的结局。

孩子需要一些“逆向关怀”

“逆向关怀”突破了传统的教育模式，对于培养孩子的毅力、韧性、耐力都具有绝佳的教育效果。

越来越多的孩子无法再像上一代人一样能吃苦、能忍耐，他们柔弱无力，还有些娇生惯养。家长对他们的教育方式将决定着他们的未来，传统的宠爱式教育已经无法满足当今孩子的成长需要。因此，“逆向关怀”这一全新教育理念的出现已经是必然。

“逆向关怀”的含义来源

“逆向关怀”这个词语来源于动物保护界。美国阿拉斯加国家动物园的鹿园里，鹿群安全地生存着，它们不必发愁觅食，也不必为逃避敌害而穷于奔跑，因而以飞快的速度繁殖起来，鹿群家族一度兴旺。然而之后的情况并不值得人们乐观，鹿群的病弱残疾与日俱增，最后竟然出现濒临灭绝的局面。一位经验丰富、聪明理智的管理人员对大家建议，把几只凶狠残暴的恶狼引进鹿园。大家疑惑地听从了他的建议。让人惊喜的事情发生了，几年后，鹿的数量不但没有减少，反而大大增加了。原来，饿狼捕食了鹿的病弱者，阻断了疾病的传播，每日的追逐又迫使鹿群为逃避狼害而拼命奔跑，从而使得留下来的鹿群体质日益健壮。后来，人们把这种奇特的动物“保护”方式称为“逆向关怀”。

动物需要“逆向关怀”的保护，人也需要这种“逆向关怀”。社会和家庭为我们的孩子提供着越来越优越的条件，他们的生活过得越来越舒服。长此以往，这样的生活就极大地削弱了孩子的生

存能力和适应能力。现在的孩子遭遇逆境的机会非常少，要想让孩子们成人成才，就要让他们学会经历磨难，面对挫折，认识人生的艰辛、世界的复杂。在挫折中历练自己，最终养成健康的心理和完美的人格，养成战胜挫折、克服困难的坚韧毅力。这也就是我们要对孩子进行的挫折教育。

如何进行"逆向关怀"式的挫折教育

日本教育机构为了培训孩子，想方设法对孩子实施"吃苦教育"。日本国家每年都要定期针对不同的孩子举办一些"孤岛学校"、"田间学校"、"森林学校"等活动，组织学生到海岛、田间、森林去"自学"，让孩子经历风雨、见识世面，培养孩子克服困难的毅力和吃苦耐劳的精神；让孩子自己在自然界的真正竞争中求得自身的生存和发展，认识"优胜劣汰"的真正内涵。

并不是每一个中国孩子都能够去参加"田间学校"、"森林学校"，那么我们是不是在日常生活中就能对孩子实行"逆向关怀"呢？答案是肯定的。我们可以从以下几个方面培养孩子。

1. 该碰的钉子要碰

孩子初来人世，单纯幼稚，假如家长时时刻刻都替他把事情安排得天衣无缝、顺理成章，他就不会真正了解这个世界，将来很可能会碰到巨大的困难，正如小鱼儿天生就要在水里游，如果有人好心地在它身上套上一个救生圈，那么后果会怎样呢？

2. 该绕的弯路要绕

家长给孩子提供的捷径孩子未必会去走，即使孩子已经走在捷径上，他也未必能安下心来，反而会对自己没有走过的路跃跃欲试。况且，没有挫折的成功，没有过程的结局，就像凭空把一个世

界冠军的称号给了婴儿，这又有什么意义呢？

3．该受的苦与累要受

家长要让孩子明白，生活中的一切幸福都来之不易。否则，他就不会对这些到手的幸福有所珍惜和理解。

4．该动的脑子要动

孩子长到一定的年龄时，已经有了自己的思维。作为家长，就应该给他们一定的个人空间，一来可以锻炼孩子应变能力，二来也可以让他们明白生活中的甘与苦。

5．该听的意见要听

不要在所有的事情上都把孩子的意见搁置在一旁，或许他们纯洁的心灵，独特的视角提出的提醒和建议，会弥补我们成人的某些思想局限。

6．该讲清的道理要讲清

该正面解释的事情就应该给孩子明确的答复，免得让孩子思想含糊不清、胡乱猜测，导致孩子误入歧途，甚至酿成大祸。

细节提示

当家长们看着孩子经历了磨炼之后的身心更加健康时，会明白曾经对孩子的“狠心”都是有意义的。吃的是苦，得到的是甜。

让孩子正确面对失败

从孩子学习走路的时候，家长就懂得让孩子在摔倒的时候自己学着站起来。可是当孩子长大了面临更大的挫折时，家长却不知该如何让孩子去面对这些失败了。

孩子的成长过程中总是离不开磕磕绊绊，孩子会失败是一件正常的事情。作为家长的我们不光要让孩子勇于面对失败，还要让孩子用正确的态度对待磕磕绊绊，减少失败的次数，增加成功的几率。那么我们该如何让孩子用正确的态度面对失败呢？

让孩子正视遇到的困难

家长要指导孩子学会正视困难，因为在现实生活中，不遭受挫折和困难是不可能的，扭转受挫局面的关键是孩子对待挫折的态度。因此，每个家长都应当让孩子树立这样的思想：困难让我们又一次学到了知识和本领，这些知识和本领是在一般生活中无法学到的、也没有人能够传授给我们的，遭遇困难是让我们更加成熟的一种有效方法。只有这样，我们才能够不怕挫折，才能够有更加正确的态度和更加清醒的认识来对待困难。

家长需要多肯定和鼓励孩子，孩子对身边人和事物的态度和情绪通常是不稳定的，他们在碰到困难和挫折时，往往会有消极情绪产生，这时，家长要及时告诉孩子，“你要勇敢”，“失败并不可怕”，“你一定会做得比现在更好、比别人更好”。同时，还应该让孩子明白每个人都可能遇到困难，而困难是可以克服的。家长可以尝试采用一些积极肯定的评价，比如：“虽然你没有成功，但我要

表扬你，因为你有勇气去试试就很好。”这样能让孩子在心里意识到自己的努力没有白费，是受到肯定和赞扬的，自己完全不用害怕失败，进而慢慢学会应付和承受各种困难和挫折。

让孩子学会克服困难

孩子有了正确的思想态度，便要有正确的解决困难的方法。遇到挫折能够使孩子掌握解决问题的方法，并在解决问题后获得成功的喜悦，这是在其他任何事情中都无法提供的。家长一定要提高自身认识，让孩子走出“保护圈”，不要怕孩子碰着、摔着、累着。孩子的事情让他自己做，自己能够解决的问题家长就不要去帮忙，在家庭生活中，要安排一些力所能及的事给孩子做，切不可把他们前进的障碍清除得干干净净，把孩子成长过程中的困难全部解决掉。

教给孩子学会避开挫折

在很多的情况下，避开挫折是一条比较理想的解决问题的手段，在这种情况下，我们不需要付出太多艰辛就能够达到我们的预定目标。但是避开挫折需要一定的技巧和方法，不是一般人能够做到的，它需要解决问题的能力能够特别熟练。对孩子进行教育时要因人而异，根据孩子的能力来进行，如果是能力较强的孩子遇到了挫折，家长指导孩子的重点应该是启发孩子，让他们找到受挫的原因，自己去解决问题；对于解决问题能力较弱的孩子，应该帮助他确立切实可行的目标，制定由易到难、由低到高的计划，使孩子能不断地看到自己有进步，从而逐渐形成克服困难的能力。

让孩子从挫折中学到知识

从失败中学不到知识和经验的人是没有希望的人，人不应当在

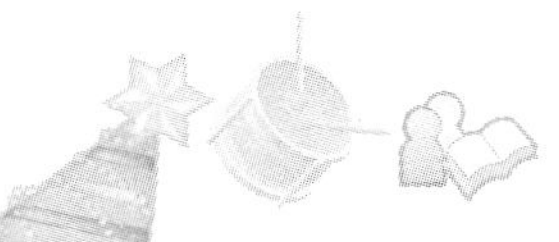

同一个地方跌倒两次。对于在生活中遇到的挫折,我们要善于总结经验,以便从中学到一些能够被我们吸收的知识,准备以后使用,这才是我们要做到的,同时也是挫折和困难带给我们最好的礼物。只有这样,我们才能说已经初步掌握了对待挫折的方法,也才能够让这些知识和技巧对我们的人生有一定的帮助。

细节提示

家长需要有意识地将孩子的失败作为教育的良好契机,引导帮助孩子重新鼓起勇气,能够自信大胆地再次尝试。

母爱有了，父爱也要有

孩子总是被妈妈无微不至地照料着，却不知，孩子也渴望被爸爸关注一下，因为这样他能够生长得更加健全。

如今社会竞争激烈，许多忙于事业的父亲抽不出与孩子相处的一点时间，他们对孩子的成长情况几乎一无所知，而孩子对于父亲的印象也十分陌生。没有得到足够父爱的孩子会出现十分突出的情感障碍，并且普遍出现孤独、多动、任性、依赖、焦虑、自尊心缺失等行为和心理缺陷。那么，父亲在孩子生活中充当着怎样的角色呢？

父亲是孩子的玩伴

一般而言，母亲陪伴孩子的方式更多的是关爱、照料、说教，即使是与孩子共同玩耍，也只是做一些安静的、传统的、变化性小的游戏。当孩子由父亲照顾，便会做出某些超出常规的举动来。当孩子想玩的时候，也会主动去找爸爸，此时的爸爸俨然成了孩子的玩耍伙伴。其实，这种父子间的互动对孩子的意义已经超过了玩耍本身。

虽然很多父亲的工作很忙，但孩子感受到的父爱并不取决于与父亲相处时间的长短，而更多地取决于父子之间相处的关系质量。如果父亲有空闲时间，不妨带着孩子到户外玩耍一把，将孩子顶在头顶上，扛在肩膀上，让他充分感受父亲的勇气和力量。

父亲帮助孩子认同性别角色

在儿童性别认知发展中，父母两人都起着一定的作用，但是父

亲起的作用似乎比母亲更大一些，尤其对男孩的影响。当稚嫩年幼的孩子在寻求属于自己的依恋对象时，男孩会更倾向于依恋母亲，女孩子则更多地寻找父亲的怀抱。在此期间，孩子与父亲的交往，将会有助于他们对于男性和女性态度有一个适当、灵活而且积极的理解。与此同时，孩子也将明确自己的性别，认同自己为男孩或女孩。如果失去了父亲的影响，那么女孩的女性特征和男孩的男性特征都会受到一定程度上的削弱。

父亲造就孩子积极向上的个性

父亲能够极大地促进孩子良好个性品质的形成，是孩子良好个性品质的重要源泉。男性和女性与生俱来的不同特征，决定了对孩子影响的差异性。更重要的是父亲应该扬自己所长，恰当地、有效地扮演好自己的父亲角色，平衡孩子的各方面发展，培养孩子的各种能力，这些行为的影响力往往优于母亲。父亲应发挥好自己的角色强项，充分激发孩子的求知欲和兴趣；培养好孩子的创造力与自信心，在孩子与父亲的不断交往中，一方面父亲会有意识或无意识地要求孩子具有积极向上的特征；另一方面，孩子接受影响并且不知不觉对父亲进行学习和模仿。

父亲能提高孩子社交技能

父亲与孩子的交往对于孩子社交技能的提高、社交需要的满足也具有非常重要的作用。随着孩子逐渐长大，独立性、生活自理能力的增强，与外界交往也日益增多，已经不再满足于以往的交往方式，因此父亲成为孩子重要的引导者，丰富了孩子的社交内容，扩大了孩子的社交范围。

另外，父亲和孩子的交往能够使孩子掌握更丰富的社交经验，掌握更成熟的社交技巧。父亲影响了孩子的交往态度，使孩子在交往中更加自信、主动、积极、活跃。父亲在与孩子进行的交往游戏中，较多采用平等、平行的形式，采取鼓励、积极、大度的态度，给孩子更多的掌握、操纵交往过程的机会，这有助于孩子学会更多的社交经验，特别是如何识别、注意、正确理解社会信号、他人的情感，学会调整、运用自己的行为活动，并以此影响其他人的行为。

细节提示

父亲讲究方法，在物质和精神上都给孩子足够的关怀照顾，以自身的勇敢和坚强成为孩子心中的骄傲，这样，孩子的世界才会在父爱的照耀下更加明媚。

第二章

学会自控，别让情绪左右孩子

当孩子撅起小嘴大发脾气的时候，家长应该明白此时孩子不是在展示自己可爱、懂事，而是想达到自己的小目的。当孩子的眼睛失去自信、快乐的光芒时，家长应该了解到孩子此时的意志有些消沉。于是，家长开始对孩子进行劝解，不断安慰，直到孩子又抿着嘴巴开始微笑。可是，想让孩子长大就要让孩子学会自己来调控情绪，学会用正面、稳定的情绪面对世界，并有办法抵抗负面情绪。当孩子能不被情绪左右时，才是真正成熟的时候。

孩子怎么越来越爱发脾气

由于年龄小，孩子特别容易出现情绪化，常常表现为争论、厌烦、冷漠、发怒、摔东西，直到出现不可抑制的冲动爆发和争斗等。

情绪自我调控能力是培养孩子情绪智力的重要品质之一，这种能力能帮助孩子及时摆脱不良情绪，对于保持孩子积极的心境有良好的促进作用。孩童时期是情感教育的黄金时期，帮助孩子养成初步的情绪调控能力是孩子情感教育的目标之一，那么，孩子为什么会越来越情绪化呢？

好奇心促使孩子违抗指示

孩子对父母所“指示”的方向有违抗之意，也就是不听话，不服从。为什么孩子要这样表现自己呢？通常是由于他们的好奇心。尤其对特别小的孩子来说，那么多新奇的事物摆在面前，不去亲身经历实在是件很难过的事。但在尝试的过程中，难免就容易触犯家长的禁忌，又被家长贴上了“不听话”的大标签。实际上，小孩子们根本还不清楚做哪些事是允许的，而哪些又是不允许的，所以，也只能硬着头皮多试几次了！

反抗心让孩子不想受委屈

孩子不听家长教导的另一个重要原因，是因为他要反抗！而孩子会出现这样激烈的反应，也基本上与家长长期的教养方式有关系。通常家长会因为自己情绪不佳，而将孩子臭骂一顿，或者自己心情非常好，又大大地赞赏孩子。这样的教养方式会逐渐让孩子的是非观念变得模糊。因为家长前后行为不一致、又过于情绪化

的教育态度，只能让孩子感觉自己的一切都不被支持、不被理解，长期下去，孩子的委屈和不信任，便演变为他的反抗行为了。

如果家长是个可以很好进行自我掌控的人，倒是不会有太大的负面影响。但如果您常不经意地以个人情绪当做评断是非的标准，就有必要警惕自己的言行影响了。对孩子要耐心劝导。当自己说的话被别人听到心里去了，心思被别人认同了，任何人都会觉得心情舒畅，孩子当然也如此。所以，当家长发现孩子的反抗非常激烈，就已经表示他心中实在有很多的委屈与不情愿。此时，与其一再地对孩子进行责怪处罚，不妨请先静下来仔细听、仔细思考孩子究竟需要什么。

严厉的家教让孩子内心孤独

特别严厉的家庭教育容易让孩子的内心产生孤独、悲伤的情绪，家长在教育孩子时，要充分考虑孩子的感受，如果不是原则性问题，可以适当放宽要求，多给孩子一些鼓励和宠爱。

毛毛在很小的时候就被送到乡下奶奶家抚养，一直到了上幼儿园的年龄，才被接回到了父母身边，但是一到寒暑假期，爸爸妈妈没时间照料他，毛毛就又被送回到奶奶家。在爸爸妈妈身边时，毛毛爸爸妈妈对待毛毛比较严厉，同时觉得孩子是个男孩子，应该培养他坚强的性格，所以自从毛毛学会走路后，毛毛爸爸妈妈就很少抱他，也很少陪他一起玩游戏。毛毛家所在的小区里，与毛毛同龄的孩子比较少，毛毛的爸爸妈妈也很少有时间带他出去玩耍，所以毛毛只能经常一个人在家玩，长期以来，毛毛就变得沉默寡言。

发展儿童的情绪智力，应特别重视家庭情感氛围的作用和影响，要在血缘亲情的基础上建立起理解、宽容和和谐的家庭氛围，有目的地帮助孩子实现其情绪的宣泄。

孩子曾用发脾气的方式获益

东东小时候比较调皮，爷爷奶奶特别宠爱孩子，每次东东一发脾气，爷爷奶奶看到孩子不开心了，就会赶紧尽最大可能去满足他。东东无意识中认识到原来自己可以通过发脾气、哭闹来逃避内疚、失望、恐惧等感觉。于是当东东想获得家长的关注时，他经常会用这种方式来获得满足，但是东东并没有觉得自己得到了安抚，在他的内心深处没有得到过真正的快乐。

 **细节提示**

家庭生活内容是否丰富会影响孩子情绪的正常发展。如果家庭生活比较单调乏味就容易使孩子产生消极低沉的情绪；相反地，如果是丰富的家庭生活内容，则能使孩子生活得快乐、满足，处于良好的情绪状态，从而有利于培养孩子初步的情绪调控力。合理的膳食搭配能为孩子的大脑提供所需要的营养，很大程度上这也有利于孩子情绪情感的健康发展。

孩子的自控重要吗

自我控制能力,是自我意识的重要组成部分,它是个人对自身的行为和心理的主动掌握,是个体在没有外界监督的情况下自觉地选择目标,并适当地调节、控制自己的行为,抵制诱惑、抑制冲动、延迟满足、坚持不懈地实现目标的一种综合能力。这种能力表现在情感、行为认知等方面。良好的自控能力是21世纪创新型人才的必备素质。

孩子的自控能力比较差,又容易厌烦家长“不要这样”、“不要那样“的说教,因此家长可以为孩子量身定做一套行之有效的行为准则,作为孩子判断自己行为的标准,以此来对自己的行为进行约束。

运用合理的宣泄法

自控不等于压抑自己,真正的自控是以合理宣泄为基础的。当孩子受了委屈伤心地痛哭时,有的父母会安慰孩子:“男儿有泪不轻弹,好孩子要坚强,不能哭。”当孩子受到了表扬,得意地对父母欢笑时,父母又说:“好孩子不要骄傲,多改正你的不足。”这时的孩子就很可怜,因为他们的情绪已经被父母“剥夺”了。情绪的自控来自于合理的宣泄,而此时的压抑并不是孩子即将要训练的自控。家长应该告诉孩子,只要不伤害别人,不伤害自己,不进行破坏性行为,如诉说、运动、哭泣、在纸上乱涂乱画、大声唱歌等,都是合理恰当的宣泄方法。

不要急于在孩子情绪激动的时候讲道理,更不要粗暴地制止

他，而是要先提供孩子合理的宣泄情绪渠道。一些幼儿园甚至特意设立了宣泄室，在宣泄室中有特别为孩子制作的海绵玩具、毛绒玩具、废报纸、发泄袋、发泄球、涂鸦墙、蜡笔等，供孩子们自己选择。“涂鸦墙”和“发泄球”是孩子操作时间最长和选择最多的发泄道具，在孩子经过这两种活动后，进行安静游戏的时间也最长。家长可以借鉴一下幼儿园的方法，在家里做一个小“涂鸦墙”，让孩子情绪不好的时候在上面随意涂抹，等到孩子情绪稳定之后再进行教育。

表达对孩子的明确要求

对孩子需要明确要求，让孩子知道该怎样做、不该怎样做，通过外界的要求来促进自控，如“不要大吵大闹”、“不要乱发脾气”，绝不能迁就孩子的坏脾气。同时，父母也要让孩子明白为什么要这样做，让孩子慢慢养成评价自己情绪和行为的能力。有些父母总认为和孩子讲道理很浪费时间，不如直接去命令孩子做事，殊不知孩子的理解与否决定着能否让孩子做到真正的自控。父母既不能放弃耐心说服，也不能无原则地迁就孩子。这样坚持下去，孩子就会有一套评价自己的准则，从而达到真正的自控。

做好提前预防工作

孩子往往在需要得不到满足的时候情绪失控，随着孩子的长大，一方面需求日益增多，另一方面他们不知道该如何准确表达自己的情绪和要求，一旦家长不能满足自己的需要，就通过发火或痛哭来表达情绪，这时，父母可以有针对性地提前做好预防准备，如带领孩子购物以前，要猜测到孩子会为要求买玩具而哭闹捣乱，父母提前要跟孩子约好，只能观赏，不准购买。如果孩子的表现好，

就答应他回家后奖励糖果。提前预防孩子的行为可以增强孩子的“心理免疫力”,增强孩子的自控能力。

延迟对孩子的满足

当孩子烦恼自己的需要不能得到满足时,你可以有意识地用积极的思维引导孩子:“现在都是暂时的,过一会儿你的需要就会得到满足的。”

转移孩子注意力

在孩子的情绪不佳时,鼓励孩子通过做自己喜欢做的事情来借此转移注意力,当孩子内心感到悲伤时,你可以引导他:“悲伤时可以找些能使自己感觉舒服的事情来做。你现在是愿意出去玩沙子,还是在家里看电视?”引导孩子时让孩子在两种选择中挑选一种,挑选的过程中,就转移了孩子的注意力。

细节提示

家长和孩子之间应建立良好的亲子关系,孩子生下来第一年是维持自身生命力的关键时期,一切都要依赖于成人,如果能得到成人的精心爱护和照料,他就会在心里感到安全,就会相信身边的一切,满怀信心地迈出独立自主的第一步。

父母怎么能被孩子掌控

试着回想这些情况是否曾经发生在你和孩子身上：因为孩子不停哭闹，你同意他和你一起睡；因为孩子怒气冲冲，你把他想要的玩具买了下来；因为孩子吵吵嚷嚷，你让他继续看电视，安静一会儿。

孩子用自己的情绪控制父母，就如同赌博一样，一个偶然的机会能赢，那就会继续赌下去。不要因为他们大闹、大哭或者伤害自己的身体而做出让步，否则便是默许了孩子的做法，父母的权威性亦消失在孩子的情绪之中。

父母要控制自己

这是家长不被孩子情绪所控制的第一条件，否则孩子的情绪会更加激动，父母怎样控制及处理情绪，便是为孩子做出了榜样。父母的良好情绪状态有助于建立亲密的关系，对孩子的教育更为顺利流畅。所以，想改变孩子的不良行为，教育好孩子，父母首先要做的是减少自己的负面情绪。尝试着调整自己讲话的声调，说话的声调能够传达人的情绪和态度信息，让它变得友善和沉稳。集中精力听自己用这样的声调说话，也能使自己的情绪状态逐渐变得稳定和愉快。

不要在孩子面前吵架动粗

父母在孩子面前没有任何避嫌地吵架动粗，或者与其他人吵架动粗，都会让孩子心理紧张和产生恐惧感。家长如果经常在孩子的面前大声吵闹，会让孩子内心高度不安，心理上没有安全感。

因此，家长们必须谨记千万不要在孩子面前有吵架动粗的行为。应该多做一些传达友善、肯定的姿态和表情，比如轻松的肢体动作、愉快的面部表情等，在孩子面前，可以用幽默的方式承认自己的错误，接受自己的不完美，这样不仅能让自己轻松，压力小，而且能把一种放松、坦然的处世态度传达给孩子。

帮助孩子用适当的途径去表达

处理孩子情绪的重点不是压抑孩子的情绪，而是不要让孩子的情绪影响你的决定。但是，关键时刻一定不要心慈手软。孩子们头脑非常机灵，如果让他们发现只要费力哭闹就能让家长满足自己的需求，那么他们的行为就会得寸进尺。像大家听说过的条件反射实验“巴甫洛夫的狗”一样，在不断重复验证“哭泣 = 获得满足”的公式过程中，将慢慢形成条件反射，到时候再要矫正就变得非常困难了。父母越满足孩子，就越无法得到孩子的感谢，孩子也越来越任性，最后会变成一个谁也不喜欢的小孩。最糟的结果是：孩子会在头脑里有个印象认为“父母只不过是取悦我的人”。

坚决果断的态度

孩子号啕大哭只为了自己的意图能得以实现时，父母们一定要有冷静、坚决的态度，孩子可能会闹得变本加厉，想你让步，家长仍要坚持立场，但可以理解并接纳他们的感觉。比如告诉他“我知道你想买玩具（或是别的要求），但现在不行（或今天不行）！”

专制蛮横的父母不利于甚至阻碍孩子的健康成长，父母要努力实行管理民主化。这并不意味着父母应该纵容孩子，被孩子的情绪左右，随意答应孩子的无理要求。民主的态度是为了获得孩子的理解，听取孩子的意见并进行平等的沟通。

孩子希望父母能关注自己、关心自己，但并没有指望父母能全盘接受自己的意见。其实，孩子也希望父母能坚定地表示明确的态度，作为父母有权利让孩子接受自己的看法。不过，让孩子接受父母的看法像接受命令一样可能不太好，我们可以换成委婉的方式来说服孩子。但父母也要把握原则，完全没必要被孩子情绪左右，甚至对孩子阿谀奉承。

细节提示

孩子的认识能力和观察力是很强的，因此，父母如果在孩子面前表现出不好的行为或态度，孩子很容易就学会并内化为他自身的社会习惯。

孩子想控制情绪，却力不从心

孩子总会有一些不能自我控制的消极情绪，家长要及时介入其中，帮助孩子学会自控，管理好自己的情绪。

孩子有情绪是正常的，因为情绪背后存在着正面价值，家长根据孩子的行为可以更加接纳孩子，珍惜孩子的情感，鼓励孩子分享，聆听孩子心声，让孩子能非常坦诚，家长能在更高点上进行处理和指导，设立规范。孩子的内心会认为自己受到了重视，有了被接纳、被尊重的感觉，从而更愿意敞开自己。那么，家长应该怎样帮助孩子进行情绪控制呢?

帮助孩子恰当地表达情绪

孩子年龄小，不会对自己的各种情绪有什么理解，父母要教育孩子了解人类情绪的特征与后果，特别是对一些过激的情绪有初步的认识和看法，这是教育孩子情绪调控的第一步。如通过言语表达的方式，即在任何时候都可以将情绪通过语言表达出来。再如通过倾诉表达的方式，每当自己情绪不稳定时，就应该向父母、老师或同伴倾诉自己的感受，释放出来，不要憋在心里。在倾诉表达方面，父母应向孩子做出示范，主动谈论自己的感受、情绪、情感，并与孩子经常讨论彼此的情绪感受，这样做既能给孩子提供与他人交流的范例，又能为孩子提供学习情感语言的机会，鼓励孩子敢于表达自己的情绪，不要压制情绪。

为孩子创造自我实践的条件

孩子对情绪和情绪表达的认识往往不一致，导致情绪表达能力发展的滞后性，因此重点要做的就是让孩子在体验和自我实践中进行情绪调控的训练。从培养孩子健康情绪角度来讲，我们应使孩子经常保持积极的情绪状态，但是在培养孩子情绪调控能力的初级阶段，为了促进孩子的情绪发展，我们需要让孩子体验人类的各种情绪，丰富孩子的情感世界、精神世界，不仅有积极的情绪体验，更需要有消极的情绪体验做补充，只有当孩子面对全面的情感体验时，才有可能学习情绪调控。

运动可以调节情绪

做一些剧烈的运动，有利于消除紧张情绪，减轻心理压力，预防孩子的情绪冲动，还可锻炼孩子在遇到突发事件时不慌不乱的能力。父母应让孩子多做一些他们喜欢的运动，如打球、玩沙子、玩水，在运动中促使孩子表达自己的情绪。

如果别无他法，哭也是情绪的自然表达法。其实，对爱哭的孩子来讲，哭也是有用的表达情绪的途径之一。

教给孩子自我调节的方法

比如告诉他们，当他们即将控制不了自己的情绪时，要在心里暗暗提示自己“不能摔东西”、“不能打人”，或者在不开心时想想另外一些开心的事情。及时鼓励孩子在管理情绪方面的每一个进步，孩子会越来越能控制自己的情绪，通情达理。

让孩子拥有自己的时间

许多父母总是在孩子课余让孩子学外语、学乐器等，常使孩子感到精神紧张，压力过大。其实，父母应合理安排并提供给孩子一定的独处时间，让他们玩自己喜欢的游戏，父母不要去干预。父母也可以举办一些家庭活动让孩子参与，如周末娱乐会、睡前故事

会、假日郊游野餐等。

教会孩子一些放松技巧

家长需要教给孩子一些放松的技巧，让孩子能够在情绪紧张的时候放松自己，比如深呼吸、数数、慢跑、睡前洗热水澡等；也可以教孩子学唱一些儿童歌曲，播放一些轻松舒缓的音乐，让孩子接受音乐的熏陶，音乐节拍要活泼欢快，歌词内容要积极向上；并能保证提供给孩子一个安静的休息环境，因为干净、有条理的房间有助于孩子快速进入梦乡；还需要避免孩子在睡觉休息前观看、收听恐怖类型的影视节目或使人神经紧张的故事等。

细节提示

家长需要给孩子创造出欢乐的家庭气氛，当孩子出现紧张情绪时，如果家长一味地讲道理，一般收效甚微，而幽默的语言或者有趣的玩笑却往往会得到很好的效果。

去除自卑情绪这个小“肿瘤”

缺乏自信的表现就是自卑，自卑的人，往往不切实际地低估自己，只看到自己的缺陷，而看不到自己的长处，因为觉得自己什么都不如人，所以更加害怕得不到别人的尊重，从而丧失了实现自我的信心。那么，我们应该如何帮助孩子树立自信呢？

每个人都会自卑，孩子表现得更加明显，比如一旦孩子不信任自己某个方面的能力，也许就会将对其他方面能力的自信一起丧失掉，最后造成多方面甚至全面的落伍。如果孩子丧失自信心的情况比较严重，还会出现更多生理上、心理上的异常。

孩子不自信的原因

1. 自身能力不足

孩子和成年人一样生活在集体当中，一些能力不强的孩子在能力较强的孩子面前总是感到惭愧，产生挫败感，从而产生了自卑心理。

2. 缺少成功的体验和经历

由于孩子平时做事成功率不高，在日常的学习和生活中经受到了过多的失败与挫折。

某一个发音不准的学生，在一次班级会议上发言出现了错误，受到同学们的哄笑，心里感到很不好受，恨不得找个空隙钻到地下去。

3. 在学习上遭受挫折

大部分家长对孩子学习成绩是非常重视的，有的家长甚至拿

学习分数的高低作为评价孩子的唯一标准。“成绩好,就是好孩子;成绩不好,就是坏孩子。”家长的这种评价标准和思维方式严重地影响到了孩子的健康成长,使得孩子背负了太重的学习压力,尤其是那些学习成绩不够理想的或是偶然在考试中失误的孩子,迫于大人的态度和压力往往不能正确地认识自己,从而导致孩子产生自卑心理。

如何帮助孩子摆脱自卑情绪

1. 锻炼孩子的意志力

家长要锻炼孩子坚忍不拔的意志品质,使挫折和失败变为激励孩子前进的动力,又要注意培养孩子的自尊心和自信心。要让孩子拥有“别人能做到,我也能做到”的积极向上的心理品质。

2. 坚持不懈地鼓励孩子

自卑的形成需要一个过程,克服自卑,也需要有一个过程。家长应该有信心、耐心和恒心,只要坚持不懈,孩子的自卑就一定能克服。世界上许多有成就的人,如达·芬奇、拿破仑等,在幼年时均有自卑心理,但他们坚持不懈努力克服了自身的不足,取得了世人瞩目的成就。

3. 少一些责备,多一些宽容

如果孩子偶尔成绩不够理想,或是做事情有失误时,父母不应该总指责孩子,若是孩子在整个成长经历中总是被父母责备,就很难体会到成功的喜悦,久而久之,孩子就认为自己做什么都做不好,逐渐怀疑自己的能力,形成一种错误的标准,过低自我评价。因此允许孩子有失误,这是每一个做父母的所应拥有的宽容。

4. 努力强化孩子的自我肯定

大部分自卑的孩子心中的自我肯定是脆弱的、微小的、摇摆不定的,因而极其需要得到外界的强化。帮助孩子强化自我肯定的方法有很多,比如要求孩子为自己准备一个"功劳簿",让他每个星期至少一次写出自己的"功劳"。所谓"功劳",并不一定是很大的功绩,任何一点小进步,以及为这点进步所做出的任何努力,都可以记载入册。为了鼓励孩子,可以准备一些小奖品(如玩具、画片、小人书等),每当孩子做出了一点成绩,或做了一件令他感到骄傲的事,他就有资格获奖。你还可以教孩子以"自言自语"的方法不断对自己做出表扬,当孩子遇到困难畏缩踌躇时,你不妨支持他自己对自己鼓劲:"我从来不怕失败,好,我再做一次!"

细节提示

家长不要奢望孩子能完美、细致、周到地做好每一件事,首先应该鼓励孩子勇敢地去做,然后努力发现孩子在做这件事的过程中任何一个值得肯定的地方,哪怕这个地方很微小,从而一点一点地积累他的自信心。家长要让孩子懂得:做该做的事,并努力把它做好,这本身已经是成功,也是对自己最好的肯定。

孩子暴躁脾气消失的过程

一般孩子发脾气表现为尖叫、打人、踢人、重击头部、摔东西、地上打滚、哭闹等。家长的应付方式是“他要,就给他,哄住了就好”、“孩子发火时,别去理睬他”、“打一顿,不打会更坏”。

孩子发脾气是由于他们不会控制自我的怒气和沮丧的行为。这种情况常见于两岁大的孩子。有些孩子发脾气自两岁前就开始,一直持续到进小学。其实婴儿出生后三个月就出现了愤怒的情绪,如果经常有事情惹怒他,他就很容易以愤怒来换取权利或需要。

一般引起孩子生气的刺激性原因很多,比如行动受到干扰、欲望受挫、游戏争执、被他人辱骂、与他人打架等,都容易引起孩子的怒气。随着年龄的不同,孩子表达愤怒的方式也不一样。那么,孩子是怎样表达自己的愤怒呢?家长要怎样应付孩子的这些愤怒?

孩子愤怒源于本能反应

1. 年龄阶段

不到一岁的孩子,通常以哭来表达自己说不出来的愤怒。

2. 事例

孩子疲倦或做不好某件事,这都会使孩子容易感到生气,继而发脾气。如搭积木时积木总是倒塌下来,或玩兴正浓时遭到父母制止,因为父母要求他立刻上床睡午觉。孩子疲倦的精神状况将降低他的耐性。

3. 家长的应对措施

当孩子累了或感觉烦躁时发脾气，这时需要家长拍拍他、抱抱他、给予他安全感，待他的脾气稍微平缓，再同他讲理由，并安慰鼓励。

4. 避忌

父母不要忽视孩子的胡闹，更不要采用责打的方式，否则只会让孩子的行为变本加厉。

因为受忽视而乱发脾气

1. 年龄阶段

二三岁的孩子，发脾气时会乱扔玩具、两脚乱踢，甚至在地上打滚。

2. 事例

爸爸或妈妈晚上加班迟迟没有回家，孩子感觉心中空落落的，没有安全感，继而哭闹、扔玩具等以此来发泄心中的委屈和不满。

3. 家长的应对措施

孩子年龄越小，情绪就越不稳定，注意力也越容易转移。当孩子有不愉快情绪的征兆时，家长可采用游戏转移法，带孩子去玩他喜欢的荡秋千，让孩子能缓解一下内心的紧张。家长此时一定要从孩子的心理出发，从感情上来哄劝孩子、安抚他，要有足够的耐心。

4. 避忌

家长不要对孩子高声喊叫，甚至动怒打骂，因为家长的怒气容易使孩子的脾气会愈加剧烈。

因为需要没有被满足而发脾气

1. 年龄阶段

三岁以上的孩子,发怒时会提高声量,采取攻击或报复性等粗暴行为。

2. 事例

孩子得不到某个玩具、食物或外出玩耍的机会等,就会通过不停地大声哭闹企图得到大人的让步。

3. 家长的应对措施

把孩子放在柔软的床上或地毯上,使他不至于伤害到自己。然后父母要坚定告诉他:"除非你不再哭闹,平静下来,否则爸爸妈妈不会跟你讲话。"然后,走到一边,不要回头,否则孩子可能哭闹加剧。等他平静后,把孩子拥抱在怀里,温柔地询问孩子刚才为什么会发生这种事,听听孩子的心声。

4. 避忌

家长避忌与孩子对峙,也不能因孩子发脾气而顺他的意思去做,否则家长的权威尽失,这会让孩子得寸进尺,逐渐就会养成以哭闹威胁家长的习惯。

因为别人不理解而发脾气

1. 年龄阶段

五岁左右或者五岁以上的孩子,语言表达能力增强,所以开始运用从别人那里学来的粗暴语言、粗暴行为,并非常容易失去耐性。

2. 事例

当孩子在家长面前尽情地讲述自己同学的趣事时,父母因忙于别的事情,而只是哼哼两声或随便点点头来应付孩子,孩子会感到自己受冷落,不被重视,于是内心变得焦躁,继而就开始发脾气。

3. 家长的应对措施

家长应该将手中的忙碌事项暂时放下，用专注的神情表示正在理解和聆听孩子的话语，注意眼神要与孩子进行交流，同时陪孩子说话。

4. 避忌

一些父母面对孩子的焦躁时不但没有反省自己的态度，反而指责孩子的哭闹脾气，甚至有的父母更是讽刺、批评、指责孩子话多事多没礼貌。如此一来，孩子逐渐不敢表达自己，把内在的感觉收藏在心里，或者对父母变得怨恨，性格暴躁。

细节提示

孩子的脾气发作不仅会严重损伤孩子的情绪状态和生理状态，而且会使父母深感懊恼和疲惫。许多父母之所以对发脾气的孩子感到棘手，主要是不了解孩子发脾气的各种原因，如果了解了原因，并加以针对处理，情况会大为改观。但如果孩子发脾气时的暴力行为极为恶劣，家长应寻求专业教育人士或心理专家的帮助。

孩子需要学会抒发情感

情绪是社会互动的核心，一个不能准确读懂他人情绪的人，或者不能准确表达自身情绪的人，就没法很好地适应身边的环境。怎样才能让孩子准确地表达自己的情绪呢？

在现在许多家庭中，孩子以最自然的方式表达他们自身的情绪。为了让孩子在成年后的心理健全，孩子需要得到情绪方面的教育，让孩子自己懂得如何正确地区分判断自己的情绪。

如何恰当有效地表达自己的情绪

1. 家长应忘掉家长的身份，记住自己的责任。家长教育孩子最需要做的不是改造孩子，而是用行动感染他、影响他。父亲示范给儿子如何做一个有责任感的男人，母亲示范给女儿如何做女人。一个软弱的父亲和一个强悍的母亲组成的家庭大多会出现问题，因此母亲们无论在外面多么精明强干，回到家请一定对丈夫温柔体贴，对孩子细腻慈祥。

2. 假如父母观察孩子可能需要一个发泄的途径，父母应该给孩子提供各种方式，不用强逼着孩子讲话，允许孩子用这些方式释放出来。例如，到室外活动，跑步或者怒吼，用拳头打枕头。这些都是排解孩子心中愤懑的好方法。平时可留一些旧报纸，在孩子生气的时候用手撕扯。留一些放鸡蛋的托盘，让孩子在生气的时候用脚踩，以此排解愤怒。

3. 换位思考。当发现孩子情绪不对时，换到他的角度去思考，放弃自己的观点和立场，因为理解他才能帮助他，让他感觉自己是受尊重的，或者让孩子站在别人的立场上去思考，做到相互理解。家长可以与孩子多进行亲昵的肢体接触，如经常与孩子拥抱。拥抱是表达爱的一个绝佳方式，被爱着的孩子愿意为爱他的家长做一个听话的乖孩子。

4. 可以让孩子用画笔、粉笔、黏土、泥塑等把他的感受表现出来，而让孩子把感受用笔写出来也是不错的方式，写出自己到底有多烦躁、多生气，然后在孩子平静下来后读给家长听，你可以猜想孩子那样做时的感受。这些方式都是帮助孩子走出各种情绪困扰的无价之宝。同样，当孩子生气、忧伤或烦闷时，允许孩子哭出来。永远别对孩子说停止哭泣，同样，眼泪是表达和释放孩子情绪和感受的一个良好方式。如果孩子已经宣泄了情绪，孩子自然就不哭了。

5. 家长给孩子做示范，告诉孩子应该怎样用语言表达出自己的感受，假如是你，你会怎么做。告诉孩子不要把情绪和感受压在心中，很多出现心理问题或身体疾病症状的人往往就是不知道如何把自己消极的感受和情绪表达释放出来。家长可以教给孩子解决问题的思路和方法，每一个问题的解决方案都在三个以上，与孩子一起列出方案寻找最好的。当孩子习惯了遇到事情先选方案解决问题，以后再次面对困难就不用家长担心了。通过帮助孩子判断和区分各种情绪，允许孩子以合适的方式释放出来，这对于孩子一生的身心健康都是非常有益的。

家长应该告诉孩子

1. 每个人表达情绪的方式都会影响到别人，所以要选择合适的表达方式。比如哥哥生弟弟气的时候，哥哥不能用武力对弟弟，

哥哥可以大声地喊:“我生气了!”

2. 懂得以合适的行为来调整自己的消极情绪。比如我害怕那个陌生人,那么我可以站在离他远一点的位置,我还可以跑到妈妈身边、躲在爸爸身后寻求安慰。

3. 懂得进行自我控制,不能有过激的行为。比如当我特别生气的时候,我不能把玻璃杯子或是电视机砸到地上。

4. 懂得遵循社会规则。比如我兴奋的时候,我不能在地板上使劲地蹦蹦跳跳,这样会影响到楼下邻居。

细节提示

情绪表达的方式是影响人际关系一个很重要的砝码。想更好地适应社会,就要学会恰当地表达情绪,可以与周围人群和谐地生活。只有帮助孩子对情绪有一个深刻的理解,孩子才会懂得调节情绪,以后才可以更好地适应社会生活,人际交往本领就会更强。

孩子也会“受不了”

想让孩子保持心理健康就必须让孩子的情绪得到适度宣泄。家长可以让孩子痛快地吐露忧愁、委屈、怨恨和牢骚等积郁，最终达到心理平衡。

合理的情绪宣泄是保证孩子心理健康和身体健康的一个重要方面。由于孩子对自身情绪宣泄的评价水平和认识水平都不高，所以他们无法根据场合的不同来选择恰当的情绪宣泄方式，而不良的宣泄方式对他们的危害无处不在。所以如何让孩子的情绪得到适度地宣泄是一个十分重要的问题。

提供适当的玩具

年龄较小的孩子由于没有很强的语言表达能力，无法非常明确地表达出自己的观点与情绪，导致家长有时也很难理解孩子的真实想法，所以给予适当的玩具是帮助他宣泄情绪的最好方式。

有些孩子特别喜欢在休闲时间玩橡皮泥，他们在玩橡皮泥时神情非常专注，那一系列的“扭、压、挤、捏”等动作，都能起到非常棒的宣泄作用。有的孩子会不停地搭积木，然后又“哗”地一下用力地把它推倒。在玩医院治病的游戏时，很多孩子很喜欢玩“打针游戏”，用布娃娃做被打针的对象，这是孩子将在看病打针时所受的痛苦转移到了别的物体上去。我们在平常观察时可以发现，孩子做完“发泄”游戏之后，脸上总会表现出舒畅和满足的表情。

家长要告知孩子：在出现情绪不佳、精神沮丧时，不要将自己长时间地束缚在引起自己沮丧的地方上，要让他们学会通过转移

来消除不良情绪，投入到自己感兴趣的其他事情上去。

对孩子暂时隔离进行自我发现

日常生活中，孩子的需要没有满足时就会发脾气，这也属于一种情感宣泄。而家长生怕伤害了孩子的心灵或为了让孩子不发脾气去迁就孩子的行为，却不知这样做更加强化了孩子的无理取闹，孩子的不合理要求会越来越多，发脾气次数也会增加，发展到严重时，别人稍微不顺从孩子就会出现脚踢、打滚、呼喊等现象。更因为家庭教育的缺陷，孩子在家中养成的表达情绪的不良习惯会在学校中表现出来，不受人欢迎。

我们不要对孩子的情感宣泄感到惊慌失措，也不能对孩子的“不规矩行为”怒火万丈，更不能“火上浇油”，助长孩子的错误观念，而应该冷静对待。孩子的情感宣泄，就像六月份的雷阵雨，一阵狂泄之后，就会云开雾散，孩子经过一阵宣泄、撒泼之后，不平、紧张、焦虑的心理就会逐渐得到缓解，重新回归平衡。因此，对于孩子的发脾气现象，采取“隔离”措施也是不错的办法。

让孩子宣泄，家长负责情绪疏导

孩子有着较强的攻击性行为，若是没有其他原因，那么孩子的攻击性行为，就是孩子在宣泄自己的情绪，当然这属于一种不正确的宣泄方式。那么，为什么会出现这种不良的宣泄呢？一般来说，孩子在显得无聊或者是愿望没有得到满足的时候，都会产生此类现象。这类孩子一般有较为暴躁的脾气，并且一触即发。家长帮助孩子疏导情绪，不但可以使其认识水平获得提高，还能让孩子懂得是非黑白，一旦他们的大脑中形成了正确的认识，即使内心滋生了不满，也可以自行疏导，缓解情绪，选择合理的方式宣泄情绪，时

间一长，就可以改善孩子的不良发泄。

转移兴趣达到适度宣泄

鼓励孩子热情主动地投入课外活动，培养孩子多方面的兴趣，广泛地与小伙伴交往，是让孩子宣泄情绪的另一种有效手段。当孩子有不良情绪时，不要长久地困扰在让自己不愉快的地方或活动上，要学会转移来消除负面情绪，投入到自己感兴趣的其他活动中去。

 **细节提示**

孩子在困倦和饥饿时容易发脾气，家长注意及时发现孩子发脾气的预兆，并鼓励孩子倾吐心中的不开心因素，对孩子表现出理解和关心，及时满足孩子的心理需要和生理需要，这样能有效地缓解孩子不愉快的感觉。

重视孩子的“小脾气”

孩子的任性、撒娇固然让父母心头甜蜜，但如果孩子总是出现各类小脾气，比如悲伤、恐惧、厌恶、愤怒等，父母们又会觉得很无奈。

孩子出现不同的情绪，家长首先必须将孩子产生这种情绪的原因弄清楚，给孩子多一些鼓励与关心，帮助孩子消除不良情绪，轻松愉快地成长。

孩子发脾气时的表现分析

1. 孩子哭闹不止

不少孩子一旦碰上不开心的事情就会不断吵闹，无论家长怎样劝说都无济于事。在这样的情况下，耐心是家长首先必须具备的。家长要保持心平气和，尽量放低声调、语气，想办法让孩子平静下来，接着就让孩子把不开心的原因说出来，不能让孩子继续大吼大叫，否则，一旦孩子养成哭闹的习惯，就更加难以管教。

2. 有些嫉妒恐惧

每个人都有嫉妒心，孩子也不例外。尤其当家长在孩子面前夸奖其他的小朋友时，孩子都会产生莫名的恐惧心理或嫉妒感，觉得家长不爱他或者不在乎他了。当孩子出现嫉妒行为的时候，正是需要大人爱护与关注的时候。因此，家长必须时刻注意孩子的反应，通过亲子间的合理互动，让孩子感受到家人浓烈的爱。另外，若是孩子对某种东西很害怕，如怕生、怕黑、怕小动物或者对巨大的声响恐惧等，家长不要一味地强迫孩子接受，而可以让孩子通过讲故事和玩游戏等逐渐接受。

3. 不如意就赖皮撒娇

通常，孩子出现了赖皮行为，一般都会伴有很多想法和理由。他们为了达到目的，而有着十足的韧性，很多家长对于这种情况无可奈何，只能以满足孩子的无理要求来达到“息事宁人”。其实，这种做法会让孩子变得更加不讲理，所以建议家长出门或做事情前，必须将今天出行的目的和孩子讨论好，比如，“今天不买玩具，只是出去逛逛”等。当孩子再出现撒娇赖皮的情况时，家长必须将空间和时间控制好，转移孩子的焦点或视线，尽快带离孩子，事后将道理和孩子讲清楚，避免训斥、甚至打骂孩子。

4. 对待别人傲慢无礼

妈妈关心地问孩子：“饭吃好了没有？你冷吗？”

孩子不屑一顾地回答：“你没看到我正在忙吗？”

当孩子出现傲慢无礼，冲撞他人的情绪时，家长应该用正确积极的语气加以引导，将道理讲清楚，总拿孩子和其他孩子的优缺点来对比的教育方式不可取，遵循“对事不对人”的原则。同样地，当孩子进步比较明显的时候，应该及时赞赏和鼓励，强化孩子的自信心。同时，家长必须做好表率，在孩子面前不可大声争吵或发脾气，以免影响到孩子。

减少孩子发脾气的办法

1. 给孩子发脾气的权利

若是孩子正处在气头上，应允许他发脾气。家长可以先坐好，安静地看着孩子，安静地等待孩子，不要打断他的话，聚精会神地倾听，停下手边的工作，不要左顾右盼，这其实就是告诉孩子：我们很在意你，我们正在认真听，你所说的每句话我们都在认真听。

2. 及早发现孩子坏脾气的苗头

鼓励孩子说出心中的不快。一旦察觉孩子即将发怒，马上提醒他。也许他现在有一个心结解不开，需要您的帮助。

3. 父母的教育态度要一致

当孩子宣泄不良情绪时，家长之间绝对不要形成几个派别，有人去哄劝，有人不理睬，甚至还有人去讨好孩子，家长们更不能在孩子面前争论。家长首先必须沟通好，一旦孩子出现坏脾气，全家人态度要一致。否则孩子的哭闹就无法停止。

4. 转移孩子的注意力和松弛训练

孩子生气时，家长不但需要给孩子一些关怀和理解，还应该转移孩子注意力，引导他做一些愉快的事。一些大孩子可通过各种体育运动来放松其身体和精神，比如有规律的深呼吸就是一个不错的选择。

细节提示

孩子自然流露喜怒哀乐等情绪并不是什么不好的情况，只要对别人正常的生活和学习没有影响，没有伤害到别人，就不存在对错之分。并且家长应该鼓励孩子合理宣泄情绪。对孩子细心观察，表示理解，允许其自由表现，同时加以正确引导，孩子就肯定可以健康快乐地成长。

第三章

情感表达，教孩子学会表达自己的情感

亲人、朋友、自己，这是孩子生活中要交流面对的三大主要对象。想处理好这三者之间的关系，孩子就要学会用语言、用行动表达自己的情感，懂得感恩，懂得孝道，懂得自爱，不管男孩还是女孩，都需要知道如何恰到好处地表达自己的内心。孩子的内心世界丰富多彩，渴望得到启发，能够痛快地表达出来，满足他们的情感需求。

教孩子向别人表白

听和说是人与人之间沟通的最基本方式，要做到“会听”、“会说”不容易，家长只有多听、多说，与孩子沟通到位，才能更好地了解孩子。

孩子成长中总会不可避免地涉及到一些内心感受的表达问题，如何让孩子能运用恰当的语言表达自己的情感，是每一个家长必须要完成的工作。

给孩子营造没有压力的语言环境

1. 面对孩子时微笑，拥抱孩子，和孩子多进行眼神之间的交流，热烈地展示出你对孩子的关心和接纳，都能让孩子没有压力，对孩子用语言表达情感有积极的促进作用。

2. 当孩子想表现自己的时候，家长要给予孩子鼓励，可是孩子还没有做好准备就不要强迫孩子去表现。比如，家里有客人拜访，有的孩子会热情地跟客人打招呼，有的孩子羞涩地并没有准备好自己该怎样说话，家长就不要强逼着孩子说“阿姨好”之类的话，可以提醒孩子，“和阿姨打个招呼好吗？”如果孩子仍然没有表现的意思，就给孩子一个台阶：“好吧，下次再跟阿姨打招呼。”

3. 家长要和孩子站在同一高度说话。如果想让孩子听话，理解自己的良苦用心，那么父母和孩子讲话时，两人的视线最好是平行的，父母要看着孩子的眼睛，然后再跟他讲话，这样他就能意识到父母在认真地听自己说话。家长不妨蹲下身子，和孩子的高度相同，让孩子没有距离感，能够很好地接受信息。如果家长的姿态

是高高在上,孩子需要费劲地抬头去看家长的表情,那样他会很不情愿地听,他更不会很好地理解和认真执行了。

4. 家长要有耐心去听孩子讲话。许多家长由于工作繁忙,对孩子没有足够的耐心,常常打断孩子正在慢慢叙述的话,把需要和孩子详细解释的事省略,变成简单直接的命令,这样会造成孩子对家长和自己的误解,使孩子不愿去表达自己的想法。

> 毛毛从学校回到家里,对厨房里忙碌的妈妈说:“妈妈,给我十块钱好不好? 我想……”“又要钱,你想,你想干什么啊?”没等孩子把话说完妈妈就气急败坏地打断他。
>
> 毛毛没再说什么,望着妈妈这样的态度,很失望地看了妈妈一眼就转身走开了。其实他是想给快要过生日的奶奶买一件礼物。

这个案例很充分地展示了一个妈妈和孩子之间沟通失败的过程。可以看出:家长一定要耐心地听孩子把话说完,然后再发表观点,这是了解孩子真实想法的最好途径,也是对孩子的尊重。

5. 家长还要了解孩子说话的潜在含义。孩子有时候由于年龄原因,说话很委婉,试探着家长的态度,这时家长要用心揣摩孩子的意思。

> 倩倩一边帮妈妈包饺子,一边问妈妈:“今年你还回爷爷奶奶家吗?”妈妈知道她想跟爷爷奶奶家里的小伙伴们一起玩,就说:“去啊,你要一起去吗?”这正是倩倩想要的回答。

家长要明白孩子的想法,满足孩子的心愿,让孩子能在快乐中

继续表达自己的情感。

不要直接纠正孩子的表达错误

当孩子表达错误的时候，不要直接纠正孩子的错误话语，而是要再次重复孩子的话，在重复的过程中带着正确的话语。比如，有一天晨晨在搭积木的时候，兴奋地对我喊："爸爸，你看我这个'五六颜色'的大桥。"我很明白孩子的错误，接着他的话继续说："嗯，五颜六色的大桥真是不错啊！"晨晨觉出了我的话和他的话有什么不同，感觉很好玩。

家长可以带孩子融入自然

家长可以带孩子在家附近的植物园、动物园多游玩几次，在游玩的过程中，如果孩子看到了老虎、长颈鹿，或者是树上有什么新鲜的花朵、果子，孩子就会有强烈的表达意愿，这对于锻炼孩子用语言表达情感是非常有利的。

 **细节提示**

要想教会孩子用语言表达情感，家长首先要练就听和说的基本功。只有会听，家长才能更明白孩子的意愿是什么，只有会说，家长才能更好地向孩子表达自己的建议。家长要搭建一个良好交流的平台，把自己融入到孩子的生活中，以孩子的独特眼光和逻辑思维去思考问题，才能真正地帮助孩子。

表白方式丰富了，才受人欢迎

孩子同成年人一样有着强烈的情感，他们也会忧虑、羞辱、消沉、伤心、悲痛、愤怒、激动，当然也同样有着报复心理。所以处于成长期的他们比成年人更需要学会恰当地表达自己的情感。

孩子有时候会被冲动的情感所控制，他们骂人、发火过后在心里都会感到害怕，此时他们需要父母的劝导，期盼父母能原谅他们的过失。父母需要告诉他们，出现这些情况是正常的，每个人都有悲伤、恐惧或愤怒的时刻。如果总是让孩子压抑自己的情绪，是十分不利于孩子成长的。明智的父母要把孩子情绪波动的原因弄明白，以便在以后清除这些因素。

寻求恰当方式来表达强烈情感

1. 孩子有时候会通过激动的行为来表达自己内心的强烈感受，这些行为对他自身和别人都没有害处。孩子表达情感有时候会通过语言形式表达，有时候是通过肢体语言表达，这些兴奋型的孩子都是活泼可爱的孩子。对这些孩子最好的管理方法就是消耗他们过剩的精力，可以让他们到户外去大叫大嚷，蹦蹦跳跳。他们生活的一部分就是吵吵嚷嚷，家长的因势利导能让孩子渐渐安静下来，如果孩子忍不住在房间里折腾一番，恐怕没有人能忍受得了。

2. 有些孩子发脾气是把怒火发泄在别人身上，有些孩子发脾气却是发泄在自己身上，自己跟自己较劲。孩子刚开始发脾气时，父母要允许孩子生气发火，同时教会他们怎样表达自己的愤怒，比

如告诉他们生气时可以使劲跺脚，但不能对别人有人身攻击，不能踢别人，也可以对别人大喊："你让我生气了！"如果希望孩子通过语言来表达自己内心的强烈情感，首先要做的就是乐意听孩子说话，鼓励孩子说出自己的心思。父母可以引导孩子进行一些沟通情感的语言，如"你是不是生气了？""你看起来很不开心啊，能跟我讲一讲吗？"

3. 每个抑郁的孩子都需要在父母的帮助下表达出自己的失望与哀伤。父母若是想改变孩子的抑郁性格，就要有充足的时间，对孩子用潜移默化的形式进行改造，因为孩子的孤僻怪异性格很有可能是父母长期没有对自己的情感生活疏导和理解，如果在孩子已经形成了孤僻的性格时才有所觉察，再想对孩子进行纠正就为时已晚了。所以，父母一定要注意及时解开孩子情感的疙瘩，保证孩子的身心能够健康。

孩子情感表达易出问题

1. 谈话语调和方式：当孩子谈话语调和方式与正常人不同，别人就会觉得他的样子比较奇怪。家长可以在日常生活中教给孩子与人交谈的一些基本原则，避免孩子有怪异行为出现。

2. 人与人之间的身体距离：与周围人接触时，如果与对方身体离得太近、太远，甚至不礼貌地拍打别人的身体，都会让人不舒服。

3. 姿势和体态：可能孩子在无意中就会有一些随便、懒散的姿势，这通常代表着不尊重和不感兴趣，这也体现了体态是孩子感情交流中的重要内容。

4. 目光接触：当孩子太多或太少地盯着别人时都会被认为不

礼貌,所以家长要告诉孩子双方谈话过程中,用整个谈话时间的30%—60%来注视对方面部就可以了。

5. 声音:声音的作用非常大,无论是声音过高或过低,语调平淡无起伏,还是叹息、呻吟,都会招致别人的反感。

6. 物质因素:孩子要明白外形的无言力量,如果意识不到自己的穿着即将带来的影响,就很容易在与人交流中受挫。

细节提示

家长可以在日常生活中多学习情感的表达,让孩子理解情感交流的每个细节,并对正常的语言交流方式,如语气、面部表情、身体语言、体态等都非常了解,当孩子掌握了正确的坐姿、站姿、走姿等体态,就会在与人沟通时占据优势。情感交流还包括说话方式,有些孩子在说话方式上处理得不是很好,需要家长介入,理解语气、讲话速度等所蕴涵的感情。有些孩子在这方面比较欠缺,需要家长的帮助才能理解语气、讲话速度等所表达出的感情。

让孩子学会自己讲话

我们常常可以看到有些人在大庭广众之下侃侃而谈、挥洒自如、亲和力强，具有很强的感染力，而有的人却是缩手缩脚，表达的语言十分晦涩，甚至有点不敢面对人群，对社交感到恐怖。

每个人都希望能顺畅地表达自己的情感和思想，但是有的人能够流利地表达，有的人表达不完整，而有的人根本表达不明白。表达不明白的根本原因就是在孩童时期没有得到应有的关注和鼓励，甚至有负面的情绪记忆。

培养孩子表情识别能力

能够准确识别周围人的表情，才能理解对方想要传达的信息，家长需要利用各种机会让孩子观察周围人的面部表情，用正确的方式对待不同的表情，培养孩子对人和事物的积极态度。

1. 观察不同的表情

家长可以通过一些表情图片让孩子观察，并引导孩子比较不同的表情中五官有什么不一样，比如眉毛怎样，眼睛怎样，嘴巴又是怎样的。再让孩子照镜子做表情，让孩子分别从对表情的大概印象到细节地方的观察来感受不同的情绪情感。

2. 感受喜怒哀乐表情异同

家长可以让孩子对曾经经历过的一些场面进行回忆，感受喜怒表情的不同之处，比如当孩子得到老师表扬时是怎样的表情，被人家拒绝一起玩游戏又是怎样的表情，受到妈妈批评时自己是怎样的表情。

3. 利用各种形式表现不同表情

家长可以同孩子玩添画五官的游戏，让孩子画出各种表情，还可以请孩子自由画一张表情图，让孩子自己谈论这个表情图的含义。家长还可以同孩子一起讲故事，并做出不同的肢体动作，让孩子不仅有形象的感受体会，还能受到教育。

用适当方式表达情感

1. 经常让孩子叙述自己的情绪，不仅能适时宣泄自己的内心，还锻炼了孩子的讲述能力，从而让孩子明白情绪的高涨和低落是可以用不同表情来表现的，并通过这些表情让大家了解自己。孩子年龄的特点，导致了孩子对情绪的认识和表达不一致，所以让孩子在自我体验中调控自己的情绪就尤为重要。

2. 孩子天生爱模仿，也用模仿来进行学习，由于孩子的自控能力较弱，所以给孩子一个良好的榜样是无比重要的。孩子容易将同伴作为最有效的榜样，对同伴进行接受和模仿。孩子更容易从同伴身上学习如何控制自己的情绪，比如在大家面前讲述自己的心情。所以家长要引导孩子从无意中习得的模仿过渡到有意识的模仿。

3. 家长需要帮助孩子用合适的途径表达自己的情感，教育孩子认识各种情绪的特征及其后果，特别是对一些过激情绪进行初步的认识，当孩子出现过激情绪时家长可以转移孩子的注意力或者冷处理，同时对孩子进行正面教育来让孩子主动自觉地控制情绪。家长可以教给孩子一些自我调节的方法，比如当孩子控制不了情绪时，就在心里自我暗示，提醒自己不能做违规的事，不能打人或摔东西，或者在不开心的时候想一些其他开心的事。

4. 通过运动也能达到调适情绪的效果。运动可以发泄孩子的消极情绪,同时锻炼孩子强健的体魄,对孩子的身心都有一定的益处,家长不妨让孩子多参加运动。

细节提示

家长在解决孩子的语言表达问题上起到关键的作用。家长必须善于发现孩子的优缺点,在孩子刚刚学说话时,家长要多欣赏、多夸奖孩子,给予孩子鼓励。等到孩子随着年龄的增长,孩子的口头表达能力越来越强,表达事物也越来越清晰,家长可以让孩子重新叙述,锻炼孩子的自信心。

理解孩子个性地表达情感

现代人的生活十分紧张，学会表达自己，正确认识自己的感受和情感，适当排除一些消极情绪，对每个人的心理健康都是非常重要的。这需要让孩子从小就学会表达自己的感受，体会自己的情绪，并掌握适当的排解技巧。

在孩子初步进入社会之前学会表达自己的情感是很有必要的，我们需要让孩子感受人的正常情绪，能用语言描述自己的情绪，这有利于培养孩子独立的社会交往能力。

讲出孩子的心思

当孩子开始发脾气时，你应该及时了解并通过语言把孩子的情绪讲出来，孩子听到父母用语言表达情感，是他开始学习用言辞表达自己内心情感的最好途径。

孩子注意到自己的情绪时，家长不要给这些情感下定义为好或不好，否则孩子会掩饰自己“不好的情绪”。如果有必要，家长可以与孩子一起谈论感情并对孩子进行安抚，这可以帮助孩子克服不良情绪。如果孩子被自己的“坏情绪”吓着了，家长要让孩子明白，不良情绪是人的正常反应，就能让孩子感觉自己正在被理解和关怀，从而可以放松心情。比如说：“你来到这个新班级，你很紧张、害怕，对吧？妈妈理解你，这很正常，每个人第一次到一个新环境都会紧张……”孩子年龄小，还不能完整地把他的情感表达出来，就需要成人用语言整理、描述出他的内心世界并告诉他，让他明白他内心的情感是正常的、妈妈可以接受，并能够一起分享、分担。

关心男孩的情感需求

男孩的情感需求被了解并满足，是培养男孩健康人格的重要内容。

1. 孩子的好奇心很强，但注意力很容易在短时间内发生转移。这一情况男孩比女孩更明显，更需要父母无微不至的关怀。所以家长与男孩一起逛街时，家长可以与他亲热地说话，给他买玩具，领他到游乐场玩耍，让他能够感受到来自父母的体贴。作为父母，要明白男孩的心思，而不应任由孩子远离自己。

小威的爸妈带着他逛商场都要折腾一番。小威爸妈挑选商品时，小威常常跑去爬楼梯；小威爸妈排队结账时，小威又跑去看人家拍大头贴。小威从不守候在爸妈身边，每次都把爸妈急得四处找他，虽然小威平安无事，但仍免不了一顿训斥。时间一长，小威很少缠爸爸妈妈，爸爸妈妈也认为他独立性很强，不用呵护。

2. 当男孩对别人表示心疼、同情时，很少用哭泣、温存，而是通过实际行动来表露内心。父母应该明白孩子的这种表达方式，并为他创造一些表达同情的机会，教给他用恰当的方式传递感情，如：指导他为别人倒水、把玩具送给别人等。

伟伟似乎没有同情心，有一次，伟伟的妈妈病了，伟伟一句安慰妈妈的话也不说，吃完饭后，就早早睡觉了。妈妈看到他这样很伤心，对爸爸说伟伟是铁石心肠。

伟伟虽然一声不吭，但他早早睡觉其实就是一个安慰妈妈的信号，向妈妈表明自己很乖，不需要妈妈操心。

3. 男孩生来就有猎奇和探险精神，父母可以在条件允许的情况下，适当支持孩子，而不是一味要求孩子乖乖听话，否则就会降低孩子创造的积极性。男孩更倾向于接受从实践中得到的结果。因此，家长需要支持孩子让他能够亲身体验。

爸爸妈妈带着牛牛到花园玩。花园里有个喷泉喷着好看的水花，引来很多人围观。牛牛见状，一定要到喷泉边玩水。爸爸妈妈怕他把衣服弄湿，没有同意牛牛的一再请求。结果，牛牛一路上不停地吵闹，搞得爸爸妈妈也无心欣赏花园的美景。

寻找突破口理解孩子

想理解孩子，就要学会明白孩子行为的目的。如果孩子宁可冒着被父母训斥的危险也要跑到雨里淋一下，如果孩子总爱钻到沙堆里去玩，那么父母应该知道，这个孩子正需要皮肤的触觉学习。如果孩子不停地让父母和他玩藏东西、找东西这样的游戏，并乐此不疲，那么，父母应该知道，孩子正在明白一个事理：不在眼前的事物仍然存在。

 **细节提示**

家长满足孩子表达情感和被理解的需要时要以情感人，让孩子感受到家长对他的关心。家长的每个举动都能直接影响孩子。需要对孩子进行正确的引导，让孩子充分理解父母的良苦用心，才能收到预想的效果。

孩子的犟嘴也有道理

家长每次与孩子交流时，总会遇到孩子与家长争辩的情况，孩子不对家长“言听计从”，心中很有主意地跟家长一争高低。家长有时候头疼孩子的倔强劲头，却又惊讶于孩子的思维。该怎样看待孩子的争辩呢？

孩子与父母相处期间，在孩子最高兴、最认真的时候，孩子会与父母发生争辩，这个情况一般在家庭民主气氛浓厚、关系和谐时候才会发生。因此当家长与孩子争辩时，不用担心孩子不听话不尊重你。你要孩子做的事，他通过争辩弄明白了，会愉快地去做，如果你不清楚孩子的想法，在争辩中，你就能明白孩子在想什么。

有助于找到界限

东东今年9岁了，在家里总是不停地与父母争辩着，父母很是无奈。中午，东东吃完了饭要去公园玩，妈妈劝他先睡个午觉再出去，东东生气地把椅子一推：“为什么？我现在出去比躺在那里要开心。”

东东的挑衅是在试探他的能力极限在何处，他的行为应该截止到什么地方。在孩子同父母拌嘴的时刻能使孩子有机会对自己进行估量。争辩是使儿童摆脱茫然状态的一个途径，可以使他们知道自己的界限和能力在何处。

孩子与父母争辩对成长有益

在儿童的反抗期，跟父母有过真正争辩的孩子，将来会富有创造力，也比较自信。孩子与父母争辩，有很多益处。孩子参与意识的觉醒与语言能力的进步是促成孩子和父母争辩的直接原因。在争论时，孩子需要对环境进行观察和分析，运用学到的词汇和表达方式，有条理地表达自己的观点、欲望，才能挑战父母，这都将大大刺激孩子语言能力的发展。而且，孩子可以通过争辩学到辩论、争论的思维逻辑技巧，这有助于孩子日后思维发展。

在孩子的角度，与父母争辩是自立、自强、自尊、自信的表现，能够得到心灵的宣泄。争执能帮助孩子变得独立和自信，在思想的对抗中他们知道怎样才能贯彻自己的意志，感觉到自己受到重视，并学会了如何向外界表达自己的情感和观点，也明白了选择哪种表达方式更容易让人接受。

帮助形成个人意志

孩子与父母争辩是件有益的事。在争辩过程中，孩子与家长各执己见，相互辩论说理，这样的思想之间的碰撞，有利于双方的思想沟通，不仅能解决问题，更能锻炼孩子表达情感的能力。

争执表明了孩子自我意识的觉醒，孩子正在尝试着用自己的方式去思考。孩子在与父母争辩后发现，父母并非总是正确的。辩论的胜利，会让孩子拥有一种成就感，不仅能提供给他们估量自己能力的机会，同时也锻炼了他们的意志力。

聪明的父母不会把自己的意志强硬地加在孩子身上，而是为孩子争辩创设一个平等、宽松的氛围。在争辩的过程中，父母应循循善诱，剖析事理，以理服人，不要简单地把孩子的争辩看做是对长辈的不敬。

父母面对“顶嘴”的孩子时该怎样做

1. 耐心倾听

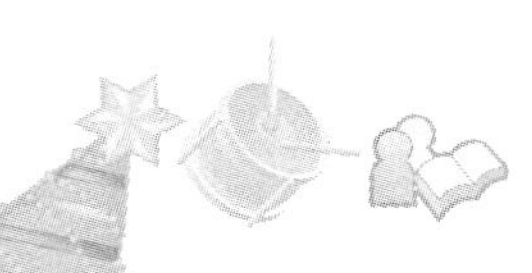

家长要耐心、真诚地去倾听孩子陈述的理由，并且加以具体分析。不要凭一面之词或主观臆断而妄下结论。

2. 宽容对待

家长和孩子争论，不要为了面子和尊严而不顾孩子的委屈和难处，以势欺人，以“大”压小，这样容易伤及孩子的自尊，导致孩子逃避心理的形成，需要父母们拥有足够的民主风范。

3. 营造辩论氛围

根据争论的问题因势利导，让孩子有充分的空间申辩，培养孩子敢说、敢想的良好习惯，使他们既锻炼口才，又明白事理。

4. 引导孩子学会自我分析

家长从鼓励的角度去教育孩子，使他们能正视存在的问题，鼓足信心去克服它。

细节提示

父母与孩子争辩，能活跃家庭气氛，在感情交流、思想沟通中，表现了一种友爱和亲情，拌嘴、争辩是重视对方的一种方式。它能促使孩子体验父母情感的变化，正确对待父母和自己，促使孩子学会正确的表达方式，在争辩中逐渐摸索出与人沟通和交流情感的方式。

做个懂得感恩的小孩

爱护自己的孩子是每一位父母的本能，父母为了孩子不求回报、倾尽所有，然而，很多孩子在父母所给予的无穷无尽的关爱下变得以自我为中心，不懂得体谅他人。

不会感恩的人，带给社会的只能是冷漠和残酷。不懂得感恩，其实就背离了人性。所以，家长必须从小培养孩子对周围的人和事物的感受能力，还要让孩子懂得通过恰当的途径表达感情。

妙用“移情”让孩子学会感受他人情感

想让孩子懂得对他人感恩，首先要让孩子理解他人的情感，能为他人着想。

家长可以采取一些“移情”的方式让孩子懂得体察别人的情绪，拥有一颗柔软的心。当看到孩子因为沮丧、生气而要拍打她的洋娃娃时，你可以温柔地告诉她：“娃娃也会疼的，不要打娃娃哦，如果她知道你是一个喜欢打人的孩子，她就不喜欢跟你一起玩了。”用这样的移情法有助于孩子体会到别人的感受，培养孩子的爱心。

巧用节日把握感恩时机

母亲节、劳动节、教师节等节日到来时是对孩子进行感恩教育的绝佳机会。家长可以提前跟孩子说：”爸爸妈妈在儿童节的时候给宝宝送了礼物，庆祝宝宝的节日，现在母亲节要到了，是不是也让妈妈高兴一下，给妈妈送礼物表示表示？“接着家长就可以帮助孩子一起手工做一份“专属妈妈的礼物”。当妈妈收到礼物时，要

记得感谢孩子的努力:“谢谢你,你这么爱妈妈,妈妈感到非常幸福!”孩子从被感谢中得到快乐,更愿意去为别人付出。

让孩子在角色互换中学会设身处地

家长和孩子可以在家里玩一次“角色互换”的亲子游戏,孩子当一天家长,家长当一天孩子。家长可以模仿孩子平时的样子,比如“我饿了,快给我拿饼干来”,“我要看电视,给我打开电视机”,让孩子经历一次做父母的辛苦,让孩子内心明白,以前自己的这些娇惯行为是不对的。当他有了做家长的经历之后,再有类似娇惯行为时,就会先考虑一下:“爸爸妈妈这样给我做事情,很辛苦呀!”

让孩子在好榜样的潜移默化中受到感染

想让孩子懂事、懂得感恩,家长首先要做好榜样。家庭成员之间首先要学会感谢,营造一个温馨礼貌的家庭氛围。只有家长懂得感谢帮助过自己的朋友,孝敬了自己的父母,孩子才有可能会受到影响。平时可以多跟孩子聊天:“那天下雨,妈妈没有带伞,张阿姨从那么远的地方把妈妈送到家,妈妈特别感动,特别感谢张阿姨,以后如果别人帮了你,你也要懂得感谢别人,这样才会招人喜欢。”

感谢制度,让孩子在温暖中成长

家长可以张贴一个留言板,全家人都把想感谢别人的话写在上面,家长可以感谢孩子为他洗了一次袜子,孩子也可以感谢妈妈的辛勤照顾,通过留言板传达内心的感激。或者饭前饭后指定一个“感谢时间”,全家都讲讲今天有什么幸福的事,得到了什么帮助,并表示感谢。

让孩子通过对比来关心不幸的人

当孩子不知满足地想向家长索取更多的玩具时，家长可以委婉地告诉孩子："有许多和你一样大的孩子，他们上不了学，吃不上饭，这些铅笔橡皮他们都没有，更不用说你的漂亮玩具了。"让孩子明白，世界上不只有甜蜜和幸福，也有贫穷和痛苦。家长经常和孩子整理一些衣物、用品、玩具等，通过"希望工程"等捐给需要帮助的人。

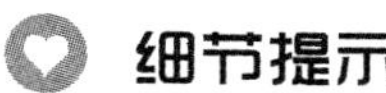

怀有一颗感恩的心，就是时时心存感激于自己的现状，同时也感激别人为你所做的一切。如果你接受了别人的恩惠，不管是忠告、礼物或帮助，你需要抽出时间来向对方表达谢意。让孩子在得到周围的人帮助与关爱时说一声"谢谢"，意义就显得非同寻常了。因此，教会孩子感恩，也是父母"爱"的必经之路。

爱心让孩子生命有阳光

独生子女受宠于全家，养成了自我为中心的不良习惯，他们只知道不停地向别人索取，不知道将爱奉献给别人，不懂得关心他人，尊重他人，帮助他人，呵护他人，与他人分享。

家长在给予孩子爱的同时，还要教会孩子付出爱，教会孩子如何使他人接受自己的爱，这样才能让孩子明白爱需要双方交流，只有付出了才能得到回报，让孩子的身心能够更加健康，因此对孩子的爱心教育具有非常重要的意义。

除去自私，种下爱心的种子

家长的一言一行都给孩子留下了不可磨灭的印象。当家庭面临财产纷争时，不要为了争夺父母的那点遗产而导致手足兄弟大打出手，因为旁边的孩子会惶恐地望着这一切，你需要冷静地处理。当看到小偷在撬邻居家的门时，不要为了自身安全拉着孩子匆匆离去，因为孩子在你身边对小偷的言行气愤不已，你需要拿出手机来报警。当孩子告诉你小区花园的水龙头坏掉了，不要告诉他少管闲事，你需要提上工具去修理，或是立即给物业打电话。当公共汽车上有站不稳的老人时，你不要用眼神阻止孩子起身让座，而是要鼓励孩子站起来给老人让座。

家长的这些表现就是对孩子潜移默化地产生最大影响力的家庭教育，家长的每一个行为都决定了孩子的爱心生存与灭亡。

抗拒强权，种下民主的种子

在中国的传统式家庭里，家长就是家里的皇帝。他们做事态度强硬，说一不二，强行决定孩子应该怎样做，不能怎样做。虽然现在的孩子都不会下跪了，但我们还不是很确定在家庭中有没有做到最基本的民主。为了孩子的健康成长，家长需要征求孩子的意见，尤其在涉及孩子利益的事情上。在家庭内部出现争执的时候采用民主的办法解决问题，不要用简单粗暴的办法解决，不要用“都是为了你好”的名义来代替孩子做出决定。保护孩子脑中的民主意识，让他明白民主能解决问题。

减少恶行，种下善良的种子

古人云：勿以恶小而为之，勿以善小而不为。我们需要带着孩子为灾区捐献衣物，而不能因为我们已经交过税了就认为那是政府的事。我们需要给街角的乞丐一点施舍，不要因为他们肮脏。当孩子想给交不起学费又体弱多病的同学捐款时，要支持孩子的想法，而不要过多地盘问是不是学校规定必须要捐。当家里缺少做饭的大葱时，要去超市买，或者找邻居借两根，而不要叫孩子到走廊“拿”几根。

蔑视说谎，种下诚实的种子

一旦孩子明白说谎可以不挨揍、不挨骂，或者可以让皮肉之痛尽可能迟一些来临的时候，他就可能慢慢变成说谎专家。孩子说谎都是被逼出来的。如果我们说实话可以得到实惠，那谁还愿意冒险去说谎呢？所以家长要引导孩子，用说实话得到的实惠来代替说谎带来的侥幸心理。

阻止破坏，种下环保的种子

家长带着孩子在公园游玩时不要去攀枝摘花，离开时不要阻止孩子带走垃圾，更不要对他说不用管这些因为有清洁工。不要

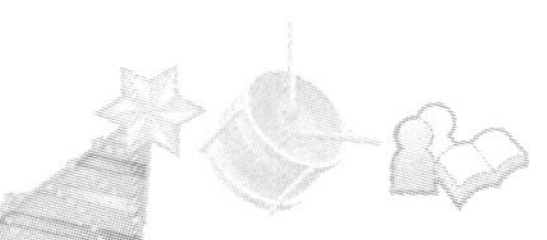

为了让孩子高兴，而不管栏杆上禁止的标识，向笼中的动物投喂食物。孩子的天性是热爱自然、喜欢动物的，那么我们就不要当着孩子的面杀掉了他喜欢的鱼，杀掉了他觉得可爱的鸡鸭，让伤心的孩子怎么也不愿意再吃这些动物了。我们需要告知孩子世界上不仅仅生存着人类，还生存着很多生物，它们也有生命，需要我们爱护，而不要告诉孩子为了人类自己的生存，可以残害一切生灵！

预防嫉妒，种下欣赏的种子

孩子在小时候总会毫不掩饰对一件东西或者一个人的欣赏，会毫不顾忌地表达出自己的喜爱情感。当孩子告诉家长他的某某同学多么优秀的时候，家长就不要再拿孩子的短处去跟他崇拜的人去比较，不要对孩子说看人家多聪明多努力啊，哪儿像你这么懒啊！也别说要向他学习啊，给爸妈争光。因为这种批评式的对比很容易挫伤孩子的积极性，极大地伤害孩子的自尊心。

孩子有时候会不知天高地厚地说我要比他还棒！可是当他一次次地无法达到目标、超越不了自己欣赏的对象时，父母更不要奚落孩子，否则孩子那优雅的欣赏心态就会变成糟糕的嫉妒心了。

细节提示

我们需要让孩子充分地感受到有很多人都在关爱和照顾着他，相信爱的种子已经悄悄地在孩子的心里慢慢发芽。我们家长也将和孩子一起拥有一颗爱心，促进孩子的爱心之芽茁壮成长。

让孩子懂得孝道

家长从小不教孩子孝道，孩子不知恩，不知恩又如何感恩，没感恩又如何懂得报恩，又怎么会萌发“谁言寸草心，报得三春晖”的拳拳报恩心呢？

孝道教育是人性教育的核心内容。我们不需要孩子给予我们物质上的丰厚回报，但我们必须教会孩子懂得尊敬别人、懂得感恩。因此，家长可以从以下方面对孩子进行孝道教育。

给孩子树立良好的榜样

榜样的力量是无穷的，对于孩子来说，父母就是奉行孝道最好的榜样。平时父母要多关注上一辈老人的感受，多嘘寒问暖，吃东西时先敬上一辈老人，孩子看到后就会模仿着去做，慢慢地孩子也会明白“先敬”的含义。

尊敬长辈，展现的是一种态度。对于孝道而言，在物质上奉养父母并不是难事，难的是给父母一个好的态度。很多时候，父母在跟我们说话时我们总是不耐烦的样子，那么我们的孩子也会学着对我们的谈话表示不耐烦。所以，培养孩子需要从我们家长自己做起，我们做好了榜样，孩子自然就耳濡目染地学好了。

长辈要有长辈的样子

孩子不孝，有时候与老一辈人的娇宠有很大关系。很多孩子的坏习惯都是在外公外婆、爷爷奶奶的袒护下形成的。作为外公外婆、爷爷奶奶，必须明确溺爱并非真正的爱，在孩子面前你是长辈就要有长辈的样子，孩子对待你的态度必须有最起码的尊敬，不

能让晚辈在你面前品头论足。老一辈人对孩子“越级指挥”就更需要智慧。爷爷奶奶、外公外婆一定要配合孩子的父母,不能让孩子破坏长幼有序的规矩。

让孩子做家务,体会父母的辛劳

让孩子在空闲时间适当做些家务对孩子进行锻炼,让孩子在家务中体会父母的辛劳。孩子对于父母辛勤的付出并不是非常了解,他们不知道父母的艰辛,只有当他们为父母也做几顿饭、洗几次衣服时才能真正懂得含辛茹苦的涵义。然后孩子才会明白父母的不易,从而产生敬意。

与孩子沟通,感受父母不容易

父母两人需要配合,寻找合适的机会,与孩子进行沟通。父亲可以选择孩子母亲不在场的情况下真切地跟孩子谈母亲的辛苦和不容易。母亲也可以选择孩子父亲不在场的情况下真切地跟孩子谈父亲的辛苦和不容易。久而久之,孩子渐渐地也就懂得去体会父母的艰辛,也就会懂得尊重和体谅父母。

让孩子学习中国传统文化

《弟子规》、《三字经》是中国传统文化的良好代表,里面都包含了很多孝道的内容。孩子在小时候学习效果特别明显。因为小孩子还没有学得社会的习气,家长可以给孩子讲一些有关孝道的小故事,学一些规矩,就可以在孩子心中留下“孝”的最初印象。

别总是给孩子物质奖励

孩子从小物质奖励过多,体会不到父母对他们的爱与关心,体会到的却是父母与孩子间的买卖关系,即父母出钱买孩子的听话。孩子成长过程中,精神鼓励远比物质鼓励重要,孩子在精神鼓励中体会到的是父母的爱和支持，而这也正是孩子最需要的，亲子关系会越来越好，孩子当然懂得尊敬父母。

细节提示

父母要用自己的情感来感动孩子，但感动也并非盲目，父母一定要在教育过程中让孩子明白：孩子就是孩子，父母就是父母。孩子必须懂得体谅父母，孝敬父母，尊重父母，懂得在父母面前“有所为，有所不为”。由此推而广之，才能真正做到“长幼有序”，尊重长辈。

保护好孩子脆弱的心灵

孩子幼小的心灵是最脆弱敏感的，每个小朋友都有着数都数不过来的烦恼，而这些烦恼大部分与最贴近他们的亲人和朋友有关。

患有心理疾病的孩子人数急剧增多，主要原因是孩子的心灵脆弱，因此，增强孩子的心理素质是避免心理疾病的主要手段。孩子幼小的心灵过于脆弱，禁不住一点伤害，当面对脆弱的孩子时，聪明的父母可以这样做。

反思、调整家教方式

不同的孩子有不同的原因，致使心灵变得脆弱。因此，家长首先需要弄明白孩子的真实情况，然后寻找有效的解决方案，有针对性地解决问题。父母、同学、老师，孩子身边的这些人际关系几乎是孩子全部生活的组成部分。所以，孩子会特别在乎来自身边的人对自己的伤害：刻薄的语言、粗鲁的行为、凌厉的眼神，这些隐形的精神暴力，都将化为一根根尖锐的麦芒深深地扎入孩子的心房，留下伤口疼痛持久不散去。

一天，明明到姥姥家做客，明明只有三岁，活泼可爱，特别招人喜欢。明明第一次见到了自己的表舅，表舅很喜欢明明，微笑着让明明叫舅舅。出于幼儿的害羞，明明没有叫出来，只是用大眼睛望着眼前这个陌生的舅舅，观察着这个人。表舅拿出见面礼送给明明，明明的妈妈就催着明明叫舅舅，可是明明依然不开口，安静而敏感地自己在那里玩。等到开饭的时候,明明和表舅坐到了一起,表舅顺嘴说了一句:“你不叫我舅舅,怎么还吃我家的饭啊?”没想到明明当场就哇哇大哭。从那时候起,就害怕见到表舅,每次去姥姥家,一听说表舅要回来了,就恨不得拽着妈妈马上离开。

与孩子耐心沟通,了解压力源

当性格脆弱的孩子出现负面情感时,特别需要家长的耐心引导。家长要以亲切、平等的态度与孩子接近,试着与孩子沟通,了解孩子不良情绪的起因,进而对孩子有针对性地辅导,同时让孩子释放消极情绪,敢于表达自己的内心。很多情况下,对孩子产生深远影响的,常常不是巨大的障碍和挫折,而是生活中的一件平凡小事。因此,家长要及时与孩子沟通,去除孩子心灵的阴影和压力。实际上,孩子心灵非常脆弱,甚至家长的一句嘲讽和一次训斥都有可能让孩子的内心变得不安,受到伤害。但更糟糕的是,家长常常以自己的心理承受力来评判幼小孩子的心理承受力,不知道用这样的方式和孩子进行交流会让孩子的心灵受到无法弥补的创伤。

改变认知方式

换个角度看世界,世界会是个新模样。家长要帮助孩子由消极的思维倾向转变为积极的思维模式。家长要告诉孩子,任何事情和问题都有两面性,挫折或失败让人感觉痛苦的同时,也有可能会带来契机。告诉孩子《塞翁失马》的故事,在问题和挫折面前,方法永远比问题多。当孩子遇到问题和挫折时,正确的做法不是只知道苦恼和悲伤,而应该积极探寻解决问题的办法。如果孩子

一时找不到好的办法，可以让家长提供一些建议，或者向小朋友、老师等人询问、请教，从中选出自己最喜欢、认为最好的办法。接着就立即行动，用这些办法来解决问题。不用多久，孩子就会明白，如果你积极地面对生活，生活也会微笑着回报你。

坚持给孩子的心灵“补钙”

想让孩子的心灵坚强起来，就不能让孩子继续做温室的花朵，要让孩子走出家长的保护圈，在风雨和烈日下接受生活的考验。家长要提供机会、创造机会让孩子在生活中、在困境中去体验、感受，理解贫困、艰辛、磨难和失败的真正含义。家长可以找一些成功人士或名人的传记让孩子阅读，在孩子阅读时，注意这些成功人士在生活中遇到的各种磨难和挫折。家长再提醒孩子一次，孩子就会知道：没有哪一个成功人士不经历困难或挫折的，人要获得快乐与成功都是以挫折和失败为代价的。家长还可以让孩子在假期里去农村做一点农活，或者在城市里打一点工，或是参加义务劳动，磨炼一下筋骨，支持、鼓励孩子去做一些自己认为很有挑战性的事情，比如在班级里参加选拔，去游乐场独自玩一次自己害怕玩的娱乐项目等。当孩子经过努力成功地完成自我挑战之后，就会发现自己的心灵已经变得坚强起来。

细节提示

孩子的心灵脆弱通常与家长的教育方式不可分割，家长只有从整体上培养孩子、教育孩子正确的价值观和世界观，才能减少孩子的不良心理因素，避免心理疾病的侵害。

孩子不能没有朋友

孩子一生都离不开友谊。由于地位平等、年龄相近、关系融洽、志趣相投，同伴能满足孩子友谊、安全、游戏、自尊、认同等方面的需要。

友谊是孩子生活的一部分，孩子之间的友谊常常是伴随着游戏开始的。随着孩子年龄的不断增长，自我意识逐渐觉醒，很希望同伴接受他、承认他，使自己能成为他们中的一员。所以他们对朋友的心理依赖性超过了对父母的依赖。

一个训练社交技巧的良好场合

同伴关系让孩子们在地位平等的情况下学习并演练他们的社交技巧。在友谊关系的层面上合作，孩子们还能共同合作并建立、维持亲密的关系，还可以学习如何管理沟通、相互信任、面对冲突并且互相亲近。当你抱怨某个朋友或者是不同意他的意见时，实际上这显示你正在训练自己如何用不具有破坏性的方式来避免冲突场面，使你可以与你的朋友持续友谊甚至促进友谊。相比之下，当孩子们结束一段友谊的时候，友谊本身并不具有提供给他们如何去处理问题并分析问题出现的源头的功能。

刺激社会认知的发展

对每个人来说，社会发展和认知发展是有密切关联的。孩子在认知能力上的发展程度，决定了他要发展人际关系的基础。当孩子一个人无法解决困难时，常常会跟他的同伴一起思考并获得解决。让孩子在开放自由的气氛下，与地位平等的同伴一起解决

一个难题要比让大人直接指导他问题的解法或答案有益得多。

合作关系与社会支持

从孩子的角度来说,他们与朋友们在一起活动可以让他们觉得有趣、刺激并且能得到朋友们的关心,同时也能让孩子们认为他们能够在周围的社会环境中占有一席之地。这样的友谊可以让他们不必对不感兴趣的事物加以注意,同时能够提供刺激感,还可以让他们在面对困难的任务时有人能帮忙解决,同时可让一些看起来无聊的游戏玩起来更加有趣。如果孩子们一起玩游戏更有意思,他自然会想多玩几次。

另外一方面,同伴对孩子的支持,更可以保护孩子,使他们免于遭受面对更大的社会环境带来的痛苦。不过孩子们有了同伴,就逐渐让父母的角色降级为日常生活照顾管教,而以往与父母的亲密关系已经由朋友取代,更加导致日后他们与父母亲冲突事件的发生。随着年龄的增长,朋友们给予的社会支持也越来越大,以致足够让孩子们去质疑家规或是对家庭的义务,不过也可以让他们能够开始思考有关自我认同与社会认同的问题。

 **细节提示**

父母的每个举动都能够潜移默化地告诉孩子友谊的重要性,孩子也能从父母的交友方式中学到很多东西。因此,家长应该也要重视自己的交友。可以让孩子参加你和朋友的活动,让他亲眼看看大人们之间是如何相处的,平时也可以跟孩子谈一谈你们自己的朋友,让孩子在这样的氛围中学会如何和朋友建立友谊。

孩子情感有需要，家长早知道

情感，是人对客观事物在社会生活中所持态度的体验。丰富而健康的情感，是人们精神生活得以高度发展的必要条件。

家庭教育不仅仅是认识的过程，更是情感交流的过程。跟成年人一样，孩子也有许多情感需要，家长应关注并尽量满足孩子的这些情感需求，以使孩子的人格得到健康发展。

被人爱的需要

家长要经常性地给予孩子赞扬和鼓励，对于孩子的正当要求也要给予满足，让孩子感觉到父母的关心和爱护，从而促使孩子进步。

取得成绩的需要

家长给孩子提出的要求不要太高，以免超出孩子的能力使孩子感觉受挫，给孩子提要求之前要考虑孩子的具体情况，使孩子能够在经过努力之后取得较为明显的成绩或进步，为孩子提供体验成功的机会，并让孩子体验到成功带来的快乐。

自尊的需要

孩子也和成人一样有自尊。家长不能将孩子作为自己的私有财产，不要对孩子随意地斥责甚至打骂，要充分尊重孩子的人格，当孩子在某一方面取得成绩或进步时，家长要及时地做出肯定的评价并给予鼓励。

归属集体的需要

孩子都喜欢跟自己的伙伴一起学习、一起玩耍，在集体中寻求

属于自己的快乐。如果长时间独处,孩子的情绪会受到压抑并产生抑郁情绪。因此,家长应想方设法为孩子创造与伙伴共同学习、游戏的机会,让孩子感受到集体生活的乐趣。

克服胆怯的需要

当孩子对某项陌生的活动产生胆怯心理不愿去参与时,家长不能催逼甚至吓唬孩子去参与,而应该耐心地给孩子细致地解释,教孩子如何避免伤害,以消除孩子的顾虑和胆怯心理。

摆脱过失感的需要

孩子经历了失败或犯了错之后,往往会灰心甚至精神不振,此时,如果家长再对孩子横加指责,更容易让孩子形成压抑情绪。因此,家长应心平气和地对待孩子的过失和失败,让孩子明白每个人都会犯错误,犯了错误之后,只要及时改正了就是一个好孩子。

细节提示

情感的建立会形成一种无声的教育动力,情感过程也是相互影响、相互作用的过程。父母心里有了孩子,孩子就愿意和父母在一起,两代人之间就产生了亲切感,父母尊重、理解、关心孩子,孩子就更加尊敬父母。这样不仅可以促使孩子自觉地接受父母的教诲,还可以使孩子的学习兴趣得以提高,良好的学习习惯得以养成。

第四章

面对挫折，挫折是人生的一笔财富

孩子降生到这个世界时都是一样的，但经过几年的成长之后，为什么有的孩子会信心十足、满含微笑地面对世界，而有的孩子会没有底气、不敢抬头呢？原因就是经受挫折时各自的态度和应对方法不同，导致了孩子的不同表现。挫折是一笔巨大的精神财富，如果能珍惜孩子经历的挫折，正确应对挫折，那么孩子的一生将会精彩不断，充满惊喜。

孩子不能面对挫折的现实情况

孩子只想在优越、舒适的环境下生存,面对挑战没有信心,面对压力无法振作,面对责任无法承担。

孩子的抗挫折能力越来越低,家长也越来越着急,随着孩子逐渐长大,如果没有一定的抗挫折能力,就无法去面对社会的重重困难,并会影响孩子一生的身心健康。那么孩子无法承受挫折的原因是什么呢?

家长对孩子的过分溺爱

现在家长,都将孩子看做是掌上明珠,事事都要依顺着孩子,时间一长,孩子就形成了任性的性格和自己的心态。在这种环境下成长的孩子,受不了委屈和挫折,稍不顺心就大哭大闹。

家长措施:不轻易满足孩子

家长的态度对于这些任性的孩子是最重要的。当孩子因为遇到困难或事情不如意时大声哭闹,家长一定要冷静,不要一听到哭声就焦躁、不知所措,也不要被孩子的眼泪打败,家长必须让孩子明白眼泪不能解决问题。当孩子意识到自己无论怎么哭都不能达到目的时,就会乖乖听话,停止哭闹。

家长过分夸奖孩子

赏识教育能够鼓励孩子拥有自信心,但是如果对孩子有过多的夸奖,就会让孩子滋生傲气,变得自负,没有进步的动力,一旦遇到强劲的对手或者遭遇失败,就容易丧失自信,变得自卑。

家长措施:表扬和批评适度结合

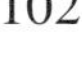

当孩子做错事时要进行合理批评，不要怕孩子哭，如果孩子做出过分或违反规则的事时，没有对孩子进行批评教育，不仅家长变得没有原则性，还会导致孩子受不得一点委屈，会在别人稍有意见时吵吵嚷嚷。

家长要让孩子明白，人无完人，受到批评也很正常，并在批评孩子的时候对事不对人，不对孩子进行身体和精神的攻击和伤害。

总想让孩子获得成功

有些家长不想看到孩子失败，陪孩子玩扑克、下棋、竞赛、游戏时，总是要故意输给孩子，其实这样会导致孩子有"我永远是赢家，不可能输"的心理，对日后的成长没有帮助。

家长措施：故意设置小难题

由于孩子在经验、技巧、能力等方面不足，很容易遇到困难，而自控能力弱，稍微遇到困难就会焦躁不安，家长不要过分疼爱孩子，需要给孩子空间，提供锻炼他克服困难的机会。家长不要把孩子生活中的障碍扫除得干干净净，要鼓励、指引孩子自己去解决问题，也可以有意设置一些小难题，引导孩子去解决。如果孩子失败了，家长不要为孩子找各种失败的理由，而要引导孩子分析失败的原因，以及怎样做成功率会更高，借此培养孩子克服困难的信心。

家长包办替代孩子做事

不少家长希望把一切事情都安排好，其实这对孩子成长很不利，既影响孩子的交往能力，还会对孩子良好意志品质的形成带来影响，导致孩子成年后无法适应复杂的社会生活，产生抑郁、厌世的不良心理。当孩子在交往中有困难时，家长不要认为孩子受了很大的委屈，想方设法帮他解决困难，而应该放开手脚让孩子去锻

炼，让他在遭遇艰难、克服挫折的过程中不断提高自身交往能力。

家长措施：分配适当家务

除了让孩子独立地把自己的事情做好之外，家长还要注意让孩子独立思考，而不是代替孩子去思考。比如，在陪孩子搭积木的时候，看到孩子用积木盖房子把球体放在下面做地基的时候，很多家长会情不自禁地纠正："球体容易滚动，应该把正方体、长方体的积木放在下面。"家长给予过多指导的同时，也剥夺了孩子感受挫折的机会，孩子承受挫折的能力就无法得到进一步提高。

家长暗示孩子推卸责任

不少家长在孩子磕碰到桌子的时候故意拍桌子，对孩子说："都是桌子太碍事了，害得宝宝磕到了，妈妈打它！"此类举动故意将孩子磕碰的责任推给了无辜的桌子，时间一长，孩子遇到困难就习惯性地推卸责任，不去正视挫折。

家长措施：让孩子勇于承担

如果最初孩子向父母坦白了自己的错误，换来的是简单粗暴的责罚和打骂，而不是入情入理的说服教育，如果孩子最初偶尔的哭闹喊冤和"死不认账"，使他蒙混过关免于惩罚，那么孩子推卸责任、畏惧挫折也是情理之中的事。

 **细节提示**

家长面对孩子时，不要像母鸡呵护小鸡一样把孩子放在自己的翅膀下面，而要敢于让孩子冲进云霄应对风雨的挑战，让孩子能够面对挫折，勇于承担挫折。

挫折教育的现身很及时

如果人长期处在一种“幸福无比”的环境里，就会对幸福的感觉降低，而且特别害怕接触人世间的艰难困苦，甚至一些日常小事也误认为是痛苦。如果孩子属于这样的情况，就会对孩子的成长尤为不利。

对孩子进行挫折教育的目的和意义是让孩子学会面对挫折、战胜挫折，培养孩子的耐挫能力。如何知道现在的孩子都需要挫折教育呢？通过孩子的一些日常行为即可得知。

孩子遇到挫折的反应

1. 焦虑

焦虑是孩子预感事情将要无法产生良好后果时的一种忧郁情绪状态，是孩子面对挫折时最常见的心理状态，主要表现是担心、恐慌和烦躁不安。如果孩子遇到事情不知怎样对伙伴们说，也不知怎样解决，就会焦虑，他的担心与恐惧油然而生。

2. 冷漠

有些孩子在遇到挫折后，不会向外界展现自己的恼怒情绪，而是压抑自己，用特别冷淡漠然的态度来对待挫折，孩子表面上对事情漠不关心，实际上在心里很在意事情的进展。有的孩子遇到不懂的学习问题，当老师耐心教给他，并且他学会掌握了，就会高兴地拿着作业本给家长或者小伙伴看，这说明他的冷漠是表面现象，他的内心还是渴望得到老师的帮助与肯定的。

3. 攻击

攻击是孩子受挫后自行采取的一种激烈而不理智的行为方式。他的攻击行为可分为直接攻击和转向攻击。直接攻击是孩子受挫之后产生愤怒情绪，对他人发起肢体上的攻击行为，转向攻击是孩子受挫后，把攻击目标转向于与事情无关的其他人的行为，比如在学校与同学闹了矛盾，回到家向家长发脾气。

4. 耍赖

耍赖是孩子遭受挫折后以无理吵闹等不承认结果的行为方式，也是最常见的一种受挫后的表现方式。比如孩子和家长下棋、玩游戏，孩子输了就硬说家长没有遵守规则。

5. 逃避

逃避指孩子遭遇挫折后，不能面对现实，企图在想象中寻求满足。

孩子在不同的挫折情境下做出的反应也不相同。成年人应该根据孩子受挫后的不同反应及时去了解孩子的挫折情况和原因，并针对孩子的情况进行引导劝解，让孩子顺利地走出挫折。

挫折教育有很多方面的内容，其目的是在潜移默化中从各个角度对孩子的抗挫能力和耐挫能力进行培养。

对孩子进行挫折教育的必要性

挫折存在于生活中的每个角落，并将伴随着孩子的每一步成长。家长应该有意识地让孩子吃点“苦头”，受点“挫折”，经历一下生活的磨难，让孩子意识到每个人都会遇到困难，而困难是可以用自己的行动来克服的，家长需要教育孩子勇于面对挫折并提高克服困难的能力。

自古英雄多磨难，这是人们对古今中外许多英雄成才经历的

经典总结。现在的独生子女都享受着周到、细致、浓烈的亲情之爱。不让孩子吃苦、受罪变成了不少年轻家长的心愿，使得孩子被无节制地骄纵，有求必应，孩子的生活极为奢侈。有的家长宁可自己把全部的事情都大包大揽，也不肯让孩子劳动；更有的家长对孩子用金钱、物质进行行为交换，哄劝孩子按照父母的意愿做事。这些家长为孩子创造的安逸环境使孩子生活得没有任何危机、风险，但是却无法锻炼出孩子的独立能力和抗挫能力，孩子不经历一些挫折，他的生命力必是脆弱的。

细节提示

孩子从出生到长大，既有收获与欢乐，也有挫折与悲哀。各种各样的情况和困难，都需要孩子去面对，如果孩子一遇到挫折就停滞不前，家长一切代劳，很难想象孩子日后的生活是怎样地举步维艰，因此家长一定要重视孩子的挫折教育。

挫折就是一只纸老虎

孩子成长过程中，难免会遇到挫折，孩子面对挫折时的态度决定着孩子的进步或是止步不前，甚至决定着孩子是否会一蹶不振。

家长作为孩子成长的最佳指导人，需要在孩子遇到挫折的时候给予全面而积极的指导，引导孩子用正确的态度面对挫折，而不是严密地将孩子保护起来。

让孩子走出大人的保护圈

家长要对孩子放开手脚，不要担心孩子在成长中的磕磕碰碰。孩子力所能及的事情，让孩子去完成。孩子摔倒了，要给他鼓劲让他自己爬起来，想吃饭穿衣，自己完成，并指导孩子学习做饭做家务。家长一定不能把孩子成长路上将要遇到的所有困难都代替孩子去解决，代替孩子包办一切事情，把孩子面前的障碍消灭得干干净净，要让孩子逐渐学会独立生活，自信地面对生活中的一切。

丰富孩子的知识经验

孩子的抗挫力是随着各种能力的提高而提高的，所以要丰富孩子的经验、扩大孩子的知识面，才能有效地提高孩子的抗挫力。家长可以有针对性地与孩子讨论将可能面对的种种生活问题。当孩子独自一人在家接到陌生人打来的电话，孩子该怎样处理这个情况；当孩子在公共场所不小心与父母走散了，孩子该怎样做才是正确的；孩子遇到火灾、地震该如何解决；遇到自己不能解决的困难该怎样寻求帮助等，通过讨论使孩子懂得一些基本常识。

家长还要教给孩子一些生活小常识，比如不小心被热水烫伤了手脚要赶快用冷水浸泡烫伤部位，如果沙子不小心进入到了眼睛里一定不能用手揉，要不停地眨眼睛用泪水将沙子冲洗掉，并就近找成年人寻求帮助。孩子脑子中懂得了一些生活常识后，遇事就不会惊慌失措，而且慢慢学会了独立应付突发事件。

适当地给予批评

不少孩子经常处于“众星捧月”的状态，他们头脑聪明却又骄横傲慢，处处好胜好强，经常受到老师和家长的表扬。在家庭里的各种游戏中，家长总是让孩子获胜，做事情时总是夸奖孩子做得最好，时间一长孩子就只能接受表扬而接受不了批评，即使家长或他人偶尔提出意见，孩子马上会恼怒、沮丧或丧失自信心。此类孩子走上社会后，常常不能正确面对遇到的各种困难和挫折，所以对于这样的孩子，平时应加强引导并适当批评，对孩子的缺点和不足明确指出，并予以适当的约束。比如，在家庭聚会的活动中，不一定每次都让这些孩子做中心人物，经常让他们和其他孩子一起做做配角，在一些比赛环节中，根据孩子的能力适当让他体验一下失败的滋味，孩子会理解成功的艰难，增强孩子的抗挫能力。

设置难度不等的情景训练

一般情况下，孩子遇到的困难和问题都是日常生活中发生的，因此家长和老师应及时给孩子以语言和态度上的鼓励和支持，让孩子通过自己的努力去解决问题，从而增强他们的生活能力，培养孩子战胜挫折的勇气和意志。家长可以有意识地在平时给孩子设置障碍，锻炼孩子分析问题、处理问题的能力，同时教给孩子解决矛盾、摆脱困境、克服困难的方法，让孩子凭着自己的努力去克服它、战胜它。使他们在下次遇到挫折时有足够的心理准备和经验，

并能克服障碍实现自己的目标。需要注意的是家长给孩子设置的情景要适合孩子的理解水平和心理承受能力，把握好问题和困难的难度，避免孩子有畏惧情绪不敢去做，导致产生相反的结果。

利用各种环境锻炼孩子

孩子生活在这个世界上，在他成长中总会遇到花样繁多的难题，家长要充分利用孩子认识自然、接触社会的机会，有意识地培养孩子的抗挫折能力。孩子接触社会的开始是与小伙伴的交往，家长要多提供一些孩子与同龄孩子们交往的机会，这样可以使孩子觉察到别人不同于自己的观点，从而更全面、更清晰地认识他人和自己，避免以自我为中心。在同伴群体中，孩子会经历一些挫折，如观点不统一，处于被人领导的地位等，孩子就必然通过不断的磨炼学会如何与人合作才能在同伴中更好地保持自己的地位，这种磨炼可以提高孩子的耐挫力。另一方面，孩子与同伴之间的相互合作和指导，也能够帮助孩子更好地解决问题、克服困难。如果孩子与同伴发生了矛盾转而向家长求援，家长不要心里一急就去帮忙，要针对孩子所遇到的挫折，同孩子商量解决的方案，培养孩子思考问题的能力，以及解决纠纷的能力。

细节提示

挫折教育不是短时间内能完成的事情，更不是几件事就能让孩子能力增强的，应该有意识地在生活的方方面面进行，需要家长长期努力去培养孩子的抗挫折能力，最终使孩子拥有坚硬的翅膀，能在人生的天空里自由翱翔！

对待挫折，态度第一位

随着孩子的成长，他们会面对越来越复杂和恶劣的成长环境，孩子们的思想恐怕已经没有家长想象中的那么简单，他们也逐渐会有心理负担，甚至与成人类似的各种烦恼。

孩子在生活中经常会遇到困难，容易产生挫败感，但家长们往往会忽视孩子的这些挫败感，认为孩子思想天真烂漫，不会有很多想法，因此不去深究。一旦孩子经常产生挫败感，就会影响他的健康成长，因此，家长不能忽视孩子思想中的挫败感，在孩子的日常言行上重视起来。

孩子会念叨“郁闷”

事件：一天，毛毛突然冒出来一句：“我好郁闷啊！”旁边的爸爸妈妈听了哈哈大笑，爸爸摸着他的头说：“小屁孩儿，你也会郁闷？你都不知道郁闷是什么意思。”

事实：可能孩子真的是郁闷了。

分析：在成人的眼中，孩子天真无邪，他们嘴里的郁闷不过是随口说说，是对大人日常用语的模仿而已。其实，当孩子在大人面前说出“郁闷”两字时，他们或许是真的正在郁闷，或者是有事情让他们瞬间有了类似成人的某种心理体会，于是就模仿说出了成人经常说的话。

让孩子有郁闷感觉的事情是多方面的，可能是在某方面（比如学习、友情）受挫，现实与理想之间的差距让他感到失望，没有满足愿望等。孩子的郁闷一定来自他们自认为的“大事情”，但由于他

们年龄小、解决问题经验少，事情上的挫败感导致了孩子的灰心丧气，就足以让孩子形成负面情绪，所以家长一定要重视孩子的“一声叹息”。

家长正确做法：适时传递关怀，及时接过孩子的话头，积极地做出反应，耐心倾听孩子诉说是什么原因导致他感到郁闷。无论孩子是否能敞开心扉对家长诉说，重要的是家长要能适时地向孩子传递关怀、鼓励孩子表达，那样孩子的郁闷就会减少。

小人儿也会“烦”

事件：山山经常会皱着眉头，一副有烦恼的样子。但山山的父母却认为小孩子不会有烦心事，皱眉头就像婴儿喜欢咬手指头一样，是个很不好的习惯。

事实：“烦”是孩子在体会品味内心的感受，聪明的孩子有时不会直接告诉你一些事，而是用某个动作、表情或行为让家长“猜”他的内心，或者在孩子眼中“猜”本身就是一个好玩的游戏。“烦”说明孩子的心理正趋向于丰富，体验多样化。允许孩子烦就像允许孩子发脾气一样，发脾气是将不愉快的情绪向外发泄，而烦是孩子细心品味自己的内心感受。

家长正确做法：避免孩子情绪转移，家长不要针对孩子的烦躁情绪做出过激的反应，避免孩子当即把不良情绪转移给家长，向外发泄，还要避免孩子以为家长不喜欢看到自己烦而对自己的情绪加以掩饰和压抑。家长可以用身体表达情绪，放松地靠近他，可以不说话而用柔和肢体动作告诉孩子已经了解了他的心情，关怀和安慰在无声之中就传达了过去，这是对孩子最好的抚慰。

家长面前一直"我很听话"

事例:苗苗一直都是个听话的孩子,有时候表现得不像小孩子,倒像个大人。孩子越听话父母当然越高兴,但是"懂事"的苗苗喜怒不形于色,有着她这个年龄段不该有的深沉。

事实:过于听话的孩子活得不真实。家长都喜欢顺从乖巧的孩子,但过分听话的孩子道德感比较强,容易压抑自己内心真实的感受,通过听话来得到父母的爱和关心。家长需要注意区分孩子的表现是一时讨巧还是习惯性地做好孩子,如果一直是好孩子说明家长平时对孩子的要求多于亲密,孩子才会在父母面前事事顺从。

家长正确做法:关注孩子内心真实感受,家长不能只为孩子顺从的表现而满足,要多关注孩子内心真实的感受和真实的需要。一旦孩子说出不开心的话,也不能用某种方式威胁孩子以示惩罚。

细节提示

孩子的内心是脆弱的,家长要细心地通过日常生活中孩子的表现来了解孩子,认真接受孩子的各种行为和反应,冷静分析孩子的言行,重视孩子内心小小的挫败感,给予鼓励和关注,相信孩子能慢慢消除内心的恐慌,变得更加自信。

如何让孩子接受拒绝

世界不能跟随一个人而转动，孩子不能永远事事如意，当他面对世界的时候总会有遭到拒绝的时候，该怎样让孩子接受别人的拒绝？

孩子拥有较强的耐挫能力，是孩子健康成长的重要标志之一。生活中，不少孩子会遭到别人的拒绝，如果处理不好这个问题，就会影响孩子的日常交往，甚至会给孩子带来心灵上的痛苦，家长该如何教给孩子心平气和地接受别人的拒绝呢？

母子说说耳边悄悄话

日常生活中家长会给孩子提不同的要求，并拒绝孩子一些无理的要求，家长可以拿出一个妙招：悄悄话。当孩子再次为家长的拒绝而吵闹时，家长就蹲下凑到他耳边低声讲几句话，给他一个提醒，也可以使用一些商量的语气，这种只有两个人才能听到的话会骤然间缩短家长与孩子的距离，孩子在用心听家长的话语时感受到家长的关心，继而转移了自己的不开心，从而收到了意想不到的效果。

想办法不去请求别人

当孩子因为某些事而遭到别人的拒绝时，家长可以从中介入，转移孩子为达到目的而固执的劲头，让孩子不用请求别人也能成功，从而缓和孩子的情绪。比如南南和贝贝是两个形影不离的好朋友，两人总是会有一些小纠纷让人哭笑不得。某次两人玩做饭的游戏时，贝贝从南南的“锅”里抓了一把土当做“盐”，类似的举动经常使两人不断争执，在两个人准备拉开“战事”之前，南南的妈妈对南南说：“你想办法让贝贝自己也做一个菜，自己用自己的调料，味道当然不一样，然后看看谁的菜的味道好，谁能得第一。这样他就不会随意从你的锅里拿东西了。”这个方法果然有效，因为孩子都有强烈的好胜心，都想争第一，南南拒绝贝贝的目的达到了，两个孩子的想象力和创造力也得到了充分的发挥。

商量是一种交往技巧

如果遭到别人的拒绝，有时可以采用和对方商量的办法，不断地变换条件，和对方反复“磨嘴皮子”，直到对方转为同意，从而达到自己的目的。比如贝贝不想把皮球给牛牛玩，如果贝贝抱着皮球跑，牛牛在后面追，两人有可能因此发生战争，那么结果肯定是两败俱伤，与其两人的关系闹僵，不如让牛牛用自己的小汽车跟贝贝交换，或是邀请贝贝到自己家里吃晚餐，让贝贝能为交换条件而开心。

学会体验别人的感受

孩子的内心非常善良、单纯，当他意识到自己的一句话、一个举动让小朋友变得不愉快时，他的心里也会感到不舒服，父母需要让孩子学会体验别人的内心感受，耐心给孩子解释清楚，别人为什么会拒绝他，站在别人的角度上思考一下，当孩子能设身处地地为别人考虑时，孩子就不会对别人的拒绝表示难以接受，而且会更加懂事、善解人意。

坦然接受他人说“不”

孩子在接受他人说“不”的时候，首先要意识到：如果别人不愿意，自己只能坦然接受。并能转移自己的注意力，学会坦然接受

别人的“不”。

比如孩子想和小朋友交换玩具，一件玩具能换来很多种，孩子们都能玩到自己没有的新鲜的玩具，贝贝学会了这个非常好的方法，每次都能玩得很开心，但有时候也会有人拒绝他的交换请求，贝贝会感到失望，但一会儿又能发现新目标，因为他已经尝到了“交换”的甜头，由此体会到了“条条大路通罗马”的好处。

家长要教会孩子用正确的心态面对别人的拒绝，准确地区分事情，有效地管理自己的情绪，把握好自己的情绪状态，坦然面对别人的态度。

细节提示

事情是发展变化的，当孩子面对困难时，家长要做的是帮助孩子分析事情的缘由，而不是让孩子一味地沉浸在面对困难的痛苦之中，家长更不要让孩子火上浇油，加剧孩子情绪的恶劣程度。

肯让孩子摔跟头

如果家长永远都像保护小鸟一样将孩子放在自己的羽翼之下，帮助孩子遮风挡雨，那么孩子永远也学不会如何在风雨打击到来时独立承受。

人生没有永远的称心如意。如果人没有经受过失败，就不能坚强面对复杂的社会。给孩子失败的机会，教给孩子面对挫折，就等于教会他们幸福地度过一生的本领。

给孩子克服困难的勇气和自信

现实中的世界不如我们理想中那样美妙，充满了失败和挫折，我们需要让孩子从小就明白这一点，并培养孩子在失败和挫折中奋进的力量。家长可以用很多古今中外的历史人物的例子来让孩子明白："失败"本身不可怕，可怕的是永远地认输，放弃自我。家长要让孩子明白，只要肯付出心血，总会成功的。

教育孩子坦然面对失败

人间没有不败的鲜花，世上也没有不弯曲的道路。家长要教导孩子，挫折是前进道路上必经的关口，每个人都要面对，增强孩子心理上的韧性。同时家长还要帮助孩子调整奋斗的目标，努力发挥自己的长处和优点。

故意给孩子设置障碍

每个人的成长都要经历无数的坎坷。如果孩子总是路途平坦，一旦在未来遇到了困难，就必然会情绪紧张，措手不及，因此，家长在日常生活中应该有目的地为孩子创设一些挫折情境，提前

让孩子获得应对挫折的能力，提高孩子的适应能力。比如家长让孩子去做某件事，承担所有责任。家长需要注意给孩子设置障碍时的难度要适中，否则多次的失败容易引起孩子的负面情绪，导致孩子的自卑心理产生。

及时疏导，正确应对挫折

一旦孩子真的陷入困境中，家长的态度要端正，不能对孩子置之不理，采取放任的态度，更不能对孩子指责、打骂。家长应帮助孩子认真分析是什么原因导致了挫折的产生，让孩子运用正确的方法战胜挫折，同时还应让孩子明白失败本身并不可怕，最重要的是要敢于面对失败。因此，家长在孩子遇到挫折时，在合适的时机帮助孩子一下，给一些鼓励和关怀，才能有助于孩子忍耐暂时的焦虑不安，增强对困难中压力的忍受力，有信心并用聪明的方法去克服困难。

细节提示

失败是组成完美人生的一部分，接受失败，就是接受成长。经过在逆境中千锤百炼成长起来的孩子才能更具生存竞争力，因此，家长要知道，想让孩子在竞争中立于不败之地，就必须在适当的环境下放开手脚，让他在摔倒中逐渐增强抵抗挫折的能力，让孩子能始终保持积极的心态，形成执著的品性。

适当给孩子一些负面情感

在传统的教育理念里，在培养孩子过程中，内疚和羞愧等负面情感是一大障碍，但是根据情感智力的分析结果来看，适度的负面情感和经历对孩子成长是有益的。

虽然内疚和羞愧是负面的情感，但它们确实是孩子丰富情感生活的一个正常部分。在孩子一岁至一岁半时，随着自我意识和认知水平的提高，已经开始逐渐产生内疚、羞愧等情感，这些情感体验与社会性需求是密不可分的。

利用负面情感来培养孩子

羞愧是尴尬的极度表现，当孩子觉得没有达到自己内心的标准时，就会内疚，而当孩子认为自己不能满足其他人的期望时就会羞愧。

羞愧等类似的负面情感远比正面情感更能给孩子留下不可磨灭的印象，任何导致强烈情感的经历都能影响孩子的行为，甚至能影响孩子的性格发展。

所以，当孩子做了应该让他感到羞愧的事情时，如果此时他情感上没有反应，家长就应该采取措施唤起他的羞愧感。当能给孩子留下深刻印象的管教方法失败后，羞辱法也应该被当成改变行为的合理方式。

既然内疚和羞愧的负面情感是孩子情感生活中正常的一部分，如何建设性地用内疚、羞愧等负面情感来培养有道德、有爱心、诚实、正直的孩子便成了当务之急。

怎样让孩子体验负面情感

1. 家长对孩子制定的规则要前后一致，对孩子违反规则后的惩罚力度也要保持前后一致，以确保惩罚的适度、公平和有效，让孩子在下次犯错误时能够预料到自己即将受到的惩罚。

2. 如果孩子已经违反了重要的规定，并且没有受到惩罚，那么就让孩子自己列出惩罚的方法，然后由朋友等局外人来决定采取何种惩罚措施。

3. 当孩子的错误行为伤害到了其他人，那么家长的反应一定要夸张些，要比平常猛烈，让孩子意识到事情的严重性，为自己的行为感到不安。

4. 重视犯错误后的道歉，用口头道歉和书面道歉相结合的方式，让孩子为自己的错误做出道歉，如果孩子道歉不真心，就不要轻易放弃，唤起孩子内心的愧疚感。

5. 家长也可把羞愧作为改变孩子行为的合理方式，如让孩子公开向他人道歉等，但不能滥用这个方法，否则会伤及到孩子的自尊。

家长必须相信内疚、羞愧等负面情感不是坏情感，即使利用负面情感会让家长们感觉不舒服，但只要能使用恰当，也能有利于培养道德感强的孩子。

使用负面情感，要根据孩子性格而定

如果孩子做了他本该感到羞愧和内疚的事，而孩子却全然没有反应，家长就应该启发孩子的羞愧感和内疚感。虽然这些情感让孩子在一段时间中会感到痛苦，但这些情感体验能够给孩子留下深刻的印象，纠正自身行为，促进孩子更好地适应社会，甚至影

响到孩子的一生。

在孩子产生一定的羞愧感和内疚感后，家长需要引导孩子及时从羞愧感中解脱，回到正常的情绪中。如果家长能帮助孩子及时恢复过来，那么孩子在自律能力和感情上都能均衡地发展，但如果孩子长期沉浸在羞愧中，就容易造成孩子自闭、易怒甚至有暴力倾向。

没有痛苦经验、没经历过困难的人是极端脆弱的。而且，由于不能理解别人的痛苦，这样的人往往没有同情心，也不能直面失败，只知道事情成功的一面。所以，适量的失望、痛苦、挫折是非常必要的。

只有这样，孩子才能逐渐树立正确的道德观，有助于培养孩子良好的个性。

细节提示

当我们激发出孩子的内疚感时，他们会更严格、精准地理解社会准则，把自己行为的结果考虑得更加现实和严重。羞愧、内疚、伤心不是坏的情感，只要使用恰当，便能有助于培养坚强的、有道德感的孩子。

孩子遇挫折，父母态度很重要

孩子一生中必然会遇到挫折，若想让孩子在竞争中做常胜将军，就必须对孩子进行挫折教育，提高孩子应对挫折的能力和耐力。

人对于挫折的体验感觉，叫挫折感。挫折感是指当一个人没有满足需求时，往往会产生失意、沮丧或紧张的情绪反应。面对挫折，不同的人会有不同的表现，有些人会勇往直前，有些人却是退缩。这些截然不同的差异与一个人的心理准备、知识经验和精神面貌有着很大关系。

儿童期是孩子个性形成的关键时期

家长要有意识地让孩子尝试一些生活的磨难，让孩子明白人生的道路坎坷不平，孩子要学会在挫折中接受教育，这对培养他们独立意识、应付困难的勇气、吃苦耐劳的精神和心理承受能力，都是十分必要的。

挫折教育贯穿在日常小事中

当孩子摔倒了，有些家长会急忙赶上前抱起孩子，并对孩子说："这个地面真不好，让宝宝绊一跤，我们打地面。"这样做的结果导致孩子不能正确面对挫折，把事情的责任归结到外界。正确的教育方法是帮助孩子明白产生挫折的原因和应对挫折的措施，比如告诉孩子"走路低头看地面才不会绊到石头"。作为家长，需要放下保护孩子的羽翼，让孩子自己学着做力所能及的事情，哪怕是衣服穿反了，吃饭时米粒撒到地上，都能让孩子体验挫折，学会克服困难。

可以创造设定一些情境锻炼孩子

孩子参与各种活动，在实践中学会面对困难、战胜挫折。教育学家苏格拉底对待打破东西的孩子的做法是：独自呆在房子中，让其体验孤独、体验寒冷，使其发现自己的错误并为内心的错误感到不安继而改正。

要有引导孩子走出挫折的耐心

我国目前中小学生存在的心理疾患中，三分之一是由于没人及时、正确地引导孩子年幼时经历的挫折和打击。孩子经历挫折的时候，经常会出现抵触心理，有时候还会产生消极情绪，一方面家长需要让孩子有一个成功体验，帮助其摆脱困境，战胜挫折，增强自信。另一方面，要让孩子懂得无法通过个人的努力来回避、阻挡某些挫折的产生。对待这些挫折，为了让孩子保持健康的心理状态，我们要教会孩子合理运用一些心理防卫机制，比如孩子被人嘲笑长得黑，家长就可以安慰孩子："皮肤黑是因为晒太阳变得更健康呀，我觉得你也很可爱。"

适度地期望和正确地评价孩子

家长对孩子寄予过高的期望会使孩子对困难没有足够的心理准备，或是对自己的能力预计不足，从而涌出一种强烈的受挫感，对自己失望。家长要注意根据孩子自身的特点来制定合适的目标，使孩子有足够的勇气克服困难，取得成功。无论孩子做事的结果是成功还是失败，都要给予准确的评价，不要为了哄孩子而掩饰结果，让孩子有辨别是非的能力和标准，明白自己的行为哪里值得肯定，哪里需要改进，提高心理承受力，坦然应对生活中的各种挫折。

家长要树立客观、冷静、积极的榜样

即使家长遇到了很大的麻烦，也不要在孩子面前轻易地表现出颓丧消极的情绪。比如有的家长生怕孩子有三长两短，在对待孩子的问题上特别焦急。孩子一打喷嚏，就急着送医院挂吊瓶；孩子碰到一些困惑，家长比孩子还焦虑不安。这种焦虑情绪会潜移默化地影响孩子，使他们不能吃一点苦头，变得敏感。所以在这类问题上，家长要以积极饱满的情绪和勇敢的姿态面对挫折，展示给孩子，为他们树立学习的榜样。

细节提示

想要积极引导孩子正确面对得失，父母需要“刚柔并济”。“刚”的一面：父母本身的心态要坚决，对孩子太过保护或照顾得太周到，都会剥夺孩子独立与成长的机会。父母要坚定地传达一个信息：失败有补救的机会，可以给任何人机会。“柔”的一面：当孩子失败时，父母最好给予柔性的安慰，抚平情绪上的不安。

挫折教育四原则

目前小学生十分缺乏心理教育，在挫折教育方面更为严重，因此，必要的挫折教育对学生而言，已经刻不容缓。

一定强度和一定数量的挫折能培养坚强的意志，使人们增加知识才干、克服困难的毅力并增强对周围环境的适应能力。对孩子进行挫折教育，是为了教孩子能面对挫折，提高耐挫力。适度的挫折实践有助于耐挫力的培养，但挫折的强度太大或出现的频率太高，就会适得其反。所以，在对孩子实施挫折教育时要注意：

必须注意适量和适度

为孩子设置的有一定难度的情境，能让孩子有挫折感，但又不能太难，孩子通过努力就可以克服。适度和适量的挫折能使孩子及时、准确地进行心态的自我调节，正确地做出行为，克服困难，追求下一个目标；过度、过量的挫折会伤及孩子的积极性和自信心，使孩子产生挫折感，最后造成兴趣和信心全部丧失。

为孩子设置挫折情境时，应适合孩子的理解能力和心理承受水平。把握好情境的强度和难度，避免挫伤他们的自尊心和自信心，使孩子产生畏难情绪。注意孩子容易产生两种倾向：一种是由于有过失败经历而害怕挫折，对自己信心不足，对成功不抱希望；另一种是自我评价过高，盲目自信，这类孩子会因容易体验挫折而失去兴趣。我们要对这两类孩子进行引导，使他们客观认识自己。

孩子想退缩时要鼓励孩子

让孩子意识到会有很多挫折存在于人的一生，关键是如何正

确地对待和认识，要鼓起勇气勇往直前，才能克服困难，战胜挫折。另外，要及时肯定孩子做出很大的努力之后取得的成绩，让孩子体会到自己是有能力的，从而更有信心地去面对新的挑战。

及时疏导遭遇挫折的孩子

帮助孩子分析遭受挫折和失败的各种原因，如果有必要可指导、帮助孩子一步步地实现目标，让孩子明白只有战胜了困难才能向前进一步，而达标、进步的全过程就是不断克服困难的过程。在平时要多观察孩子的行为，把握他的做事习惯和发展趋势，如果孩子几次尝试之后都没能成功，就应及时给予具体帮助。

注意孩子的接受程度，避免不必要的挫折

孩子个体素质的差异是客观存在的，不能望子成龙心切，给孩子提出太高的要求，人为地设置陷阱，使孩子在压力面前产生强烈的挫折感。如果孩子不断有这样的挫折，就会觉得自己“无能”，感觉自己做的所有事情都失败而丧失自信心。在实施挫折教育时，一定要把握好“度”，注意孩子在发展过程中，没有挫折不行，挫折过多过大也不行。教育的作用在于引导孩子正视挫折，在遭受挫折时保持心理平衡，想办法战胜挫折，使身心得到健康发展。

细节提示

孩子在成长的过程中，总要经历大大小小的挫折的“磨合期”。对此，家长要时刻提醒孩子：当遇到失败与挫折时，不气馁，要挺住，敢于正视和承认挫折的存在，要有和挫折抗争的精神，学会在挫折中成长，在失败中奋起。

反面教育能拯救孩子

每一种教育都是有缺陷的，正面教育也同样如此，所以我们需要用反面教育来继续培养孩子。

所谓反面教育，就是家长把现实生活中的反面事例恰当地运用于对孩子的思想教育之中，借助反面事例的新颖奇特、冲击性大等特点，加上自己的意图和思想，达到震撼受教育者的心灵、陶冶情操、唤起斗志、提高认识、增强辨别能力的目的。

大多数父母对孩子的教育常有一定的片面性

家长都相信环境的作用，所谓“近朱者赤，近墨者黑”。实际上，想通过这种做法对孩子进行教育达到预期目标的可能性较小。

1. 孩子接触、模仿、学习的榜样，并不仅仅是家长为孩子所指明的那些。常常对孩子产生巨大诱惑力的还有那些家长所不期望的，使孩子不自觉地受到影响，甚至模仿、学习。

2. 孩子最终要面向社会，接触社会反面现象的机会也会增多。父母在家庭中为孩子提供的环境相对单纯，如果只注重正面教育，忽视反面教育，就难以使孩子适应复杂、开放、快速、多维的社会环境。

反面教育同样具有极其重要的作用

1. 反面教育能使孩子明白社会生活的艰难。因为反面教育告诫孩子：事情并非总是一蹴而就、一帆风顺的，人们的要求即使是合理的也不是总能实现的。这样一来，就会在不知不觉中使孩子的心理承受能力得到提高。

2. 反面教育能把孩子强大的内心能量激发起来。因为在生活中有时候会导致美好的事物、有价值的东西受到挫折，这样常常能使孩子涌出一种催人奋进、催人泪下的力量，产生一种同情心和责任感。

3. 反面教育能使孩子萌生克服反面事例出现的心理冲动。反面现象常常会有不该发生的事情让孩子看到，从而使孩子在感到惋惜、同情、愤怒的时候产生克服反面现象的心理需要，而这正是父母想要达到的教育目的。

4. 反面教育能让孩子的社会进程加快。如果让孩子始终生活在受到保护的、过分单纯的氛围之中，那么他将来注定是脆弱的，经受不了社会的复杂考验。家长要有意识地让孩子受一些失败、挫折，能提高孩子的心理承受能力和辨别能力。父母让孩子体会一下逆境的滋味，吃一些苦头，能锻炼孩子的意志力，从而能够加快孩子的社会化进程。

反面教育也须慎重进行

1. 父母要能掌握反面事例的本质。遇到反面事例时，要能分析事例的危害，找出事例发生的原因，让孩子明白为什么这样。只有如此教育，孩子将来再次遇到类似情况时，才知道如何处理。

2. 不要滥用反面教育，在对孩子进行反面教育时必须考虑孩子的心理承受能力。如果反面教育使用过多，对孩子的心灵冲击过大，就会使孩子受到不必要的创伤，从而增加孩子气质、性格等方面的消极因素。

3. 对孩子的教育要以正面教育为主。反面教育要想达到预期的效果，就必须配合正面教育进行。

4. 反面教育需要根据孩子自尊心、理解能力以及具体事件来定。如果孩子的年龄太小，就不容易理解，教育效果不会很理想。如果孩子有一定的理解能力，且自尊心很强的话，从侧面进行“激将法”，会比较有效。

细节提示

孩子处于生长发育的过程中，心灵的变化是有痕迹的。家长要及时捕捉孩子真实的感受，通过一些方式，给孩子一种有意识的正确导向。如果教育孩子需要从正面引导，而家长特意从反面来教导孩子，这种做法就不太好了。

态度正确，就能战胜挫折

在生活中，一个人总会遇到一些烦心事、麻烦事，孩子也不例外，总会受到一些大小不同的打击。

有的人遇到一点小挫折，就不能接受；有的人是情绪低落、沉默寡言、闷闷不乐、一副无助的样子；还有的人性格暴躁，通过发泄来面对。

如何锻炼孩子能够坚强面对来自家庭、社会等各方面的压力和打击？家长可以从下面几点做起：

教孩子遇到困难学会解决

一些家长包办孩子所有的事情，穿衣、吃饭、收拾房间等，这些孩子凡事依赖家长，一旦身边没有家长陪伴，就手足无措。因此，家长需要对孩子进行一些简单的培养，增强孩子解决困难、处理问题的能力。家长需要对孩子从小进行一定的受挫能力的教育，才能让孩子健康成长。家长要重视习惯教育和养成教育以及各种能力的培养，不能溺爱孩子、惯养孩子、迁就孩子，要从身边的小事抓起。家长要教育孩子遇到困难不要害怕，学会动脑、用脑来解决身边的小事，用智慧去战胜困难。

教孩子学会面对自己

当孩子受打击后，要多思考造成自己失败局面的原因。如果主要原因在自己身上，就要勇于承担责任，敢于面对自己，因为人都是会犯错误的，只要在犯错后及时改正，就还是值得赞扬的。面对挫折，应该让孩子怀着正确的态度，把每次挫折变成是完善自己、锻炼自己的机会。挫折是垫脚石，而不是拦路虎。我们不能因为得到夸奖而沾沾自喜，也不能因为受到批评而气馁，失去积极进取之心。

教孩子学会面对挫折

所有的家长都望女成凤，望子成龙。当不懂得教育的家长得知孩子考试成绩不理想时，就会生气地指责孩子的不努力，孩子如果不接受家长的指责就会产生对家长的抵触心理，不再对家长服从，甚至会示威。此时孩子的行为处于危险的边缘。家长的正确做法应该是教育孩子要学会迎接挫折和打击，不要惧怕，想办法去应对，只有敢于面对社会、面对人生坎坷的人才是最让人服气和喜欢的人。

教孩子在不快时沟通

善于与人沟通和交流才能让心理更加健康。一些孩子性格内向，不善于表达自己，久而久之思想包袱重，压力大，身心不能健康成长。家长教育这样的孩子时，让孩子学着做一个活泼开朗的人，要学会自我排解压力，学会与人沟通和交流，争取别人对你的帮助、支持、理解。把心中不开心的事向值得信赖的人讲一讲，通过对方的帮助来解决疑难、排除困惑。

细节提示

人活着就要热爱生活，只有那些“经历痛苦，欢迎挫折，热爱丢脸”的人，长大后，才能铸造人生的辉煌，追求成功。每一个孩子在家长的细心指导下都能成为学习生活中的真正强者。

第五章

性格培养，好性格带来好命运

性格决定命运，一个良好的性格对人的一生都有着重要的影响。当一个优柔寡断、自卑、消极、孤僻，甚至有些胆小怯懦的人站在我们面前时，他就会有逃跑的欲望。同样道理，如果我们的孩子性格出现了问题，那么，有逃跑欲望的人就将变成我们的孩子，而且，孩子在未来事业上也不会有大的成就。因此，在孩子小的时候，家长朋友们就要开始努力塑造孩子的良好性格，不要让孩子的命运走向毁灭。

孩子性格缺陷怎会越来越多?

性格是一个人思想品质的重要标志,良好的性格使人上进,奋发图强,对社会有积极意义,对孩子的成长更是起着非常重要的作用。

社会发展到如今,很多变化都是日益更新的,孩子的性格也在随着时代而发生着改变。虽然有的孩子智力水平逐渐提高,但是性格缺陷却是不断增加的。这些性格上的缺陷在无形之中阻碍了孩子们的成长,成为困扰家长和孩子最大的难题。

影响孩子健康成长的性格缺陷

1. 优柔寡断。孩子做事总也拿不定主意,需要家长不断给出建议才能做选择,对事情也是三心二意,左右为难,没有坚定的信念。

2. 自卑。由于遭遇挫折或受到家庭、成长环境等因素的影响,一些孩子总是对自己的能力产生怀疑,贬低自己已经成为一个习惯,做什么事都对自己缺乏信心和勇气。

3. 消极、冷漠。孩子对集体、同学态度冷淡,对人、事缺乏热情,人际关系较为紧张,一般都缺少朋友,不能适应周围的生活环境,常有自私的心理。

4. 不合群、孤僻。由于受到外界或家庭的影响,导致孩子在心理上出现问题,变得喜欢一个人做事,不爱跟人交往。

5. 受不了诱惑,容易冲动。这类孩子的基本性格特点是情绪不稳定,从不三思而行,缺乏自制自控力,容易兴奋冲动,办事鲁

莽，"先干了再说"。他们判断分析能力薄弱，心理发育不成熟，容易盲从或被人怂恿挑唆，对外界会表现出攻击、敌意和破坏性行为。

6. 任性、脾气暴躁。此类孩子的特征是缺少自制力，任意妄为，爱出风头，爱发脾气，好攻击别人。他们对待人和事经常采取对抗的方式，采取不合作的态度来对待自己不喜欢的人与事，导致周围的人不愿意与其交往。这些孩子有时会形成小团体，如果性格相似的几个同龄人纠集在一起，会对学校、社会更具有破坏性。

7. 胆小怯懦。不敢跟陌生人甚至老师交谈，不敢去陌生的地方，谨小慎微。在夜里，猫叫声把某位女生吓得浑身发冷，需要打吊针压惊；另一名女生哭鼻子则仅仅因为单元测试时没有写完作文。看似不可思议的这些事情，却反映出如今孩子心理脆弱到何等地步。

这些并没有完全表现出孩子的性格缺陷，单一的分析常会使人性格的复杂性失之偏颇，这需要家长结合实际，在日常的教育中对孩子的思想性格进行准确把握，从而使教育更有显著效果。

孩子怎样具备良好的性格

1. 认真细致、善于观察、热爱学习、善于独立思考、正直、勤劳、诚实、独立性强、勇敢坚强、有自信心、稳重端庄、活泼开朗、热情直率、有协作精神、有活动能力、社会适应良好、善于与别人相处等性格特征都是孩子应当具备的。

2. 父母性格在很大程度上能影响到孩子的性格。孩子从降生开始最早接触的就是家庭，父母的音容笑貌、言谈举止都会给孩子的性格发展留下不可磨灭的印象。如果父亲谈吐粗鲁、不拘小节，儿子也往往污言秽语、油嘴滑舌。家长怎样穿戴，怎样谈论别人，怎样同别人谈话，怎样发愁或欢乐，怎样的语调，怎样看书……这一切对孩子的发展都有着重要的意义。

3. 孩子性格中的许多特征会对未来的发展有影响，其中包括和他人共处、与人打交道的能力，观察和询问的能力，从错误中吸取教训的能力，埋头苦干的精神，使自己做事果断、有创造性和雄心勃勃的能力。优良性格是孩子智能发展的强大动力，孩子将来道德、信念和理想的扎实基础，也是孩子将来事业成功的保证，更是孩子将来人生幸福的主要条件。

4. 如果父母对孩子的恶习视而不见或任其自由发展，没有重视对孩子的性格培养，那么孩子的未来发展注定糟糕。犯罪分子中有很多是家庭发生重大变故的孩子。由于他们缺乏父母和其他亲人的关心，导致心理不平衡，采取偷盗，甚至杀人放火等方式报复社会。

细节提示

孩子的性格是经过后天不断地教育与培养逐渐形成的，家长应该时刻对孩子的性格特征加以关心。当孩子在性格方面出现缺陷时，家长要及时地对孩子进行积极有效的引导，尽可能让孩子形成完善的性格，这对于孩子的未来成长乃至他的一生都是至关重要的。

本来孩子不想叛逆

随着孩子年龄的不断增长，他们的身心发生着巨大的改变。当叛逆在孩子的身体深处像一颗萌生的种子一样蠢蠢欲动时，家长一定要去肯定、支持、相信孩子，结合自己的成长经历，用"人性本善"的态度面对自己的孩子。

我们每个人或许都曾经经历过青春期的叛逆，只是我们成为家长后无法对一个孩子的感受做到真正地理解。每个人都会有叛逆的倾向，叛逆并不是什么大不了的问题。在一个人的成长过程中，叛逆是暂时的，只有经过了这暂时的痛苦，才会慢慢成熟，真正地理解父母的用心。家长到底应该在孩子出现叛逆时怎样做呢？

1. 家长需要明白孩子在12岁左右时期出现的第二次（3—5岁是第一次）逆反心理是突出的、明显的，这是他们心理走向成熟的表现。家长要让孩子明白自己出现轻度的、适当的逆反心理是很正常的现象，因为在成长过程中叛逆是心理上独立的标志之一。正常情况下，每一个个体最终都要有自己的思想，都要走向成熟和独立，他们肯定不能永远属于别人。

2. 要让孩子从小懂得怎样看待问题，要让孩子有意识地学习并逐渐学会全面地、客观地、冷静地、科学地、公正地、多角度地去看待问题，并对问题进行分析。我们周围的许多事情都存在复杂性、多面性和结果的不确定性。不同阅历的人在不同的时间地点、从不同的角度看问题都会不同。人与人之间出现分歧是正常的，平等的沟通是解决分歧最有效的方法。沟通的过程就是双方相互学习、相互了解的过程。

3. 适当的逆反心理可以促进身心发展，但是孩子的叛逆心理过于强烈就会物极必反，产生很大的危害。由于逆反心理的存在，孩子不仅听不进家长有益的指点和忠告教育，甚至故意跟家长的意向反着做。另外，这种叛逆心理也会严重影响孩子良好人际关系的建立以及其他心理方面的健康发展。

4. 家长可以教育孩子：作为一名优秀的小学生，除了学习成绩好之外，还要有健康的心理，包括专心的注意力，乐观向上的进取心，坚忍不拔的意志，快乐的情绪，良好的人际关系，有效地发挥自己的能力去客观地对自我进行认识等。如今的孩子很少知道“让步”是什么，特别是在宠爱他们的父母面前。家长要教育孩子“退一步海阔天空“来对待别人，要有承受挫折、磨难的能力，还要有解决心中不愉快的能力，找到心理的平衡点。

5. 孩子在表达自己的意愿时要学会用多种方法，有意识地对父母以及周围的人做相应的了解，并能理解他们对自己提出的各种各样的要求，既要学会包容父母的毛病、缺点，还要懂得他们望子成龙、苦口婆心的一片苦心，更要承认父辈们历经风雨磨难之后的见多识广，懂得用他们的长处来弥补自己的短处。

6. 可以对孩子进行必要的家庭式心理治疗，对家长和孩子两者之间的行为进行纠正。家长应该明白，自己对孩子成长过程中出现的问题有不可推卸的责任，对在教育孩子方面的所作所为进行反思、检查。同时，家长和孩子相互换位思考，相信孩子的本质是良好的、积极的，家长要在一些非原则的事情上做出让步。

7. 当孩子的逆反心理比较严重时，家长最好带着孩子去看心

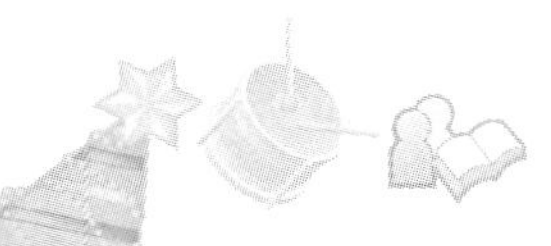

理医生。在心理医生的指导下，采用某些具体而科学的方法，对孩子的逆反心理的治疗效果会更理想。

细节提示

家长是孩子的第一任老师，要给孩子做出正确、良好的表率，应创造和谐、温暖、平等、轻松的环境，关心其身心健康，鼓励孩子增强自信心，积极向上，磨炼意志，自强自立，适当地参加技能和劳动锻炼。让孩子懂得在社会里每个人都应该是平等的、公正的，相互之间应该相互尊重，而侵害他人的合法权益是要承担法律责任的。

孩子不封闭，需要家长帮助

当孩子有了独立意识，喜欢独立思考时，他们不再愿意向父母敞开心扉、尽情倾诉，像成年人一样，也不愿意向别人表露自己的隐私。

孩子们害怕说了自己的真实想法或行为而遭到训斥、打骂或其他形式的惩罚，而把自己封闭起来，不愿与家长交流。当孩子遇到挫折或是受到同学的讽刺与老师的批评时，自尊心受到伤害，为了维护自尊心也不愿意与父母交流。随着孩子年龄的增长，如果孩子觉得从家长那里得不到帮助，受不到启发，也会减少与家长沟通的热情。

构建良好的心理教育环境

家庭心理教育的成功与否关键还在于家长与孩子心理融合程度。因此和谐良好的家庭心理教育环境的构建就显得非常重要。家长可以在与孩子情感相容的基础上，创造出一个充满关爱、充满亲情的宽容环境，营造一种平等交流、无拘无束的心理氛围，用博大的爱去接纳孩子，这是引导自闭症孩子走出封闭怪圈的关键。

运用多种方法进行语言交往能力训练

封闭的孩子的语言障碍会很明显，常体现为言语很少，词汇有限，声音很低、很小，不会对别人发问，面对别人的提问时常常宁可用手势代替也不愿说话。语言表述困难这个障碍不攻破，孩子就无法和人交往，也不能消除封闭的现象，因此，语言障碍的解决是个重要的问题。家长可以用下面两个方法对孩子进行帮助。

1. 同伴带动法

家长可以在平时的生活中特意为封闭的孩子选择活泼、有带动性而且心地善良的小伙伴,通过伙伴的带动,让他走出自我封闭式的天地,融入到小朋友的集体之中。一般人多以同龄人为主选择朋友,封闭式的孩子也和正常人一样,甚至比正常人更加需要同龄人,因为封闭的孩子不会主动与其他小朋友交往,只局限于家长和老师之间,因此家长可以帮助孩子在生活中寻找同伴。

2. 游戏法

家长可以设计一些轻松的游戏,让封闭的孩子在轻松愉悦的心态下接受家长有目的性的语言交往训练。对孩子的语言训练中,要把握时机对孩子进行灵活的引导,完成训练。这种方法既让孩子在不知不觉中轻松地接受训练,又利于孩子对话语所对应的情境理解,避免以后的生活中使用不当。游戏法除了给孩子语言交往创造有利的时机和宽松的环境,对孩子健康心态的培养也有促进作用。

从兴趣中挖掘潜能树立自信心

每个自闭症孩子都有自己的喜好,有的能将这些喜好达到专业的水准,比如有的孩子有音乐天赋,有的孩子逻辑思维特别强。作为家长要善于发现孩子身上的闪光点,并让其发扬光大,让孩子能通过他的这些兴趣爱好更容易与这个世界接触、融合,挖掘孩子的潜能,帮助孩子树立自信心。

采用音乐疗法引导交往

封闭自我的孩子往往排斥语言,拒绝与人的配合、交流。但是85%以上的自我封闭的孩子对音乐都有很好的反应。自我封闭的孩子几乎全都对音乐有着兴趣和能力，在帮助孩子走出封闭的过程中，可以将音乐治疗作为最常用的手段。

训练与生活有机结合，培养自立能力

在孩子进步后，我们可以有意识地教会孩子生活自理，让他帮助家长做一些力所能及的事情，比如整理书包、洗澡、打扫卫生、洗红领巾、淘米洗菜等。如果孩子都能够做得很好，就要对孩子及时地夸奖，或者给予一些食物奖励，这样孩子就能比较自信地完成简单的事情。同时通过让孩子参与生活中的一些事情，孩子还能逐渐明白一些生活常识，如大豆是从地里生长出来的，自来水是没有颜色的，粥是用米煮成的，这些生活常识对孩子的理解能力有很大帮助。生活能自理是孩子立足社会的关键。

细节提示

家长不能对孩子施以溺爱，要给孩子提供一些体现个人价值的机会，拒绝孩子的不合理要求，并帮助孩子改正缺点，尽可能和蔼亲切地与孩子相处。当孩子少了惧怕心理时，自然会很乐意与父母交流。

家长有办法避免孩子任性

有的孩子脾气很犟，家长不让他做的事偏要做，要不就哭闹，让家长头疼。其实孩子任性不是天生的，主要是由于教育不当引起的。

孩子的任性会带来很大的危害，同时又关系到孩子的一生，所以对待孩子任性的问题上，家长不能每件事都过分认真，也不能对孩子太过放纵，可以采取一些适当的办法，使孩子的疯狂行为得到纠正。家长可以用以下六个方面的教养方法来参考：

理解孩子心情，但坚持约束孩子的行为

当孩子吃饭时突然看到没有自己爱吃的那道菜，就拒绝再继续吃。那么即使家长可以顺手去做出那道菜，也不要迁就孩子立刻给他做，而应该明确表示饭菜已经准备好了开始吃饭了，不能随便更换。如果孩子继续闹情绪，可以惩罚性地让孩子饿肚子，相信孩子在饥饿时会继续吃，或是在下一顿饭时不会随意不吃饭。

可以采用暂时回避的方法

有些孩子由于没有满足他那不合理的要求就纠缠不休，这时家长可以采取对他暂时不理睬的方式，当孩子感到哭闹的方法是无效的，他就会停止。给他思考、自省的时间，事后再坦诚地与他交流。

让孩子生活在和谐温暖的家庭中

理智的母爱的特征表现为平等、无私以及有社会责任感。母亲的慈爱可培养子女开朗、乐观、高雅的性情。父爱通常体现在对

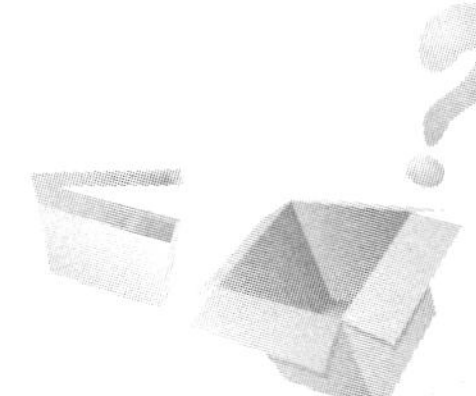

子女前程、成才的厚望和塑造中。父爱可锻炼子女坚定、自尊、勇敢、自强的气质。

父母搞好关系，为孩子树立榜样，同时留心教育孩子学会与其他孩子和睦相处友好往来，还应教育孩子设身处地为他人着想，对他人富有同情心。一家人可以经常团聚在一起，议论所看过的电视、电影或读过的故事等，进行情感的交流。

转移孩子的注意力

由于孩子注意力集中的时间比较短，父母想改变孩子的任性行为时可以利用孩子的这一特点转移他的注意力。如母亲在商场里购物后需要赶回家，可是孩子在商场里玩得很上瘾，不愿意马上离开。如果母亲直接对孩子说："我们回家吧。"孩子与母亲之间就会上演一场你死我活的争执。但如果母亲特别神秘地对孩子说："咱们去看看别的地方还有没有更好玩的。"孩子可能就会愉快地答应，然后母亲带着孩子一边聊天一边就回家了。

即使是性格开朗的人也会有心绪不佳的时候，但人与人之间不同的是能否很快从不愉快中解脱出来。家长应教育孩子从能恢复愉快心情的事物中寻找安慰，进行自我解脱，如读书、听音乐、与朋友交谈、骑自行车等。

帮助而不包办、宽松而不放任

有的家长怕孩子出差错，把孩子所有的事情都大包大揽，孩子的饮食、穿着、玩耍都没有自己选择的余地，这样时间一长，孩子的依赖心理就会根深蒂固，成年后遇事惊慌失措，情绪消沉，毫无主见，各项能力差。家长作为孩子的指导者应多让孩子选择，以培养愉快的心境和自信心。如吃饭时孩子自己选择要吃胡萝卜还是要

吃黄瓜，在看电视时决定看哪部动画片。对于家里的电器等，跟孩子讲解清楚其性能、用途及注意事项之后都让孩子操作。家长应该了解，孩子出于逆反心理，有时在气头上会故意选择不愉快的事。在这种情况下，父母不要呵斥孩子，强行对孩子进行扭转，因为孩子故意要不愉快自有其原因，当孩子把不愉快的心事解决掉就会阴转晴的。

教孩子懂得满足，克服娇惯

家长应引导孩子养成良好的习惯，要求孩子有一定的行为界限。必须让孩子明白，哪些事该做，哪些事不该做，并支持、鼓励孩子坚持执行。家长对孩子超越行为界限的事，决不能迁就，不能总对孩子说，“下不为例了”，“就这一次了”。否则，只会助长孩子的任性习惯，以后难以改正，并且父母的态度还必须保持一致。

孩子想要什么就提供给他什么，易让孩子形成“得到才快乐”的错觉。如果孩子玩具太多，就会不珍惜这些玩具，更不会开动脑筋想出其他玩耍、娱乐的新花样。因此，家长不妨在时间上对孩子的物质要求保持一定控制，教育孩子应知足常乐，让孩子充分利用手头现有的东西，在玩法上花样翻新，经过思维、想象的参与，获得的乐趣会更多，受到的启迪会更大。

细节提示

父母生活乐观充实，孩子在父母日常的潜移默化下也会开朗乐观。孩子与父母以及孩子们之间就会情感易通、亲密无间、相互理解，从而达到身心健康。

孩子从胆小向胆大的转变

恐惧是个体保护自己避免受伤害的自然属性,也是人类最常见的情绪反应之一。但是,过分恐惧导致的胆小就会使孩子无法正常地与人交往,影响身心的健康。

孩子的胆小,一般只是对陌生的人或环境所做出的一种反应,不存在太大的问题,但孩子过分胆小,就会引起一连串的问题,妨碍孩子正常的社会交往。久而久之,胆小的孩子还会表现出沉默、内向、没有主见、缺乏自信等性格特征。在孩子性格形成的关键期,家长应该帮助孩子跨过胆小这道障碍,避免影响人际交往,不妨试试下面的方法。

帮孩子找个外向的朋友

孩子们很容易因为爱玩同样的游戏而成为好朋友。如果孩子胆小,那么家长可以在小区邻居中帮孩子找个胆大活泼的小朋友,让他们经常在一起玩,或者在学校让老师帮助安排孩子多和外向的孩子在一起。

越早自理越不怕生

如果孩子很胆小,那么家长应该回想一下,在以前的生活中是否太过于保护孩子。对孩子施以过多的保护和代劳,结果只能是束缚住孩子的手脚,并无法锻炼孩子的自理能力,久而久之,孩子不喜欢探索新事物。

当孩子年龄超过了2岁,家长就可以培养他的生活自理能力,自己睡觉,自己上厕所,自己穿衣服,自己刷牙洗脸,自己收拾玩

具，自己吃饭等。生活自理能力强的孩子比那些“父母包办”的孩子更活跃，胆子更大，也更愿意对陌生的人和事进行探索。

玩“勇敢者”游戏

玩是孩子的天性，家长应该注意孩子平时喜欢玩什么样的游戏。不少胆小的孩子更倾向于玩一些安静且没有伤害性的游戏，如拼图、画画、搭积木等，他往往喜欢一个人玩耍，而不是和其他孩子一起玩。

家长应该多鼓励孩子进行一些户外运动，多与其他的小朋友一起玩游戏。在胆小的孩子眼中，在台阶上跳上跳下、相互追逐、抢皮球等“危险”的游戏和捉虫子、玩沙子、拍皮球、爬土堆等“脏脏”的游戏，都是需要一点勇气的。当孩子在户外活动中玩得开心时，难免会发生磕碰，家长不要大惊小怪，因为这些“勇敢者”的游戏足以帮助孩子练胆量，不再胆小。

让孩子开口的技巧

在公园、游乐场、超市等公共场所，让孩子多和陌生人交流也能帮助孩子克服胆小的心理。家长可以用点小技巧，例如，去商场陪孩子买玩具时，家长可以要求孩子问售货员：“我想买这个玩具，请问多少钱？”如果孩子因为羞涩而不愿询问，家长就不购买。

一开始，孩子会感觉难度很大，十分不好意思，家长可以先把话说一遍，让孩子模仿家长重复一遍，无论孩子说话声音够不够响亮，家长都应该给他鼓励和夸奖。以后继续让孩子多说话，孩子说的话多了就会习惯。在孩子开口说话的同时，家长也可以让他先学习使用简单的礼貌用语，这样，人们对孩子的喜欢会增加孩子开口说话的自信心。

胆小的孩子更需要鼓励

有些孩子大大咧咧，自己做错了事，就算被家长多训几句也不会感觉有什么不妥。可是当家长批评胆小的孩子时，就需要注意措辞的使用是否恰当，尽量多说一些鼓励的话，不要无意中在言语上伤害了孩子本来就脆弱的自尊心。

家长平时与人的交往中，如果孩子在场，就不要在别人面前评价孩子“这孩子就是胆小”，这样的评价只会起到负面的强化作用。久而久之，孩子会认为自己确实是胆小的孩子，无法改变。

让孩子当“小司令”

当胆小的孩子与其他孩子在一起时往往不会很出众，不管做什么总是会躲到别人的后面。孩子胆小，就会失去在人前表现的良好机会，而表现的机会就是锻炼的最佳时间，孩子失去了锻炼时机，无法锻炼胆量，就会形成一个打击孩子自信心的恶性循环。

家长可以找几个比自家孩子年龄小的孩子，让他们一起玩。孩子虽然胆小，但由于年龄比其他孩子大，在游戏中他就可以主动地对其他孩子发号施令，无论出什么主意，玩什么游戏，他都在无形之中已经成为孩子中的“小司令”了。

细节提示

家长对孩子过度的保护都会让孩子习惯生活在被呵护之中，比如家长对孩子小小的伤痛大惊小怪，过于阻拦孩子的玩耍，过分限制孩子与外界交往等，都会使孩子自我保护能力严重退缩。所以，家长要放开对孩子的束缚，让孩子勇敢地接受生活的磨炼。

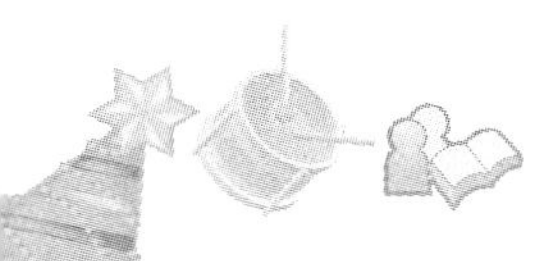

家庭因素让孩子性格更乐观

家庭是每个孩子来到世上面临的最早的生存环境。当孩子长大后走向学校、社会以后,家庭依然是最密切、最贴近、影响最深的环境。家庭环境氛围对孩子的兴趣爱好甚至是性格的影响都很大。

家庭环境客观地存在于每个家庭之中,不同的家庭环境会导致孩子在能力、经验、学习方式、发展水平等方面出现差异。家庭教育的影响是长期的,甚至永久的。良好的家庭氛围能使孩子积极向上、活泼开朗。因此,家长应为孩子建立一个愉快、整洁、有序、和谐的家庭氛围和教育环境。

整洁、宁静、丰富多彩的环境

孩子在比较幼小的时候对周围环境是比较敏感的,我们要为孩子的生活环境创造条件,引导他们多看、多读、多听、多想、多练、多实践。家长尽可能使屋子的摆设和谐,给人以开阔、明净、舒展的感觉。孩子卧室的墙壁装饰要富有童趣,最好悬挂一些结实耐用又有特点的艺术品。说话声音要柔和、平缓,避免发出尖锐的声音让孩子受到刺激、惊吓,同时父母应合理安排家务、提高劳动效率,养成良好的生活习惯,以保证和孩子一起玩耍时能有充足的时间。家长闲暇时,可以引导孩子学习画画、写字、养鱼、种花、听音乐,陶冶孩子的情操。并且可以让孩子旅游、访友,去城市、乡村,开阔孩子的视野,增加孩子对于生活中各种事物的浓厚兴趣。

增强一些家庭智力气氛

孩子印象最深的就是朝夕相处的场所，因此家长应该注意让孩子在一个智慧氛围浓厚的环境里生活。当孩子的好奇心随着年龄而不断增长时，家长要尽量满足孩子的好奇心，即使孩子不会理解得很透彻，也会萌生进一步学习探索新知识的欲望。家长可以建立一个小小的图书架，根据孩子的爱好订阅一些画报、图书，为孩子买些智力玩具，如魔方、拼图等。也可以与孩子一起讲故事、猜谜语、下棋，做些智力实验，这些都有助于孩子的思维，以激发孩子对科学和大自然的探索欲望。

培养勤奋好学的气氛

好学出勤奋，勤奋出天才。在家庭环境中家长要营造出勤奋好学的氛围，认真钻研技术，经常地读书、看报，孩子就会耳濡目染，进而仿效，逐渐养成勤奋好学的习惯。在添置家庭用品时，记着为自己和孩子购买放置图书报刊的书架，以身作则带头学习，孩子能受到家长渴求知识、刻苦钻研业务的好学精神的启迪去认真学习。家长可以多学一些社会科学和自然科学知识，当孩子读了一部作品或看了一部电影之后，如果父母能够和孩子共同探讨，帮助孩子进行恰当的分析，并且用自己积极健康的情感去感染孩子，增长孩子的知识和见闻，这将十分有利于孩子的成长。

互尊互爱的家庭气氛

家庭关系和谐、融洽的前提是家庭成员之间能够互相尊重、互有爱心，亲朋、邻里之间要互帮互助、和睦相处，家长要保持镇静、乐观、愉快的情绪。家长要经常赞美家庭成员，相互关爱，对孩子要尊重爱护，不娇惯、溺爱，使整个家庭气氛形成团结友爱的良好

氛围。孩子在这样的环境气氛里生活，就会情绪稳定性格开朗，与小伙伴友好相处。

家长需要帮助孩子寻找一些年龄相近的小朋友，邀请他们和父母来做客，也可以多带孩子在公园、儿童乐园玩，让孩子邀请玩耍中认识的小朋友到家里做客，创造一个交往的机会。孩子会在与同龄人交往时感觉轻松愉快，能融入到小群体中畅所欲言，不感到拘束，形成并保持良好的心境。当孩子与小朋友们能建立良好的关系时，对孩子的行为习惯、智力开发、语言锻炼以及其他方面的发展都有着重要的作用。

细节提示

父母的兴趣、性格、才能以及情绪状态，无时无刻不体现在家庭生活中，对孩子起着潜移默化的作用。如果父母乐观，有健全的品格，那么家庭里面就会充满欢乐；如果热爱生活，兴趣广泛，喜欢学习和钻研，家庭就会充满学习氛围；父母有美术、音乐方面的才能，那么家庭氛围就会充满艺术的气息。父母应当给孩子积极创造条件，使孩子活泼、健康地成长。

因材施教全过程

世界上没有两片相同的树叶，同样，不同的孩子有着不同的性格。但是一般的家长都是按照自己的教育方法来操作，不讲究章法，最终对孩子束手无策。

孩子的性格不同，有的急躁，有的沉稳，当家长面对不同性格的孩子时也要采取不同的教育方式，促进孩子身心健康发展。那么家长具体该怎样做呢？

急脾气孩子的教育法则

急脾气的孩子一般头脑比较聪明，与同龄的孩子相处时，总能在思维和行动上明显表现出灵活敏捷，能从众多的小朋友中脱颖而出。但这类孩子有一个很大的缺点就是缺乏耐心，做事不持久，注意力容易分散。当专注某件事时如果旁边有声响，就能吸引他们放下手边的事情。当他们和小朋友们相处时，也大多表现出好斗或不合群等不良倾向。

如果家长没有用心调教这类急性子的孩子，他们继续发展下去就可能会成为上课坐不住、容易开小差的调皮学生，因此，家长要注意三大法则：

1. 有意识地对孩子进行强制性耐力训练

耐力训练可以从锻炼身体开始，比如规定每天的某个时间段为体育锻炼时间。在选择体育项目时，对于年龄较小的孩子来说，可以首选跑步，慢跑适合四岁以上所有健康的孩子。家长可以根据孩子的体质设定具体的训练时间和强度。家长必须坚持领导孩

子去做,持之以恒才会有效果。

2. 用孩子感兴趣的方式培养其做事的专一性

孩子注意力分散让很多家长感到头痛。因为孩子如果做事不专心,那么即使头脑再聪明也不可能有大成就。训练孩子提高注意力首先要从容易操作的方面入手,比如选择孩子感兴趣的方面。年龄小的孩子喜欢做游戏,家长抓住孩子好胜的心理,不断地让孩子在游戏中过关斩将,延迟孩子的注意力时间。有的孩子喜欢画画和看书,家长可以通过这些方面让孩子在做事中忘掉身边的干扰,从而提高注意力。

3. 给予适当的鼓励

急脾气孩子欠缺耐心,如果某件事不容易做好,就会放弃。因此,家长必须根据孩子的实际情况选择难度适中的游戏或事情让孩子做,同时多鼓励孩子,在孩子出错时不要指责和打骂。家长还要控制时间的长度,不要让孩子过于疲倦,注意劳逸结合,保持孩子对事物的兴趣。

慢性子孩子的教育法则

慢性子孩子的性子沉稳,行为动作反应慢,相对急性子孩子而言发育得迟缓,只要父母不过分斥责孩子,不与同龄孩子做对比,那么慢性子孩子大多数会发育得更好。

这类孩子一般很少发脾气,与周围人相处得也比较融洽,他们的缺陷是不善言辞、性格内向。如果家长没有对他们用正确的方法去调教和引导,那么他们会自认为受到别人的排斥,继而表现出不合群,有日益孤僻的倾向。

1. 多鼓励孩子,树立孩子的信心

鼓励是教育孩子最好的良方。慢性子孩子比较内向，也比较敏感，有心事时不对别人讲，慢慢变成一个心结，无法消除。家长想让孩子重建信心，就要多对孩子进行关注和鼓励，从中获得勇气和力量应对生活的挫折。

2. 放手让他做事，并培训其速度

让孩子做事时提高速度，家长需要给孩子设定规则，让孩子在做事之前明白时间的限定，让他们在有限的时间内完成有限的事，让孩子明白，事情做好了还不够，要在规定的时间内完成才算完美。家长可以采取奖惩制度，孩子按照规定完成了就有奖励，没有完成就要受惩罚，这样的方法对于提高孩子做事积极性很有帮助。

3. 多带他去公共场所，鼓励他与人交往

鼓励孩子多与人交往也是一个重要法则，与人交往不仅是一件有趣的事，还能从中获得知识、信息等资源。让孩子适应公共场合的交往规则，多交益友，对今后的生活和成长有百利无一害。

细节提示

一个受到家长关心，并且能够顺应个性发展完善的孩子，会变得心明智清，自信而开朗，更容易适应社会，而一个让家长以死板固定的教育方法教育的孩子，长大之后会因为心理缺陷难以适应社会，因此家长必须顺应孩子的个性采取不同的教育方法。

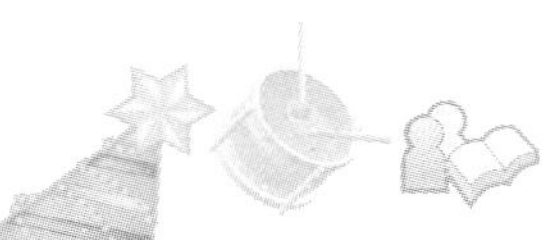

不放纵孩子的随心所欲

有的孩子做事肆意骄纵，随心所欲，为了达到目的，会无休止地纠缠、哭闹，甚至对别人进行身体攻击，直到得到满意的答复。

在对孩子的教育过程中，常常有孩子会出现逆反的行为，如任性、乱发脾气等。家长要正确对待孩子的这种行为，不能妥协和迁就孩子的要求，要让孩子有适应的时间，在逐步的改变中得到巩固。想培养既有个性又不任性的孩子，关键要看家长的教育方法是否合理科学。那么，家长该怎么做呢？下面有“四要四不要”来帮助家长释疑解惑。

要合理引导，不要过分溺爱

不少家长希望孩子按照设计好的道路发展，稍有逆反就严加管教，结果不遂人意。而有的家长对孩子百依百顺。这些教育方法都不正确，正确的教育方法是严格中有宽容，宽容中有原则。家长在日常生活中给孩子创造好必需的物质环境的同时，还要侧重培养孩子的自理能力。

要潜移默化，不要忙着说教

家长的言谈举止对孩子影响很大，因此家长要在日常生活中处处起到表率作用，努力克服不良行为习惯，对孩子提的要求，首先自己做到。家长要以良好的习惯、优良的品质让孩子在言传身教中得到熏陶、受到启发。

要培养好习惯，不要随心所欲

家长培养孩子从小养成良好的生活习惯，如每天看电视不超过一小时，晚上九点前必须睡觉，要孩子随时整理衣服、文具，并引导孩子在接触别人时主动打招呼，与其他小朋友玩时懂得谦让，愿意配合老师工作。家长要以身作则进行娱乐、学习，帮助孩子养成必要的习惯，做事前后承诺要一致，不能随心所欲，不顾及他人的感受和事情的发展。

要正视优缺点，不要厚此薄彼

当家长发现孩子的错误时，适当地给予批评，不要严厉斥责，对孩子的优点也要积极肯定，对孩子的优缺点都有所控制。

1. 鼓励孩子尝试接受别人的意见和建议

不少家长对孩子的鼓励赞美毫不吝啬，却不会批评一句孩子的错误，怕孩子自尊心受伤害，于是孩子的行为毫无顾忌，随心所欲，肆意骄纵，这是家长对孩子疏于管教的结果。对孩子的鼓励很重要，但不是表扬越多越好。在没有批评的环境中长大的孩子，自律性差而自尊心强，而且自私自利，不会受到其他人的欢迎。因此，我们需要对一些骄傲孩子的特长、优点适当弱化，告诉他其他方面的欠缺也存在，让他们逐渐接受别人的意见和建议。

2. 引导孩子体谅他人，愿意站在对方立场上考虑问题

骄纵的孩子都有两个心理障碍：一是对自己要求和期望比较高，十分关注自身优点和优势；二是对同伴也抱有很高的期望值，当同伴的言行达不到标准时就严加指责。此时需要家长对孩子积极引导，让孩子站在对方的角度想一想，换位思考让孩子对自己的行为有所认识。

细节提示

家长可以在生活中培养孩子的自主性和独立意识，在小事上如吃什么饭、穿什么衣服等征求孩子的意见，但不能让孩子随心所欲地做所有事，要给孩子一些限制，这样孩子才会明白不是所有要求都能满足，必须放弃不合理的要求。

让孤僻的孩子乐意交往

很多性格内向的孩子都会有孤僻行为，他们很难与人交往，这一状况将影响他们个性健康发展和良好行为的形成。对孩子孤僻的性格成因进行有针对性的教育，能调动孩子的积极性，使之逐步改善孤僻状况，促进孩子的身心发展。

孤僻的性格阻碍了孩子的社会适应和人际交往，因此家长要经常与孩子交流，关心孩子的心理健康，提供孩子与人交往的机会，引导孩子多参加集体活动，及时矫正孩子的孤僻倾向。

帮孩子做好心理调节

1. 浓浓的亲情是消除孩子孤僻行为的最好措施

母爱在孩子一降生世界时就让孩子拥有安全感、依恋感、满足感，如果孩子早期没有对某个关系密切的人形成依赖，就会对发展人际关系的能力有影响，变得离群、孤僻、不愿与人交往。因此父母应该在孩子小的时候尤其是婴儿时期，给予孩子以稳定的足够的依恋之情，如对孩子尽量多抚摸、逗弄、搂抱。母亲的心跳、体温等，都是对孩子最好的爱抚，使孩子在心理上获得满足，有效避免孩子孤僻行为的形成，改善孩子的性格发展。

2. 正确引导青春期孩子性格闭锁现象

对青春期孩子的心理特征进行多方面的了解，给孩子一定的成长空间，用科学的思维方式引导孩子做出正确的选择。尊重孩子不断增长的自尊心与独立意识，尊重孩子的人格，以谆谆教导来代替严厉的管教。同时宽容对待孩子，给孩子改正的机会，给孩子

足够的关心和爱护。当孩子面对挫折时不要责怪孩子，更不要侮辱孩子的人格，要鼓励孩子并对孩子进行疏导。另外家庭关系要和谐民主，引导孩子敞开心扉，用开放乐观的心态与人交往。

增强孩子的体质

孩子的孤僻性格很大程度上是由于柔弱的体质。当孩子体质弱时就不能用持久的耐性做事情，就容易受到同伴的蔑视和奚落。这时孩子会对社会和人际交往进行回避，以此来保护自己。因此父母需要多带孩子登山攀爬、游泳、参观，既可以使孩子体魄强健，增强孩子的体质，同时可以培养孩子勇敢、乐观的精神和持久性，扩大孩子的视野，让孩子能自信地参加各种集体活动。

创造良好的环境

改变孩子孤僻行为的关键是使孩子保持愉悦的心情。

1. 为孩子营造一个良好的家庭氛围

让孩子在和睦、民主的家庭中养成开朗、活泼、积极向上的良好品格。家长在日常生活中应该让孩子做一些力所能及的劳动，同时多和孩子讨论一些家庭决策，让孩子感受参与决策的愉快，体会合作的力量，增强孩子的信心，促进孩子参与的乐趣。家长要宽容对待孩子，给孩子敢于尝试的机会，同时给孩子纠正错误的机会，孩子能在犯错与改错中健康成长，更有自信。

2. 扩大孩子的交际范围

家长应让孩子走出“自我”的小世界，让孩子多与小伙伴一起做游戏、玩耍。闲暇时家长带孩子访友探亲，多带孩子去广场、公园等人多的地方，鼓励孩子主动与人交流，让孩子体验与人接触的乐趣，融入到集体活动中去，摆脱孤独的痛苦。

3. 给孩子树立良好榜样

孩子学习人际关系的第一个场所是家庭，与人交往的技能往往是在与家人的情感交流中形成的。孩子在与父母的交往过程中学会收获关爱和表达关爱，能运用基本的手势、表情和交往方式，所以家长要注意自身言行，拥有良好的人际关系，对孩子进行潜移默化的影响。

注意评价和态度

家长要注意保护孩子的自尊心，不要随意批评、否定孩子，更不能任意指责训斥孩子，否则孩子会丧失自尊心和自信心，从而一个人缩在一旁心情压抑。培养孩子的自信心，能激发孩子的主动性和积极性，有效改善孩子的孤僻行为，对于内向的孩子更要避免不经意的言行对他们造成的伤害，家长需要多加鼓励来保护他们的自信心，一些肢体动作如抚摸、点头、微笑、夸奖等，都能使孩子开朗起来。让孩子看到自己的长处和弱点，正确识别自己。

细节提示

家长让孩子多与人聊天，还要锻炼身体，这样可以增强人的心理承受能力。如果孩子很孤僻，让孩子多看些积极向上的书籍，多与积极向上的人在一起进行沟通，打开心门，受他们的影响，孩子会乐观起来的。

让小霸王学会谦虚

谦虚,既是良好的学习态度,也是为人处世的准则。一个谦虚的人常常能受到别人的赞扬和尊重,而目空一切、骄傲狂妄的人不仅没人欣赏,反而招人厌烦。如果家长能让孩子养成谦虚的好品质,会让孩子在学习和生活上都受益匪浅。

让孩子拥有谦虚的品德,能够帮助孩子各项能力的发展。但是家长是否能为孩子做出好的榜样,对孩子采取怎样的教养方式,都对能否教导出谦虚的孩子有着举足轻重的作用。不少家长面对怎样教育孩子谦虚做人的美德不知如何下手。那么,家长怎样培养孩子呢?

耐心教导,让孩子正确评价自己

孩子不谦虚而出现自满情绪时,常常是高估了自己,只看到自己的优点,没有看到不足,用自己的优点和别人的缺点做对比,以此狂妄自大,以自我为中心,想怎样就怎样,不能为别人着想。

家长应该耐心地教导孩子,让孩子能了解自己的优点,认识到自己的不足之处,学会正确地评价自己,还要规范自己的行为,督促孩子改正自满、自负情绪,注意在与朋友交往中需要做的事情和不能做的事情,并对孩子加以指导和训练,养成良好的行为习惯,这样才能让孩子受人欢迎。

表扬孩子要"浓淡"适度

特别优秀的孩子常常因为得到了过多的表扬而产生骄傲自满的心理,不能谦虚地继续前行。

一些家长由于期望孩子成才的心情，对孩子稍微有一点进步就赞不绝口、欣喜若狂，时间久了就会助长孩子的自满情绪。家长应该做的是高度重视感情的作用，在表扬孩子时尽量做到适度，有时一个微笑可以代替许多赞美之词。当孩子不谦虚时，家长就尽量不要在别人面前夸奖孩子，因为孩子的自我评价能力还不够，当很多人肯定自己的做法时，就认为自己确实很优秀，不会谦虚好学。

让孩子认识到骄傲的危害

家长需要让孩子明白骄傲是成熟的绊脚石，任何成就的取得都是局部的、阶段性的，想继续进步，就要懂得“满招损，谦受益”的道理，不能因为一点成绩就骄傲自满，要懂得自己仍有很多不足之处，需要保持成功之前的奋斗精神，继续努力。家长应告诉孩子骄傲的危害，可以有意识地讲一些成功者的经验给孩子听，告诉孩子古往今来所有成功的人都是在取得一番成就之后仍能保持谦虚的人。

让孩子正确面对批评和建议

父母要教会孩子正确地面对他人的批评和建议。批评常常直接指向一个人的缺点和不足，如果能接受批评，那么这个人就能够清楚地看到自己的不足，进而加以改正，让自己更完美。

孩子在评论自己时，常常会出现偏差，原因是主观意识太强，自己看不清自己的“庐山真面目”。如果孩子能多听从别人的建议或意见，就能够不断完善自己和充实自己；如果不能听从别人的批评，一味满足于自己的现状和成就，就会原地踏步，甚至倒退。

细节提示

谦虚是中华民族的传统美德，但如果是不顾场合的谦虚，就不可取。家长需要让孩子在一定程度上谦虚，不要由于过于谦虚而伤害孩子的自尊心，让孩子误以为是父母不认同他的表现，失去积极进取的勇气。

灭掉自负的小火苗

自负常常会导致孩子增长虚荣心，丧失进取的动力。自负心理还容易让孩子意志脆弱，经不起打击和挫折。自负是一种普遍的不健康心理，许多孩子容易出现这一情况，尤其是有专长和智力超群的孩子。

自负是目空一切，对自己的评价过高，这一状况对孩子的成长十分不利，所以如果家长发现孩子有自负的苗头，就应该适时给孩子“泼点冷水”，让孩子能理智地看待自己，正确地了解自己。家长可以从以下几方面努力。

对孩子的评价应客观实际

自负常见于具有某种先天优势或家庭条件优越的孩子身上。导致自负产生的原因有很多，但多是由于家长过分宠爱孩子，不能客观正确评价孩子所造成的。

孩子缺乏客观、全面地评价自己的能力，容易目空一切、得意忘形，如果再加上家长的评价不准确，会让孩子误认为自己真的是毫无瑕疵，完美无缺。

每个孩子都有缺点，家长不能由于过分宠爱孩子就盲目地吹捧孩子，在别人面前最好不要一味地夸奖孩子，这样容易让孩子的自负心理成型。

给孩子适当的批评

家长给孩子的夸奖要合适，对孩子的批评也要恰当，不能视而不见、掩耳盗铃，也不能以偏概全，只点出少量的无关紧要的错误，

而要客观地指出孩子的不足，这样可以帮孩子正确认识自己。

如果能够对不同年龄段的孩子对批评的接收方式加以了解，就可以根据孩子的承受能力对孩子进行适当的批评，明确地告知孩子“这件事你做得不对”，不能因为担心伤害孩子就不管教不批评。

在生活中为孩子创造受挫折的机会

适当的挫折经历能健全孩子的心理机制，不会导致过分自负，也不会经受不住打击。

家长可以让孩子做一些难度高于孩子能力的事情，当孩子的事情没有完成时，要帮助孩子找原因，让孩子明白自己的不足之处。家长还可以陪孩子玩一些竞赛游戏、智力游戏，在这些游戏活动中，让孩子有赢有输，赢的次数要少于输的次数，教孩子学会在失败时调整不愉快的情绪，接受考验。也可以让孩子参加年龄较大的孩子的活动或组织，当大孩子的智慧和才能表现得比他出色时，孩子会自愧不如，这样的体验会让孩子自负情绪有一定的校正作用。

家长要改变自己的教育观

家长的教育方式不恰当常常会引起孩子缺点的出现，如孩子的意志软弱、自理能力差、自负心理严重等，常常是家长的过度溺爱和过度保护造成的，因此家长要科学而理智地对孩子进行照顾。

让孩子多一些接触社会的机会

当孩子接触到纷繁复杂的社会，接触到比自己更具专长更优秀的人时，明白“天外有天”，就不会为自己的小成绩而自负了。所以家长需要带孩子多走走转转，看看广阔的世界，不做“井底之

蛙”。家长还可以多给孩子讲述名人如贝多芬、牛顿、爱因斯坦、居里夫人等的故事，学习他们有大智慧却很谦虚从不自高自大的精神，让孩子明白他们没有渊博的学识就没有理由自负。

细节提示

家长要让孩子明白丰厚的物质条件是家长创造的，孩子没有特权不劳而获，孩子和其他小朋友一样要好好学习。家长需要及时观察孩子的行为和心态，消除自负骄傲的不良心态，并为孩子树立榜样，谦虚友善，不要在孩子面前表现自负情绪。

教育外向孩子的巧手段

外向性格的孩子会在小朋友中间拥有良好的人际关系，学习效果也非常好，但常常比内向的孩子更调皮，比如课堂上捅捅别人胳膊、交头接耳，或者不举手就发言。

清晰掌握孩子的性格特征，不仅能让家长更加理解孩子的行为和心理状况，还能安定内心，减少不必要的担忧。如果家长不能彻底改变孩子的性格，就需要帮助孩子建立自信心和自尊心，让孩子自我接受、自我肯定。这里给家长几个小建议来教育外向的孩子。

在学习上家长要这样教育孩子

1. 深思好学

性格外向的孩子比较开朗，在考试时不会怯场，能直接提出自己对事物的想法，敢于在遇到问题时向别人请教，这些都十分有利于学习。此类孩子自信聪明，对事情领会迅速，但对问题的了解和领悟不够深刻，即使向别人请教也不仔细倾听，常常别人的话说到一半就自认为很明白了，事实上未必是真正透彻理解。对这样的孩子应该要求养成深入思考的习惯，减少遇到问题“绕道走”或“点到为止”的情况出现。

2. 加强计划

外向性格的孩子常常不对学习做出一定的计划，做任何事都是出于兴趣或感情意向，即使制定了学习计划也很难落到实处。家长应该要求孩子根据自身情况制定一个详细具体的学习计划，

并按照进度严格执行。

3．有错必究

外向性格的孩子一般对老师评语的好坏和分数的高低不在乎，也不会认真改正作业中和试卷中出现的问题和错误。家长需要帮助孩子把错误认真改正过来，养成有错必纠的习惯，避免重复犯错。可以让孩子做必要的错题笔记，在笔记本里面记上答错的题和不会做的题，并经常翻看。

4．求得帮助

外向性格的孩子在自己学习时效率很低，所以家长可以找一些内向性格的孩子一起学习，以性格的相互弥补来有效提高学习效率。

在生活上家长要这样教育孩子

1．让孩子大声地“想”出来

外向性格的孩子通常会想到哪说到哪，脱口而出自己的想法，有些家长以为孩子是信口开河，但如果打断了孩子的话，孩子就立刻不知该如何向下说，所以家长要鼓励孩子把自己的想法说完。

2．教孩子不要抢话

孩子会迫不及待地表达自己的想法，而不顾别人的话语。为此家长可以让孩子陪着一起做饭来培养孩子的耐性，或者利用好友、亲朋聚会的机会，让他观察并学习别人是如何倾听、沟通的，让孩子能有意识地非常礼貌地进行交流。

3．正确理解“大话王”

如果孩子在很多人面前夸夸其谈，有时还撒了个小谎，那么家长最好不要当面戳穿，给孩子留点面子。但是家长要用“宝贝，你

的想象力太丰富了!”之类的话语暗示大家,告诉大家孩子的话语有虚构成分。家长和孩子独处时,一定要告诫孩子做人要诚实。

4. 接受他不愿独自做事的事实

有时候,家长派孩子独自去劳动,自己清理房间,孩子立刻会兴趣顿失,无精打采。这时孩子希望家长能陪着他一起打扫房间,一起做事,哪怕在旁边站着不离开也可以,孩子需要有人陪着的感觉。

细节提示

外向性格和内向性格各有利弊,外向孩子喜欢与人交往,所以生活不乏朋友,内向孩子的朋友不多,但友谊更加深厚,关系更加紧密。家长需要顺从孩子的性格特点,对孩子加以指点,而不要一味扭转孩子的行为,要让孩子自己快乐地成长。

让浮躁的孩子耐心起来

当人浮躁的时候就无法安静地专心致志地学习、工作。浮躁的孩子思想跳跃非常快，做任何事都是浮光掠影、蜻蜓点水，不踏实。他们心神不宁，喜欢幻想，却不愿意动手去做，最终结果是一无所获。

如今的孩子身边各种新鲜奇特的东西数不胜数，孩子极其容易分散注意力而被吸引过去。学习也难以专心致志、全神贯注地进行，学习成绩得不到提高。为了改变孩子的浮躁心理，家长需要对孩子进行如下指导。

教育孩子立长志

理想指引着人前进的方向，如果没有理想，就没有目标，也没有充实的精神世界。家长要帮助孩子树立远大的理想，才能使孩子明白自己生活的目标，并产生对理想的追求，才会对自己的学习和生活有负责的欲望，这十分有利于预防孩子浮躁心理的滋生和蔓延。家长可以根据孩子的特点来指导孩子确立目标，不要随波逐流，要学会扬长避短，考虑自身条件，不能单凭心血来潮。另外，家长要让孩子懂得志向要持之以恒，而不要贪多，要树立一个准确的目标，不要产生“常立志而事不成”的结局。

重视孩子的行为习惯

家长需要要求孩子做事前深思熟虑，然后再采取行动，比如上台演讲前要准备好演讲内容，而不要临上场才慌张准备；在出门旅行时要先考虑好路线和费用，而不要半路上发现错误。

家长引导孩子做事前，可以让孩子经常扪心自问“为什么这样做？怎样做？希望得到什么结果？”并要在问题后做出具体回答，用笔写出来，使目标更明确，行动、方法更具体。

另外家长要让孩子做事有始有终，不虚浮不急躁，事情比较复杂时可以分开多次完成，加以累计同样可以完成目标。

有针对性地“磨炼”

家长可以用一些方法来磨炼孩子难以改正的浮躁性格，如学习绘画、练习书法、弹钢琴、下棋、解开乱成一团的绳子、绣花等，这些都对培养孩子的韧性和耐心有帮助。

另外要指导孩子学会控制自己的浮躁情绪，在心里进行自我暗示，比如“坚持就是胜利”，“不要急，着急会把事情办砸”等，让孩子在心理上对自己进行劝解。坚持不懈地进行练习，孩子就可以慢慢改变浮躁的现状。

用榜样教育孩子

父母是孩子的榜样，行为的力量大于话语的教训。家长要调整自己的心态，做到不浮躁不焦急，为孩子树立脚踏实地、勤奋努力的良好形象，潜移默化中去影响孩子。

还可以鼓励孩子向一些优秀人物学习，比如发明家、劳动模范、革命前辈等，以及文学作品中的优秀人物，同学的优良品质来跟自己做对比，以此敦促自己不要浮躁，培养孩子坚忍不拔的品质。

细节提示

家长需要为孩子营造一个安静的学习环境。孩子容易受到外界的影响，家长要注意减少新奇事物对孩子注意力的影响，还要帮助孩子调节心理状态，当孩子心情烦躁不想学习时，可以让孩子先听听舒缓的音乐，或带孩子散步，减轻孩子的心理负担，使孩子心情平静，然后能够专注学习。

让孩子懂得一诺千金

当孩子不可避免地违反约定的时候，父母应该帮助孩子明白约定的重要意义。日常生活中，当我们没有履行约定时，就要承担一定的责任，或者受到惩罚。当孩子不能按照事先约定完成时，父母也应该锻炼孩子为自己的行为承担后果。

遵守约定要求孩子有一定的控制能力，学会抵制诱惑，服从规则安排。父母要根据孩子的自控能力和自主性的具体情况，和孩子共同制定一些约定，相互监督共同遵守，这样对培养孩子讲信用、遵守规则有非常大的帮助。

约定简单易守的承诺

家长可以先同孩子制定一些简单的规则，让孩子容易遵守，不用通过很大努力才能做到，并且在刚开始时的规则不要太多，也不要有太多惩罚。等孩子养成了遵守规则的习惯之后，再对孩子进行适当地引导，时间一长，孩子会认为遵守规则是一件开心和必须完成的事情。家长要让孩子学会在实践中怎样判断承诺和约定承诺，为将来的发展打下良好的基础。

家长培养孩子诚信的品质时不仅有与时俱进的灵活和长期坚持的耐心，还要将灵活与耐心贯穿亲子成长和家庭生活的全过程，渗透于琐碎的日常生活点滴中。

家长应该要求孩子从小不说假话，要讲真话，犯了错误就要敢于承认并加以改正，不私自拿别人的物品，借了别人的物品要及时归还，与人相处时要说到做到。与孩子一起讨论一些有关诚信的话题，阅读一些有关讲信用的书籍，并鼓励孩子在与人交往过程中思考诚信、感受诚信。

家长以身"示法"

家长要教给孩子遵守承诺、履行约定的方法。有时不是孩子不想履行约定，而是没有掌握好履行约定的方法。因此家长要用简单的语言、行为示范给孩子怎样遵守承诺。可以用身边随时发生的事情作为范例，比如孩子向家长提出了不合理或不能兑现的要求，那么家长不能答应孩子，要耐心与孩子探讨研究可行的办法才能答应。

家长不能在孩子面前遵守诺言的害处非常大。首先，家长的行为会让孩子认为人是可以说话不负责任的，答应别人的事情也不用做到，于是从小就"轻率承诺"，长大也会失信于别人，影响别人对他的信任。其次，家长会因为没有遵守诺言而在孩子面前失去威信。家长在孩子面前树立威信主要通过自己的言行。说到做到的家长更能让孩子重视说话的重要性，从小向家长学习"言必信，行必果"。

不要轻易放弃

孩子有时会不愿履行承诺，家长面对孩子的反抗时最不该做的就是轻易向孩子妥协，同意孩子的任性做法。坚定的原则让孩子感觉安全，而摇摆不定的立场则让孩子无所适从。所以父母应该首先遵守约定，不能中途宣告失败。即便确实无法完成，父母也要和孩子一起探讨怎样努力解决问题。

老子曾说："轻诺必寡信。"因此家长要告诫孩子三思而后行，慎重对别人做出承诺，给事情留有余地，不要胡乱许诺又轻易失

信。许诺之前要确保自己能够做到，而答应别人之后就要努力完成。

承担不愉快的后果

无法履行约定，承担行为的后果可以有助于让孩子认识到遵守承诺至关重要。孩子做错了事，家长要引导孩子敢于承认错误并主动承担错误导致的后果，亡羊补牢也不是坏事。家长万万不可帮助孩子推卸责任、掩盖事情真相，也不能因为孩子不讲真话就大发雷霆甚至棍棒相加，而要冷静分析孩子的行为，有区别地对待，并对孩子进行积极正确的引导，让孩子意识到不履行约定本身已经是错误，再继续说谎就更是错上加错。还要让孩子明白：欺诈骗人只能占几次小便宜，而诚信的品质才能让一个人获得巨大成就。

 **细节提示**

在平常生活中，家长在孩子面前要讲诚信，许诺之前要三思，答应孩子的事情一定要做到，不能言而无信。如果不能兑现诺言，就及时解释，向孩子表示歉意，并作自我批评，获得孩子的理解和宽容，事后努力弥补自己的过失。

第六章

人际关系，善于交往的孩子更具潜力

卡耐基曾说：成功是由15%的专业技能与85%的为人处世构成的。人是群居动物，做任何事都离不开人际桥梁的搭建。善于人际交往的孩子，懂得协调人际关系的技巧，能够化解与小伙伴的纠纷，宽容他人的行为，并能够与人合作、分享，懂得怎样赞美别人，善于理解他人。能处理好人际关系的孩子，更容易成为领导者，受到人们的追随和崇拜。

如今孩子不懂社交

有相当一部分孩子缺乏社交能力，在幼儿园或学校里难于交到朋友，很容易有行为偏差，在数年后还很有可能辍学，从而引发社会问题。

大部分孩子的社交问题算不上“社交障碍”，但有将近10%的孩子会因为不懂得社交技巧而遭到同龄人的排斥。对于孩子们不外出与朋友玩耍而喜欢待在家里这一情况，来分析一下孩子缺乏社交能力的原因。

孩子的家庭作业过多

孩子每天辛苦地去上学，终于熬到下课了，却还要把时间留给家庭作业，然后再去上各种补习班、兴趣班。减去兴趣班、写作业和上课的时间，孩子每天最多还剩下2—3个小时的时间，而能和伙伴们玩耍的时间只有1小时或半小时，甚至有些孩子需要把和小朋友一起玩的时间挪到周末。还有的孩子喜欢玩电脑游戏，那么和同龄人交流的时间几乎为零，这又导致孩子社交能力不能提高，而社交技巧差的孩子更加不愿和人交往，于是形成了一个恶性循环。

家长只关注学习成绩

大多数家长对孩子关注最多的是学习成绩，其次是关注孩子在学校的表现是否良好，很少有家长会和老师谈论孩子的社交问题。当家长和孩子相处时，学习情况和在校表现的话题被作为重点，只有孩子主动和家长交流朋友问题时，家长才会顺便询问一

下，很少主动关心孩子与伙伴之间关系是否融洽。家长认为孩子的学习成绩最重要，和别人有矛盾后，主要是孩子自己解决问题，只要不影响学习就行，自己很少过问。

高科技产品的束缚

如今孩子多是独生子女，高楼深院、钢筋水泥将孩子束缚起来，像关在笼子里的小鸟一样，感受不到世界的纷繁。而且发达的科技使电脑、电视机、游戏机、数码播放器等高科技产品具有很高的吸引力，让孩子们与同龄人的距离逐渐疏远而更加愿意与内容丰富的电子产品进行亲密接触。在很多孩子的课余时间，玩电脑、玩游戏、看电视、看书的时间远远比和同伴玩耍的时间要长。

环境束缚社交能力

即使在节假日，在家属院、生活区的娱乐活动场地以及游乐场等公共活动场所很不容易见到成群结队的孩子一起开心地玩耍。这主要是家长、学校和社会的原因造成的。由于社会的治安问题，不少家长都担心孩子的身心安全，害怕孩子受到伤害，因此宁愿让孩子待在家里玩电脑、看电视。中国与外国不同，中国学校里没有开设像外国学校一样的锻炼学生社交能力的课程，也很少组织学生参加“联谊会”、“学期舞会”、“远足游玩”等社交活动，只在条件允许的情况下进行一次“春游”、“秋游”，但一些家长担心孩子的安全，学校和老师也不敢承担太大风险，于是外出活动就总是被撤销。

家长不够重视

孩子缺乏社交，严重的可能会出现不同程度的社交障碍，其家庭不同，造成孩子这一现状的原因也有所不同。一些家长认为无需对孩子的社交能力进行培养，因为社交能力是与生俱来的；一些

家长由于忙于工作,没有充足的时间培养孩子的交往能力;还有的家长觉得孩子处于学习的最佳时间段,学习好的孩子才是值得骄傲和模仿的,不能将时间浪费在与其他孩子玩耍、交往上面。一些家长不了解孩子平常与什么样的孩子进行交往,有的家长虽然知道孩子的好朋友是谁,却从未邀请过孩子的好友到家中做客,对孩子好友的家庭背景更是了解得少。

由于存在社交困难的孩子比例很大,已经引起了学校、老师和心理专家的重视,对此家长也要进行关注,促进孩子的健康成长。

细节提示

一个人的成功因素中,才能只占 15%,剩下的 85% 是人际关系。虽然不少家长对培养孩子的交往能力存在着很多误区和盲区,但已经有很多家长意识到了培养孩子与他人交往能力的重要性。家长需要从生活点滴做起,对孩子的社交能力进行全面关注、培养,能够更快更容易增强孩子的社交能力。

社交决定未来

善于与人交往的孩子常常比较聪明活泼，智商也较高，而且学习成绩都比普通孩子要好。从小就善于与人交往的孩子，不但能够愉快地与人相处，而且可以从别人那里学到更多的知识。

孩子正处在了解社会、学习知识、探索事业和人生的前进、发展时期，与同龄伙伴建立友谊并进行交往是心理发展的正常需要。如果孩子不爱与人交往、过于封闭自己导致在同学中不受欢迎，都会使孩子不能适应多变复杂的社会，对孩子的交往能力产生影响，严重时会让孩子形成偏执、抑郁、孤僻等心理障碍。所以，每个家长都要加强对孩子的正确引导，对孩子的交往问题予以重视。

家长首先要做出表率

家长是孩子的主要模仿对象，更是孩子人生的第一任老师，但一些家长为了省力气、图清静，不允许或是不热情欢迎孩子邀请伙伴到自己家玩，这样的做法都会减少和限制孩子与伙伴的交往，影响孩子的社交活动。为了提高孩子的交往能力，家长要尽可能地为孩子提供接触外界的机会，如空闲时多带孩子到亲戚朋友家或小区、公园的绿地去玩，鼓励孩子多与他人交往，不断适应新环境，同意孩子到别人家做客，要多给孩子创造结交小伙伴的机会，同时也要允许让孩子邀请伙伴来做客，对来家里做客的孩子要语气温和、态度热情，尽量营造一个自主自由、轻松和谐的交往环境给孩子们。家长这样做实际是做出了表率让孩子进行学习，形成孩子良好的行为规范，在潜移默化中教育孩子，并且示范给孩子在交往

中怎样礼貌待人。

培养孩子乐观的性格

具有乐观性格的孩子都比较受欢迎，所以家长要让孩子摆脱自卑，增强孩子在人际交往中的自信，从而减少交往中的逃避、退缩行为。家长可以告诉孩子，要对自己成为一个受人欢迎的人有信心。在平时家长可以鼓励孩子凡事多想好的方面，每天出门之前打点好容貌仪表，面带微笑，去学校保持愉快的心情，这些对孩子自信地面对同学有帮助，并能让孩子受人欢迎。

每个孩子的兴趣、经历、个性、能力都是不同的，不可能要求别人和自己一样。家长应该教育孩子能够正确对待人与人之间的差异，采取积极适应、自我约束的态度搞好与同学的关系。在与别人交往中，尽量多帮助别人，少麻烦别人。孩子在家娇生惯养，在学校也喜欢要求别人听自己的，帮助自己做事情，不断麻烦别人，这样的孩子不会受欢迎，与同学的关系也会变得糟糕。所以，家长平时的教育对塑造孩子良好的个性有重要作用。

让孩子多参加体育活动

胆量是人际交往所必需的一种要素，体育活动不但需要胆量，也需要力量和智慧。体育是一种群体活动，使人与人直接正面接触和竞争，常常要有多人参与才有意义，孩子喜欢体育运动后会主动寻找对手，这种寻找也属于交际，合适有力的对手，常常能成为具有深厚友谊的伙伴，多与伙伴交往又促进了交际能力的提高。因此，家长有必要鼓励孩子多参加体育活动。

鼓励孩子带同学回家

每个孩子都希望在学习上、生活上或思想上能够有几个志同道合的朋友，能够不断从朋友那里获得信任、支持和鼓励。孩子在与朋友相处时，得到的肯定态度常常多于否定的态度，孩子从内心产生一种与他人安危与共、休戚相关的情感，并愿意为他人谋利益而以牺牲自己的利益为代价，这是孩子自我发展的一种正常需要。

家长要鼓励孩子带朋友回家，并且热心地帮助孩子招待朋友，维护树立孩子在朋友中的良好形象。家长的热心会让孩子的朋友和同学对孩子的好感大大增加，进而更愿意与孩子做朋友。家长也可以对邻居的孩子发出邀请来家里玩，增加孩子与人交往的机会，增加孩子信心，学习正确的人际交往法则。

细节提示

在入学以后，善于与人交往的孩子不但可以与同学相处融洽，并且能够很好地与老师等成人交往。孩子在人群中人缘如何，是否善于同别人打交道，对以后的人生和学习的发展影响很大。适应社会的表现之一是良好的人际交往。因此，家长要重视培养孩子与人交往。

参加集体活动，好处多多

孩子具有较强的社会交往能力是未来社会需要，然而如今的孩子在家里面能说会道、口齿伶俐，到了外面却交往能力明显较弱，出现自卑、胆小、孤僻的情况。

交往是社会对人的要求，也是人的需要。人们为了达到共同活动的目的，会通过交往协调彼此之间的关系，相互交流感情和信息。人总是在不断的交往中从事学习、工作等其他社会活动的，总是生活在一定的社会群体中。孩子时期的交往影响着人的成长，它对孩子更好地适应社会有很大的促进作用。由此可见，孩子社会交往能力的提高具有很重要的意义，鼓励孩子多参加集体活动，为孩子创设良好环境，有助于培养孩子交往能力。

开展分享活动，教给孩子交往的方法

进入集体生活，与在家庭中只与家人交往不同，孩子的交往范围明显扩大，从家庭扩大到学校甚至是社会，他们要学会合作分享，与同伴交往。在集体生活中为了让孩子感受与同伴交往的乐趣，家长可以定期地让孩子带上自己喜欢吃的食物或心爱的玩具来与同伴一起分享。在活动中家长要认真关注孩子的表现，鼓励孩子多与他人进行交往。让孩子活动后讲述自己的交往过程，玩伴是谁，玩耍过程，食物的去向以及孩子赠与他人食物的原因，让孩子总结自己的交往方法，感受交往的乐趣。

参加节日活动，增加孩子交往的机会

愉悦的交往经验能够增强孩子的自信心，而自信心的增强促使孩子乐于交往，具有更高的交往主动性，两者形成良性循环相互促进。举办节日活动聚会和参加节日聚会能为孩子创设、提供愉快的交往机会，是最有益的提高交往能力的活动之一。“六一”儿童节是全世界儿童的节日，家长可以充分利用属于他们的这一天。让孩子跟不同年龄段的孩子一起玩耍，表演节目，参加趣味游戏活动，做游戏的主角，放松对孩子的约束和要求，这样会让孩子感到非常开心和有趣，无形中增加了更多的乐趣，孩子们既享受到节日的快乐，同时又扩大了自己的交往范围，并体验到同伴之间的互相帮助、友好相处的快乐及交往的乐趣，从而提高了交往能力。

开展角色游戏，提高孩子的交往能力

角色游戏是一种创造性活动，是孩子按照自己的意愿和生活经验模仿成人社会中交往和劳动的活动，是一种孩子自己培养自己，自己教育自己，遵守社会角色和承担社会角色规范的自我教育活动。家长可以带领孩子参加一些角色游戏，通过角色游戏孩子可以表现出一种积极参与社会交往的角色意识、主动性和对角色规范的认同感。小女孩的表现细腻，通常会扮演售货员、护士、妈妈的角色，小男孩很有正义感，比较争强好胜，喜欢扮演警察来指挥交通和抓小偷，孩子们还会扮演建筑师在地上用砖块建设高楼大厦等。

在角色游戏中孩子的角色行为表现出的是孩子比较认同社会角色规范，通过角色模仿，不但会迁移到孩子的现实生活中，也强化了他们的角色规范和交往意识。在游戏过程中，家长让孩子自己找伙伴，有意识地鼓励孩子多交往，引导他们友好相处，相互合作，让孩子们在游戏中感受到交往合作的重要性。

细节提示

父母应让孩子融入到集体生活中，教育孩子多参加集体活动，在集体活动中加强与同学的交往，多做一些自己能做的事情，增加同学对自己的信任和好感。在集体活动中要少指挥人，多干事情，并懂得尊重别人，对别人能主动提供帮助，这样才能赢得更多的朋友。

自己解决纠纷更合适

在生活中，孩子之间出现纠纷，有的父母会很干脆地为孩子们“公正处理”，指明每个孩子该怎样做，指导孩子不要打架就完事，却忘记了让孩子自己寻找解决冲突的办法。

孩子间有非常多的小“纠纷”，这些小纠纷其实问题都不大，家长不必过于重视。不干涉孩子，信任孩子，常常能帮助孩子把纠纷“处理”得更好。有的家长总是忙碌、忧虑、疲惫不堪，原因就在于对孩子不信任，各种事情管得太多。那么，家长应怎样处理孩子与其他孩子的纠纷呢？

家长要冷静地搞好调查研究

当家长面对孩子和其他孩子产生的纠纷时，首先要冷静地询问孩子事情的原因、经过和结果，再向了解事情的其他孩子进行询问，验证一下孩子的叙述是否真实，然后再帮助孩子想办法，找对策，出主意。家长要掌握好其中的分寸，如果事实是自己孩子做错了，就要明确指出来，让孩子明白自己错在哪里，并想办法进行改正和弥补，培养孩子的是非观念。如果是对方做错了，家长也要让孩子学会善良诚恳，教育孩子要懂得宽容，能够原谅他人。

家长要舍得孩子受委屈

一些孩子由于胆小，与其他孩子在学校因小事吵架或者发生矛盾受委屈后，常常回家跟家长哭诉，而不敢告诉老师，期望家长能替自己讨回公道，伸张正义。家长这时候一定要冷静、认真、仔细听孩子述说。不要一看见孩子哭泣就认为孩子受了大委屈，家

长自己心里就不好受，心疼万分，立马要为孩子出头平反；也不要用成人的斤斤计较，去度量孩子们之间的矛盾和摩擦。其实家长根本不用提心吊胆，孩子之间的矛盾很简单很普通很微小，只要慢慢冷静处理就好，更不用一群家长亲自上阵，非要拼个你死我活决出胜负。成长中应该让孩子受点委屈、受点挑战和受点挫折，家长要放宽心，放松精神，不要不舍得，只要在合适的范围内，完全可以让孩子自己去处理。

给孩子自己解决问题的机会

一些家长对孩子解决问题的能力不太信任，常常自作主张帮助孩子解决问题，自作主张地为孩子做决定。当孩子之间出现矛盾和纠纷时，家长会主动为孩子收拾残局，不问事情缘由就代替孩子向对方道歉，不诚恳的态度让对方心理失衡，或直接指责对方，导致了矛盾激化。家长的这些做法都是放弃了培养孩子责任感的大好时机，会使孩子缺乏独立处理问题的能力，养成严重的依赖性。假如孩子之间的矛盾是对方做错了，那么家长不问原因就向对方道歉会损伤孩子的自尊心和是非感。因此，最好的处理办法就是让孩子自己处理问题，家长可以在精神上对孩子进行正确而理性的指导。不同年龄段的孩子都会具有不同的解决问题的能力，而且孩子解决问题的能力常常出乎我们的意料。如果家长不直接代替孩子处理问题，那么孩子会自己想办法，第一次失败，在第二次和第三次甚至更多次之后总会成功。孩子能够成功地解决问题，除了依靠自己的智商，还要依靠不断增长的交往经验。家长仅仅给孩子足够的机会和适当的鼓励就足够了。

孩子“告状”，如何受理

孩子喜欢向家长或老师等成人“告状”，喜欢表现自己，这是他们不成熟的一个特点。在孩子成长的这一时期，没有很好地发展独立性，具有严重的依赖心理，也没有很强的解决困难能力。所以，当孩子面对身边出现的一些问题时，很自然地就去找成人求助，或者想得到夸奖，家长可以微笑面对孩子的行为，进行冷处理，不做太大的反应，适当指点即可。

如果孩子的行为遭到了家长不耐烦地斥责，却没有得到解决问题的正确方法，就会使孩子就此失去解决问题的愿望和动机。当生活中再出现类似问题时，就会采取听而不闻、视而不见的态度，并容易逐渐养成退缩的性格及不负责任的态度，并使人生观变得消极。

 **细节提示**

在交往的过程中孩子们出现一些争执和冲突是很自然的，家长不要横加干涉。要尽量让孩子们自己来解决问题，通过独立解决争执和冲突，使他们学会同情、协调、忍让等处世技巧，这常常是孩子在与成人的交往中学不到的。

胸怀比天空更广阔

独生子女在家里享受着全家人的照顾和物质的满足，非常容易变得狭隘、自私、嫉妒，别人不能做任何批评。

胸怀是指人的见识、理想、待人责己以及气量的态度。宽广胸怀是高尚人格的重要显现，胸怀是教育和环境的产物，不是天生的。怎样预防孩子出现狭隘、自私、嫉妒的问题，培养孩子的宽广胸怀呢？

眼界宽的人，胸怀也会宽广

家长可以多利用各种节假日或空闲时间，带孩子观光祖国的名胜古迹和大好河山，能够让孩子受益匪浅。可以带着孩子去海南岛，观赏热带植物的神奇和瑰丽，也可以让孩子去领略泰山的雄伟壮观，带孩子到内蒙古去体会草原的壮阔。在游览观光过程中，不用刻意地去教育孩子胸怀宽广，但是孩子可以在一次次的游历中，开阔眼界，增长知识，无形中拥有了宽广的胸怀，不再苦恼日常小事了。

多让孩子看有关宽广胸怀的故事书

家长可以让孩子多看些故事书，向孩子讲述有关宽广胸怀的历史故事。比如《将相和》的故事，廉颇负荆请罪，文武大臣团结一心，因此秦国才不敢侵犯赵国。以及韩信忍受胯下之辱，当了元帅后不记前仇，能够宽恕曾经侮辱过他的人，并提拔那个人。还可以为孩子多讲一些格言警句，如“人之有技，若己有之；人之彦圣，其心好之”、“与人当宽，自处当严”、林则徐的“海纳百川，有容乃大”、高尔基说的“永远要愉快地多给别人,少从别人那里获取”等。教育孩子要成就大事,拥有一个宽广的胸怀是必需的。

身体力行,做孩子的榜样

仅仅用语言来教育孩子有宽广的胸怀是远远不够的,家长可以通过自己的行动对孩子进行潜移默化的影响,比如与周围邻居搞好关系。当邻居对自己的物品造成损坏。如果无关紧要,家长就不要大发雷霆,自己把物品修理好就可以了。如果在马路边与人发生了车辆间的摩擦,如果没有大碍,就不要不依不饶地争执,宽容地接受对方的歉意。在孩子面前树立良好的榜样形象,并告诉孩子待人要和蔼,在小事上不要针尖对麦芒,没必要凡事都斤斤计较,更不要出口伤人和大动肝火,因为有很多更大更重要的事情要去做。

让孩子多与他人接触

胸怀不仅仅是自省修养的结果,更是在和集体、和他人、和社会相处的过程中逐步磨炼形成的。所以,家长不仅不能让孩子整天待在家里拒绝与社会接触,还应当经常指导、督促孩子多与别人进行交往。教育孩子要待人慷慨,热情大方。教育女孩子要温柔宽容待人,富有爱心,能够厚德载物;教育男孩子要有男子汉气概,不因弱而欺、不因强而谀、不因贫而笑、不因残而讥、不因先进而妒忌、不因后进而轻视,而应富有同情心、正义感和博爱的精神。宽广、慷慨的最终源泉是自信,与人分享、照顾别人和厚道仁义等都是胸怀宽广的自然流露。

胸怀志向

古往今来,历史上凡是能成就大事业的人,都一定有大志向,

有大志向的人一定有宽广的胸怀。相反地，一个只满足于吃喝玩乐的人，常常会在鸡毛蒜皮的小事上计较。少年周恩来志向远大，读书不是为了能挣大钱，不是为了养家糊口，而是“为了中华之崛起而读书”，树立了远大的理想，胸怀天下。心胸日益变得宽广的过程，同样也是人格逐渐得到完善的过程。

细节提示

培养孩子有宽广的胸怀之外，还应该教育孩子要有自我批评精神和自知之明。世界上没有十全十美的人，十分完美的只有神仙和圣人。孩子处于成长阶段，难免会有错误、缺点。家长要帮助孩子看到自身的不足，对自己有清醒和准确的认识和定位。只有看到自己的短处，才能接受别人的批评，才更明白别人的优点的重要。孩子能进行自我批评是胸怀变得宽广的标志之一。

分享,让你得到更多

如今社会,大部分家庭的孩子都是独生子女,没有兄弟姐妹可以陪伴玩耍,所以孩子的吃穿用玩,不管什么东西都是孩子一个人的,孩子逐渐习惯于独霸一切,不会与人分享。

学会与人分享物品和快乐,是孩子应该养成的美德,也是孩子需要具备的社交能力之一。一个乐于与人分享的孩子,自然更加受欢迎,身边的朋友变得更多,从此让自己的人生变得快乐!那么家长该怎样教育孩子学会分享呢?

同伴交往,学会分享

孩子在很小的时候就由父母陪着在家庭中接受早期教育或是参加各种各样的兴趣班。加上孩子没有兄弟姐妹,也没有邻居街坊的伙伴,使得孩子越来越孤独,这些都让孩子缺乏与同龄人的交流,导致孩子不顾及他人感受,以自我为中心,对别人的需求漠不关心,不能和睦地与人相处,更不懂得分享。所以,孩子有“一切都属于我”等类似想法也不足为怪。面对这一局面,家长要多创造机会让孩子和小朋友们一起玩耍,节假日带孩子在亲朋好友家里做客,邀请有小孩的朋友、同事带孩子来家里玩耍,让孩子主动把自己的图书、玩具拿出来与小朋友分享。等孩子与小朋友交往的次数多了,就会非常乐意分享自己的玩具和物品。让孩子的交往范围扩大,能够确保孩子有较多的玩伴。多与同伴交往有助于孩子的个性成长和社会发展。

不娇宠不溺爱，全家共享

现在家庭里，独生子女在家里“称王称霸”，有姥姥姥爷和爷爷奶奶四位老人宠爱着，还有父母照顾着，这样的情况常常让孩子以自我为中心，凡事只考虑自己，独霸所有好吃的、好玩的，根本不会孝敬长辈。甚至家长稍微不顺从自己，就要在地上哭闹不停。当孩子习惯了在家里肆意妄为，在与伙伴们交往的时候，同样也会根据自己的需求来做事，要得到最好的东西，抢自己最喜欢的，然后在这些物品上做上标记据为己有，不肯再次拿出来分享。家长应该清醒地认识孩子的行为，不能永远无条件、无限制地对孩子的任何需求都要满足，给予孩子特殊的眷顾。在一定情况下，需要适当地让孩子理解：他得到的不是别人应该给他的，而是源于爱他，所以才会给予他。在生活中，要让孩子学会感谢和感恩，学会拿出自己喜欢的东西来跟大家共享。当孩子学会了感谢他人给予礼物时，就不会滋长独占行为和心理。

适时赞扬，鼓励孩子慷慨的行为

当孩子做出慷慨的行为时，家长一定要及时地给予赞美和表扬，并且用一些“慷慨大方”、“分享”、“快乐”等词汇来形容他的行为。让孩子从小就接触这些词汇，了解表面含义和重要意义。面对其他场景时，比如小朋友到家里做客，如果孩子作为小主人不能与小客人分享，那么开心的聚会将演变成一场争夺战。可是当家长发现孩子很大方地与小客人分享时，家长一定要及时夸赞孩子，让孩子知道好的行为是受人欢迎的，从而把分享当成是快乐的事。

关爱孩子，鼓励分享，增加安全感

在幼儿园里，常常有孩子会紧紧抓住一些属于自己的物品比

如书包玩具等不放手，不愿与别的小朋友分享。这是因为孩子处于一个陌生的环境下感觉孤独、没有安全感，依靠这些熟悉的物品来给予心理安慰和支持。如果一定要把这些物品拿出来与别人分享，任何孩子都接受不了。当孩子喜欢独占玩具是缘起缺乏安全感时，家长要鼓励孩子与别人主动交往，明白能让他开心的不只有家里的亲人，还有一起玩耍的小伙伴。当孩子愿意跟其他孩子做游戏并且乐意拿出自己的玩具时，家长要及时鼓励，可以用眼神或微笑表示，让孩子感觉分享是值得的。

细节提示

孩子不愿分享，是怕自己的东西再也回不来了，因此家长要让孩子明白他的利益是有保障的，并让孩子懂得什么东西能够与人分享、什么东西不能与人分享，只供自己使用的、涉及身体健康的如牙刷、内衣裤等不能与人共用，图书、玩具、食物等可以与小伙伴一起分享。

孩子巧于协调人际关系

不能很好地进行人际交往的孩子常常没有好朋友,逐渐变得不自信,常常感到孤独,或者对他人怀有敌意,具有攻击性,不知道该怎样与人积极友好地交朋友。

人际关系处理得好的孩子能得到别人的肯定,自信心增强,进而树立正确的价值观、人生观,而人际关系处理不好的孩子,往往会形成不合群、怯懦、孤僻等性格,得不到别人喜爱,也不喜爱他人。一旦没有家长的正确引导,就会在人际交往中出现恶性循环,让孩子增添不少烦恼,甚至成人后同样出现人际关系问题。那么,家长该怎样培养孩子来处理好人际关系呢?可以参考以下几点:

让孩子的举止文雅、性格温和平缓

家长要让孩子的行为举止变得文雅,待人接物要热情、有礼貌。风度翩翩不是时髦华丽的衣着、流行的发饰,而是有修养的内涵表现出来的气质,要成熟、可靠、踏实。性格不要莽撞、偏激,要态度温和,遇事不慌、临危不乱。通过培养孩子的行为举止可以为孩子的人际交往增分。

教给孩子坦诚待人,对他人要信任

对人真诚坦率,才能换取他人的真诚相待,同时避免很多误会和猜疑。对他人的信任是待人坦率真诚的前提条件,信任他人才会赢得别人的感激,得到对方的信任,双方才能更好地、坦率真诚地交往合作。信任他人可以在两人出现不同意见时心平气和地谈话,进行心理上的沟通。

让孩子自信自强，能够乐于助人

孩子自信是在人际交往中必不可少的坚强后盾。当孩子缺乏自信时，就会误以为别人对自己的夸赞是嘲讽，善意的批评变成尖锐的挑衅，总认为别人瞧不起自己。因此，家长要让孩子自信起来，在与人交往中扬长避短。鼓励孩子多助人为乐，在帮助别人脱离困境的同时提高自己的信心，对“并非每个人都是十全十美的”这一事实充分理解，理解每个人只要取长补短就会变得更快乐，同时热情助人可以团结他人，是合作的前提，能够促进人际交往。

让孩子学会豁达忍让，对他人宽容大度

与人相处时的忍让是为了团结和友谊，为了整体大局的和谐，为了最终的良好结局，使双方都减少利益的损伤。但有时候忍让会让对方得寸进尺，感觉老实可欺，所以学会忍让要有技巧，让对方了解自己的立场和看法，明白自己是为了大局才做出忍让。以忍让为前提的交流和批评可以得到意想不到的良好效果，对人际关系的协调十分有帮助。在别人的错误和失误面前表示宽容，可以消除自己的埋怨情绪，减轻自己的烦恼，还能获得对方的感激，让人际关系更加融洽。

当孩子与他人之间发生了矛盾或纠纷时，家长可以教给孩子采取一些策略来缓解人际关系的紧张压力。

1. 拖延时间策略

当孩子之间不能解决冲突或解决问题的条件不够成熟，就可以选择维持事情的现状，等待时机成熟了再去解决，也可以通过时间的延长，事情就无关紧要了，纠纷自然消失了，或是生活本身慢慢地调整为良好局面。比如两人之间有了误解，不用急于说破问

题，过段时间明白彼此的误会，自然解决了矛盾。

2. 退一步策略

这是解决双方冲突的最常见办法，迫使双方分别做出退让，在双方可以接受的情况下进行约定，这一策略的关键是找到协调双方的适度点。无论解决什么类型的纠纷，都要双方共同认可，不能偏袒和欺压。

3. 迂回前进策略

在一些情况下，不用把事情处理得太明细，可以采取含糊的处理办法，或有意迫使一方做出必要的妥协和退让，这一处理办法适用于一些无原则的纠纷或者是某些冲突。比如在解决时不必分清双方的对错，直接各打五十大板。在处理问题时不要逆流而上，激化矛盾。这种策略不代表丧失立场，只是一定程度的妥协。

细节提示

良好的人际关系对于培养孩子优良的个性品质十分有利。孩子的一些优良品质，如同情心、正义感、乐观等都是在团结、民主、友爱、和睦的人际关系中成长起来的。相反，在人际关系紧张的环境下如破裂家庭生活的孩子，会时时感到焦虑和压抑，容易形成很多不良的个性品质。良好的个性品质是孩子发展能力、掌握知识的重要保障。

金牌口才孩子培养全攻略

当今时代竞争激烈，如果孩子能具有巧言善辩的口才和左右逢源的机智，就将时常处于优势地位，在调整人际关系的过程中就更加如鱼得水、得心应手。

对于孩子来说，一流口才是才干、学识和智慧的重要体现，也是创新力、想象力、交际能力及应变力的综合表现。口才不是天生具备的，需要从孩子小时候抓起，培养说话能力，积累成功的资本。那么家长该怎样做才能让孩子拥有超越群雄的口才呢？

父母要认真倾听

家长要善于倾听孩子的话语，不仅要有倾听的耐心，还要懂得倾听的艺术。

1. 做出听的姿势

家长的视线要与孩子的视线一致。如果家长站得笔直听孩子说话，就需要孩子仰视家长，眼神得不到交流就会给孩子造成压力，因此，家长要专心注视孩子的眼睛，集中注意力，此时目光一定要温柔，充满鼓励和肯定。当家长与孩子能够进行目光交流时，很自然地用眼神来表示对孩子的愉悦和兴趣，这时孩子才不会感到恐惧，大胆地表达自己的观点和想要说的话。

2. 表现出听的兴趣

孩子喜欢“大惊小怪”，他们希望在自己讲话时看到大人吃惊的表情。说的话、做的事情能把大人吓住，证明自己很有本事。有时候家长可以在孩子讲话的过程中，假装无知，流露出对孩子的话

语难以置信、惊讶的神情,来满足、安慰一下孩子的小小虚荣心,就能进一步激发孩子想要表达的欲望。如果家长在听孩子讲话时总是一言不发地沉着脸,一副漫不经心、不在意的样子,就会让孩子感到失望。作为家长,对孩子表示关心不能只是关心吃住、冷暖,还要关心孩子感兴趣的事,当家长对孩子关心的话题很感兴趣,那同孩子谈话也就具有了兴趣。

3. 让孩子看到你的专注

要让孩子知道你在认真听他说的每一句话,可以采用变化的表情,比如微笑着听孩子讲话,并时常做出吃惊的表情,并运用一定的语言表达,比如简单的"真是这样吗?""太好了!""我简直不敢相信!"等话语来迎合孩子表示你的兴趣。如果家长很忙,没有充足的时间去倾听孩子,也不要敷衍孩子。最好先询问孩子要表述的这件事情是否非常紧急,然后向孩子解释爸妈现在非常忙,听他讲话的时间不够充足,并跟他约定再次谈话的地点和时间。

聪明的提问锻炼口才

家长可以让孩子多阅读来增加孩子的内涵,让孩子需要表达的内容变得更充实,并可以在和孩子共同阅读时,根据书中的内容,以提问的方式与孩子进行交流。当图书中有重复多次或押韵的短语和句子时家长可以先说出一句不完整的句子来让孩子补充完整,也可以让孩子回忆并复述刚刚读过的故事内容,引导孩子对书中的图片或图书内容发表自己的意见,让孩子将已有的相关经验和自己当时的想法融入图书阅读的过程之中。

为孩子创造展示口才的机会

有的孩子在家里讲话时眉飞色舞,但到了朋友家或社会上就开始扭捏，连打招呼都不敢。其实，这是孩子面临社交场合比较少的缘故。家长应该主动为孩子创造表现口才的机会，让孩子多参与一些社交活动，比如小伙伴的生日庆祝、亲朋聚会、班级的集体活动等，都对锻炼孩子口才有帮助，让他们在实践中积累成败经验。家长带领孩子出席社交场合，能够让孩子平时学习的词汇和知识有用武之地，积累孩子与别人交际的经验。

细节提示

培养孩子的一流口才，让孩子说出让人心悦诚服的、激励人心的、美好的语言才是有素质的表现，而胡乱调侃或者恶语相向都是道德品质低下、没有修养的表现，所以，尽量让孩子少接触一些影视剧中的“霸王”式的语言，不然，一旦形成这种语言“风格”，将十分不利于将来的人际交往。

让孩子学会赞美

学会欣赏和赞美别人就是学会找出别人的闪光点，明白自己的差距所在，能够变成激励自己的动力，对自己的进步十分有帮助。同时由于对别人的欣赏和赞美，引起别人的好感，使别人获得了鼓励，能够促进人际关系的融洽。

被肯定、被赞美、被尊重是人类本性的渴望，家长如果想让孩子得体地表达自己的心声，很好地与人沟通，就要培养孩子赞美别人的技巧和能力。当孩子学会恰当地赞美别人时，不但能使孩子与他人之间的距离拉近，还能增加锻炼孩子口才的机会。赞美别人是一种良好的习惯，这一习惯需要从小就开始培养。那么，怎样让孩子学会赞美别人呢?

赞美别人一定要真诚

赞美绝不能用漫不经心的态度，也不是胡乱的虚伪夸赞，一定要用诚恳认真的表情来表示自己的欣赏。家长要提醒孩子，如果别人犯了错误，或是把事情搞砸了，就不能抓住“良好时机”进行“赞美”：“你真厉害，做得真棒！我怎么努力也做不到你那样！”此时的赞美就已经变成一种讽刺了。不真诚的赞美常常会起反作用，不能使别人心里感到舒畅，反倒会伤害别人甚至是激怒别人。家长要孩子明白虚伪的谄媚与真诚的赞美是有着本质区别的：谄媚是想从别人那里得到非分的好处，而赞美想到和看到的是别人的美德。只要是发自内心的、源于真实生活的赞美，不用刻意加以修饰，就会收到良好的赞美效果。

赞美别人要对事不对人

赞美不是对别人的溜须拍马、阿谀奉承，让孩子赞美别人，不能没有事实依据地说："你真是一个好人！"必须要赞美事情本身，别人听到赞美后才可以避免混淆、尴尬或者偏袒的情况发生。比如，当家长带孩子到亲友家做客，亲友准备了可口的饭菜，此时家长可以让孩子对叔叔说："叔叔做的饭菜真好吃。"而不要单纯地说："叔叔，你真好。"

可以间接赞美别人

家长要教孩子以动作、眼神、姿势来鼓励和赞美别人：一般的人对动作和表情的感受远远比语言的感觉要深，有时人的表情是下意识的，当感情到了一定程度时，是无法假装的，所含有的虚伪成分是非常少的。孩子可以用惊叹、微笑或者是夸张地张大嘴巴、瞪大眼睛来表示对别人的能力敬畏和倾慕，这样的方式很容易被人接受。另外，如果想让孩子养成赞美别人的习惯，首先家长要懂得赞美孩子。比如孩子因为学习成绩差而时常自卑，当孩子某次成绩突然提高或有了进步时，就要及时给予鼓励和赞扬，帮助孩子找到自信。

可以直接赞扬别人

家长可以告诉孩子对别人的行为和表现表示肯定时，除了用委婉的方法，还可以用具体、直接、明确的表情、语言。比如夸奖同学的作文写得好，就可以直接说："你的作文写得真不错，我要是也有你那么好的文笔就好了。"这样的话语既真实又平等，充满了羡慕和佩服，让对方听了之后觉得很舒服，即使被赞美的同学了解自己的作文并没有那样出色，也会对孩子增添友好的感情。而孩子面

对长辈时，要怀着尊重、敬佩、学习的心情去表示赞美。

细节提示

赞美的效果往往会出乎人的预料，即便是几句简单的赞叹也会让人在心理上感到满足。所以，在日常生活中，家长应该引导孩子积极地去寻找别人值得夸赞的地方，并让孩子想办法以真诚的态度告诉对方，这样既会让孩子有一个良好的人际关系，也能给别人带来生活的欢乐与阳光。

有礼才能走遍天下

有客人来到家里，孩子却不情愿向客人打招呼，碍于面子，家长强迫孩子向客人问好，最终结果是孩子大哭不止。孩子在参加婚宴时当着新郎、新娘的面对爸爸说："爸爸，新娘不漂亮！"这些情景的出现都让家长尴尬不已。

"望女成凤，望子成龙"是众位家长的愿望和期待，是正常的。但是，在帮助孩子健康成才和成长的历程中，让孩子懂礼节、讲礼貌以及让孩子学会一些极其有用又经常遇到的礼仪行为，这都是需要家长重视的。那家长该怎样做才能培养出一个礼貌懂事的孩子呢？

教给孩子礼貌用语

教孩子学会使用简单的礼貌用语，可以让孩子在日常生活中变得彬彬有礼，受人欢迎。

当见到熟悉的人时，要主动问候，可以说："你好！""早上好！"

接受了别人的帮助或者礼物时，要及时表示感谢："谢谢！"接受了别人的礼物时，不光要表示感谢，还要说："我很喜欢这个礼物！"

影响了别人或者做错事情时，要表示抱歉说："对不起。"

想让别人帮助做某些事时，要恭敬地说："请。"

有客人来家里做客，要热情："欢迎。"

离开某地或者与别人告别的时候，要说："再见！"

当孩子称赞别人和被别人称赞时

每个人都喜欢得到别人的称赞，却又不经常称赞别人，特别是

在中国，人们更是不善于表达自己内心的喜悦和感激。经常受到别人称赞的人更乐意去赞美别人，而更乐意赞美别人的人能拥有更高的幸福指数和更好的人际关系。家长在孩子成长过程中捕捉孩子的闪光点，对孩子多赞美将会更大程度树立和激发孩子的自信。其中也要教会孩子面对赞美时礼貌地说“谢谢”，同时也不用以赞美来回复赞美，适当谦虚是可以的，但不能够直接否定别人的赞美，如别人称赞孩子：“你真懂事，真有礼貌。”孩子绝对不能回答：“其实我一点也不这样，我都是装出来的。”

与人约会要准时

准时主要是靠家长对孩子言传身教进行影响的基本礼仪。如果家长作为成年人就经常在约会、上班时迟到，就容易使孩子认为“别人的时间不重要，不值得为别人着想”的错误观念。即使迟到是由于多种原因，也是对等候人的不够尊重。如果家长一向准时，信守承诺，重视与人的约定，就会在潜移默化中对孩子产生影响，孩子在此氛围中成长，就会形成守信、准时、负责的好品质。

在探亲访友中让孩子学礼仪

家长可在带着孩子去别人家里做客的路上，对孩子谈话进行礼仪教育，往往这时效果明显。家长应告诉孩子主人家的情况，怎样称呼主人，并介绍主人家与家长的关系，与孩子自己的关系，还可以为主人家的小朋友准备礼物等，并教导孩子做客时不要随便乱跑、大声喧哗，也不能到处随便乱翻东西等，启发和鼓励孩子想一些送给主人的祝词并向主人问候。当主人端上茶水、糕点糖果时，要先道谢然后双手接过来。家长要提前教给孩子一些餐桌礼仪，比如要小口进食，闭嘴咀嚼，不要发出声响等，让孩子吃出“文雅”来。舀汤、夹菜时动作要轻柔准确，不要在盘子里挑来挑去，也不能光夹自己喜欢吃的菜，更不要对菜的味道评头论足，注意提醒孩子临走时要感谢主人招待，并告别说“再见”。

有人来家做客时，也是锻炼孩子礼貌待客的好时机，家长要提前向孩子介绍客人的身份，并向客人介绍孩子，让孩子帮忙拿杯子、糖果等，还要让孩子学会做小主人，带着随行的小朋友分享和参观自己的玩具。

给别人恰当的帮助

一般来说，孩子会更多地对父母的行为加以注意，而观察别人的行为少一些。比如在路人问路时是否会耐心地去指路，是否在乘坐电梯时按住开门键等候别人。孩子将模仿父母的行为，当开始对别人进行帮助时，就逐渐感受到了帮助人的乐趣。当然，家长要让孩子懂得帮助要适度，避免过度热心对他人造成不必要的困扰。

细节提示

社会的文明程度还有待提高，展现给孩子的不是一个每个人都能够做到礼让谦和、彬彬有礼的世界。即使孩子受到良好的教育，但一些家长由于不注意自己平时的教育方式和言行，当孩子回归到家庭中，在家长的百般宠爱下，坏习惯都重新出现。因此，家庭和社会要配合，为孩子创造一个能不断巩固和运用良好礼仪的环境，才能使这些礼仪内化为孩子持久的行为。

三个和尚有水吃

合作交往是现代人在现代社会中必备的能力，加强孩子的合作能力训练，能为孩子良好人格的形成打下坚实基础，同时也是形成一个积极向上的集体的必要条件。

合作是孩子在未来立足社会、适应社会不可缺少的重要因素。但是如今孩子的合作能力现状不容人们乐观，家庭的溺爱与过度呵护，让不少孩子做事常常唯我独尊，以自我为中心，缺乏协作团结的精神。通过孩子间的必要合作和人际交往，则能够矫正和改变孩子的现状。

让孩子感受合作的快乐

家长要引导孩子体验合作的愉快，感受合作的成果，激发孩子想与人进一步合作的内在动机和欲望，使合作行为更加自觉化、更加稳定。在日常生活中，家长可以给孩子设置一些合作竞赛，让孩子需要通过合作才能尽力去完成任务。如果每个参与的孩子在竞赛中都感到非常开心，就是合作的成功。家长要及时给予恰当的激励和肯定孩子合作后的结果。对没有合作成功的孩子予以指导和鼓励，避免合作伙伴出现抱怨而不愿意继续合作。合作的成功可以让孩子拥有美好的体验，这种体验能够让孩子感受无穷的快乐，从而树立孩子的合作意识，并在以后能主动与他人展开合作。

让孩子学会愉快地接纳别人

只有相互欣赏对方的长处，认识到了对方的优点，自己才能真正地从内心接受别人，相互间的合作才有了真正的基础和动力。

家长可以根据一些故事并结合自己的经历让孩子逐渐明白每个人都各有所短，各有所长。让孩子明白，不要轻视或妒忌别人的长处，也不能太自卑，而是善于相互借鉴利用双方的长处来达到自己的目标，实现双赢。为此，家长可以指导孩子多去发现别人的优点，并真诚地进行赞美，而不是采取忽视的态度。家长自己在生活和工作中，也要坚持这样的态度来对待他人，争取做好孩子的表率。

让孩子多参加集体活动

合作精神在现代社会中是必备的，良好的合作是一个团体成功的根本因素。在集体活动中才能真正意识到与人合作的必要性，所以要让孩子多参加一些集体活动，在集体交往中掌握处世艺术，增强团体合作意识，形成大方、乐观、团结、宽容等优秀品质。让孩子带着合作意识在集体中去主动接近别人，帮助别人，同时也得到别人的帮助。家长还可以鼓励孩子多参加团体运动，如排球、篮球等，既有两个对抗团队之间的竞争，更有团队内部行动的协调一致相互配合，都对培养孩子的竞争力与团队精神非常有帮助。

教孩子一些合作技巧

合作的进展和结果很大程度上受合作技能高低的影响。由于社会交往经验的缺乏，孩子常常不知怎样去与人合作，这需要家长指导孩子如何去合作，教给孩子合作的技能。在合作中既要服从大局，讲统一，尊重对方，又要有自己的原则和立场，随和和容忍都是有限度的。在与人合作的过程中，不能只想着自己，唯我独尊，要充分考虑他人的感受和需求，在必要时要做出一些牺牲和让步。比如孩子下棋，双方都想赢，因此总会出现要赖、争吵的情况。家长可以让孩子明白遵守规则的重要性，遇到问题怎样去商量解决

等。通过一次次的合作与交往，孩子逐渐就懂得合作的重要性，学会了合作的策略、方法。

为孩子树立合作的榜样

家长的言行举止都会潜移默化地影响着孩子，因此家长要为孩子做一个良好的表率。家长平时要待人宽厚，对邻居、家庭成员、同事都要平等、热情、礼貌、谦虚，并能相互帮助。如，妈妈做菜烧饭，爸爸在旁边帮着择菜、洗菜；家里洗衣机坏了，爸爸修理洗衣机，妈妈帮着递工具；邻居家停水了，提一桶水送给邻居等。这些直观而又生动的例子能让孩子看在眼里，使他们在以后与人合作时，把家长的言行举止作为自己的榜样。

细节提示

培养孩子的合作能力与合作精神需要家长长期精心的情感感染和教育。只要家长在日常生活中增强合作教育的意识，充分认识培养合作精神的重要性，随时向孩子进行合作精神教育，孩子的合作行为、合作精神就一定能够得到顺利发展。

今天你心灵相通了吗

心灵相通是指人与人之间能很好地感受对方的情感，体谅对方，达到情感一致的境界和状态。每个人需要与人沟通，孩子也不例外。孩子的感受和想法常常被成年人认为是需要加以引导的，是不成熟的，但孩子自己不会主动咨询或倾诉，因此孩子得到的心灵相通比成年人要少很多。

孩子承受的心理压力比家长更大，内心困惑及冲突更强烈，因此孩子更需要家长的理解，需要家长的帮助与安抚。可是，孩子得到的更有可能是家长的批评与压制，加剧了他内心的困惑与冲突，因为家长讲述的道理并没有让孩子心服口服。家长怎样才能与孩子达到心灵相通呢？

心灵相通架设心灵沟通的桥梁

心灵相通需要家长返回人生的原点，降低自己的心理年龄，根据孩子的理解能力、阅历、情绪调节水平以及做事方式来理解孩子的心灵和精神世界，感受孩子的喜怒哀乐与困惑烦恼。

与孩子心灵相通，家长不会认为孩子的事情小题大做或者无足轻重，也不会觉得孩子的行为是不可理解的。得到家长的理解，孩子会认为自己被理解，也就对家长产生安全感与信任。孩子的心情会在有了这样的心理基础之后平静下来，认知与理智才能恢复到正常的水平，才有可能进一步接受家长的教育与批评。

心灵相通之法：换位思考与体验

心灵相通的关键在于放下自己的成见与立场，站在对方的角

度去感受对方的体验与思考。要做到心灵相通不容易,因为每个人的情绪体验和思维方式都是独特的,我们不容易很准、很快地找到合适的表达方式,也不容易很准、很快地察觉对方的心灵世界,让对方感觉到心灵相通。在不断地互动交流中,心灵相通需要双方共同探索达到理解与沟通。

心灵相通是共鸣,不是评价和说教

心灵相通不是家长与孩子谈话时说完“我理解你”就立刻把话题转为“但是”,然后用一些“正确的道理”来评价和判断孩子行为的对错是非,等着孩子点头或无声地“默认”了,再等待孩子“知错就改”,很快付诸行动。这种情况下孩子实际上没有得到真正理解,他的情绪和想法并没有澄清机会,只是懵懂地、被动地接受家长的说教。

心灵相通要让家长和孩子产生共鸣,能让孩子感觉自己的情绪和想法在家长的眼里和自己的心里确实有存在的理由。家长可以这样做:

1. 用一些话语引导孩子,比如“你现在的感受是什么?”“你这样做是因为什么?”“那你的意思是什么?”“你想说的是什么?”等引导语帮助孩子能够有欲望说出心里话。

2. 如果孩子有较强的语言表达能力,不用过分引导就能主动讲出来,家长可以用“我愿意听听你的想法”等让孩子表达心声。

心灵相通,接受与给予相辅相成

心灵相通要求孩子能够做到理解别人,需要孩子走进对方的心理世界,克服以前以自我为中心的思维方式,这对于孩子来说,不太容易做到。家长可以这样做:

1. 平常给孩子做出表率、树立榜样，这是孩子学习与感受心灵相通的基础。

2. 多引导孩子理解别人的体会与想法。比如，当妈妈没有及时给孩子准备所需要的东西，爸爸可以跟孩子交流："妈妈今天累了，不能给你做很多事，我相信你能自己把事情做好。"不能满足孩子的需求时，家长可以指导孩子从别人的角度去宽容和理解对方。心灵相通与理解是相互的，能与别人心灵相通的孩子能更好地理解和体会别人给予的心灵相通。

通过阅读培养心灵相通能力

图画书含有丰富的心理活动和人物角色，想提高孩子理解别人的心理活动的能力可以让孩子多阅读图画书，如果家长故意设计一些问题来提问孩子，效果会更明显。例如出现波折的故事情节的时候，家长先停顿一下，激发孩子的思维："天气冷了树叶都落了，小鸟该怎么办呢？""妈妈找不到了，小蝌蚪心里是什么感觉？"若孩子有与书中不一样的想法，家长也要给予孩子鼓励，开放的阅读对孩子多角度思考能力的培养更有益。

 **细节提示**

孩子的思想比较善良、单纯，当他理解了自己的一个举动、一句话给别人带来了不开心，心里也会感到不舒服。家长要及时给孩子解释清楚，帮助孩子更好地感受别人的情绪和心情，让孩子明白自己的言行在别人心中产生怎样的感受。

宽容别人自己更快乐

如今孩子都具有强烈的“自我保护”意识，而缺少一种人与人之间的宽容，一点小事都能引起争端酿成大祸。其实抱歉地说一句“对不起”、“没关系”，完全可以不让事情复杂化。

能大度地接受委屈，能够原谅别人，能善良待人，这是一种风度，一种修养，一种优秀，一种文明。孩子在平时不会宽容别人是由于没有机会去宽容，很少有人去培养他们这种宽容的精神，也很少有人向他们提出这样的要求。

家长给孩子做好表率

开始教育孩子之前，家长要先检查自己的行为。如果家长的心胸狭窄，平常总是为一点小事就争执不休或得理不让人，就无法让孩子学会宽容。作为孩子人生中的第一任老师，想让宽容重现在孩子身上，家长就必须拥有一颗宽容之心。家长的榜样会成为孩子前进的目标，孩子总是在接触家长，能够从家长那里学习到待人接物的行为准则。所以，家长大度、宽容、遇事不斤斤计较，与同事、邻里之间和睦相处的态度将通过长时间的影响，让孩子也变得善良、宽容、乐意与人相处。

运用“心理换位法”

双方产生纠纷时，如果都能够站在对方的立场上去想一下，就是很好的心理换位。由于孩子的思维处于成长、发展阶段，思维方式不会为对方着想，常以自我为中心。每次有孩子之间抢物品的纠纷时，都会争辩：“我想要那个。”这是孩子常见的通病，出现此

类情况时，家长可以教给孩子心理换位。家长引导孩子设想一下，假如被抢玩具、被抢图书的人是你，你会开心吗？换位思考的次数越多，孩子处理日常纠纷的水平就越高。很多矛盾就比较容易化解了。因此教孩子学会心理换位思考是很有必要的。

营造温馨、和谐、友爱、宽容的家庭氛围

家庭成员之间互相宽容，彼此友爱，不抢不争，生活在这样的氛围中的孩子会无形中改变自己的行为，慢慢形成忍让、宽容的良好品性。相反，如果孩子从小受到不良影响，就将会影响今后的人际关系。

教孩子学会理解他人

家长要让孩子明白每个人都有缺点，每个人都会犯错误，有不足和失误是正常的，当孩子与伙伴们相处时，没有必要让每个人都完美，只要别人的错误没有损人利己，就可以给别人一次理解和宽容。不过，宽容不是盲目的原谅，而是明辨是非之后对同伴的退让。宽容能使心灵有回旋的余地，能使人性情和蔼，能使人消除很多无关紧要的矛盾，化干戈为玉帛，所以，当孩子学会理解别人、宽容别人时会让自己的人际关系变得更好。

让孩子多与同伴交往，正确对待孩子与同伴之间的冲突

宽容的品性是在交往活动中培养出来的，而不是说出来、听出来的。孩子会在与伙伴的交往过程中发现同伴的缺点和优点，在称赞伙伴的优点时，会感觉到他们的喜悦；在宽容伙伴的缺点时，会体会到原谅的舒畅。孩子常常不能用准确的语言向外界表达这些心理活动，但在内心中是能够感觉到的。当孩子与伙伴发生了纠纷时，尤其是自己孩子处于不利地位时，家长一定要先冷静地搞

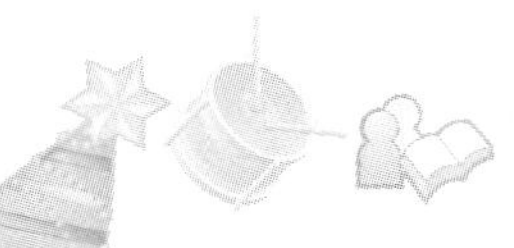

清事情的缘由，再与对方家长进行协商解决问题，千万不能冲动地责骂对方，也不能责怪自己孩子没本事、笨拙，甚至让孩子用拳头去对付对方。孩子幼年时期处理问题的方式，将留给孩子深刻的印象，影响孩子一生，在漫长的人生路上，人与人之间的冲突和摩擦是不可避免的，头脑冷静地处理问题才是上策。

细节提示

当孩子出现了小过错时，家长要给予包容，让他理解错误有时是可以原谅的。虽然对犯规的孩子必须予以严厉的批评，但也要注意语言方式和行为，比如可采用“一分钟批评”来解决，对事不对人，只用一分钟时间解决问题。

第七章

优秀品质，获取成功的必修课

当孩子拥有宽广的胸怀，诚实守信，不去嫉妒别人，善良对待身边的人，有责任心、有同情心，能担当应该承担的责任，懂得思考和自我反省，并能在困境中自我激励，这样的孩子获取成功的几率几乎是百分之百。拥有优秀品质的孩子，能够更容易与人交往，更坚强地面对困难与挑战，更有责任心和同情心，这些都是成功必备要素。

正确对待孩子说谎

说谎是孩子们成长中一种常见的现象，这一现象困扰着许多家长。怎样辨别孩子的谎言？怎样对待撒谎的孩子？

孩子说谎的原因有很多，有时是想逃避惩罚而说谎，有时是把现实与想象混在一起说出来的语言，有时候甚至已经将谎言演变成了一种习惯。大人应坦然地、平静地面对孩子的说谎行为，正确地引导孩子认识真实、摆脱说谎。家长可以通过以下几个孩子说谎的形式来采取不同的措施。

想象与现实混淆的谎言

这一类型的谎言一般出现在6岁以内的孩子身上，他们常常会将想象与现实混淆在一起，也许只是一个愿望，却描述得像真实发生的事情一样。在孩子表现力和想象力的发展过程中，他们往往会随意、即兴地将自己看到的事物和听到的故事经过自己大脑的加工后套用到现实的人或事情上面，出现不真实、缺乏逻辑的“撒谎”。这种撒谎没有明确的目的性，但也有积极的一面，孩子第一次有意义地说假话是他成长过程的一个重大进步，意味着他有了想象力，已经能用开创性的行为与周围环境打交道。

对于这种类型的谎言，父母需要做的是注意对孩子的启发与引导，让孩子在想象力方面的表现欲得到满足。日常生活中多鼓励孩子自编一些故事，或者经常与孩子玩角色游戏。充分释放孩子的创造力与想象力，并且能够锻炼他的语言表达能力。

想逃避惩罚时撒谎

孩子做事时不仅想把事情做好，在很大程度上也想让父母满意，从而得到奖励。当孩子做事成功难度较大又为了不让父母失望，只好说谎，比如“这次考试成绩还没有出来”等。孩子生来就对周围一切有好奇心，但在做错事情以后，内心会有一种压迫感，担心会受到父母的惩罚而说谎。而当孩子发现自己的诚实和坦白引起了父母的不满、责备甚至惩罚时，他就开始学会掩饰、伪装、说谎。

针对这种类型的说谎，明智的父母不应该不分青红皂白地责备和体罚孩子，要调整好自己的心态，把握好处理事情的态度与方式，和孩子进行沟通，主动给孩子承认错误的机会，鼓励孩子主动承认错误并能够改正，在适当的时候给孩子改正的机会。对于孩子惧怕惩罚而撒的谎，父母之间教育态度切忌不一致，不要出现一方批评孩子错误、一方袒护孩子错误，双方在孩子面前发生争执的局面，这样容易给孩子以可乘之机，导致孩子继续撒谎。

有了不良行为之后撒谎

有些孩子从小习惯于身边的一切玩具、物品、食品都归自己所有，有时会悄悄地把自己喜欢的学校的物品或小朋友的玩具放入自己口袋。当父母发现时，孩子就会编造一些谎言，称这些东西是小朋友送的，或者是自己在哪里捡到的等。这种谎言就属于行为型撒谎，其表现与性质比较严重，常常伴随并发展为偷拿和破坏等不良行为，对孩子自身成长的危害性比较大。这种类型的孩子撒谎带有明确的目的性，并且是事先预备好的，撒谎会给他们带来一定的心理满足或利益收获。

对于这种类型的谎言，若孩子说谎后没有被家长发现，或者被家长发现了但父母并没有采取相应的措施和方法对孩子的行为予以纠正，或者被其他人揭穿后，父母因顾及颜面而袒护孩子等，出现这些情况都会助长孩子的说谎意识，并在一定程度上助长孩子的不良行为习惯。父母应该让孩子明白如果撒谎就会有非常严重的后果，并对孩子采取一定的教育措施，力争孩子能够对不良行为的后果有清醒认识，从而阻止孩子犯更大的错误，避免影响孩子性格的健康发展以及自我意识的形成。

说谎已经成为了习惯

孩子习惯性地撒谎更容易出现反社会的行为，比如诈骗、偷盗和横行霸道等。原因是撒谎的孩子经常会与不真诚的孩子有共同语言，进而形成一个小团体，相互熏染，认为撒谎是情有可原的，在谎言中行为变得恶劣。

如果孩子与家长的谈话已经演变成了习惯性地说谎，那么家长在向孩子提问题之前就首先告诉孩子不能撒谎，然后允许他给你一个更真实的回答。如果孩子仍然说谎，就不要对孩子追问再三。即使家长希望能给孩子一次讲真话的机会，结果反倒会变成又一次给孩子说谎的机会，所以，如果家长知道事情真相，就不要再去质问孩子；如果不知道真相却能肯定孩子的回答是假的，也不要向孩子提问。正确的做法是：相信自己的判断，直接告诉孩子要求他或希望他怎样去做，而不是向孩子提问，迫使孩子用谎言去掩饰他以前的谎言，加深孩子的心理内疚和不安。

细节提示

父母要给孩子做个好榜样，尽量避免不必要的谎话和借口，更不要在孩子的面前说谎。孩子的模仿性最强，耳濡目染了家长的行为就会加以效仿。譬如，家长不想借东西给邻居用，便嘱咐孩子说：“如果有人来借东西，你就说家里没有。”等邻居真的来借时，孩子便照着家长的话说了。这种行为很容易使孩子养成说谎的习惯。他既然可以照父母的话去欺骗邻居，自然他就可以照自己的意思去欺骗别人，甚至是自己的父母。

让嫉妒离孩子远点

嫉妒在孩子的成长中不容回避，孩子需要学会战胜嫉妒，家长需要用耐心和理智，把孩子心中的酸化做生活的甜。

嫉妒对孩子的健康成长有破坏作用，并产生消极的影响。如果孩子长时间有嫉妒心理，就会有压抑感产生，从而导致不良情绪的产生，如忧愁、自卑、怀疑等，形成恶性循环，造成身心的损伤。另外，嫉妒心还会影响孩子正确客观地认识事物，影响孩子正常与他人进行交往，最终抑制孩子社会性和个性的发展。

孩子嫉妒和表现形式主要有如下情形

1. 不能容忍身边亲近的大人疼爱别的孩子

孩子人生最开始的嫉妒与身边亲近的人如爸爸妈妈等人有关，当他们疼爱别的孩子时，自己常常会有哭闹、不满、反叛等表现，甚至会故意尿湿裤子、故意做出幼稚的动作，期望能得到成年人的注意。

过年的时候，叔叔带着2岁的小妹妹来到刚满5岁的明明家里做客。小妹妹非常可爱，大家都去逗她玩，开始的时候，明明也凑过去亲亲她，但没过多久，明明就不高兴了，因为大家都围着小妹妹，没人理睬他。于是明明开始大声唱歌，可是仍然没人注意他，甚至妈妈让他安静一下。明明又跳起了刚在舞蹈班学会的舞蹈，还是没人注意到他。明明气愤极了，一把抢过小妹妹手里的毛绒

玩具熊，使劲摔到了地上。

2. 对获得家长、老师等表扬的其他孩子怀有敌对情绪

当其他孩子受到表扬时常常会表现出不服气或不高兴，认为自己同样优秀，甚至会在众人面前揭发受表扬的孩子的短处或不愿公布的事情，虽然这些事情与得到表扬并没有关系，比如“他妈妈是摆地摊的”。

3. 对拥有比自己玩具、用品、零食多而又不和自己共享的伙伴进行排斥

一般情况下，孩子都喜爱与拥有大量用品、零食、玩具的同伴在一起玩，因为可以得到好处，但是如果同伴不分享物品给他们，孩子们就会有嫉妒情绪，比如孤立同伴、损坏同伴的玩具等。

如果孩子有嫉妒心理，家长应该这样做

当孩子出现了嫉妒心理，家长不用惊慌，只要能采取得当的处理措施，完全可以化解孩子的嫉妒心理。

1. 了解孩子嫉妒的起因

由于孩子的认识水平有限，他们常常对别人拥有而自己无法拥有的东西怀着一种由羡慕转为嫉妒的心理，这种情况很正常。家长平时需要和孩子多接触，及时了解孩子嫉妒的根本原因，比如军军有一个新的飞机模型，小海会跳一支我不会跳的舞蹈，只有掌握了孩子嫉妒的原因，才能通过具体事情帮孩子化解嫉妒的心理。孩子的嫉妒心是真实、直观甚至自然的，是孩子不能实现自己的愿望而本能产生的心理反应。家长不能对孩子的嫉妒心盲目地批评和指责，要理解孩子无法实现自己心愿的痛苦，耐心听孩子倾诉苦

恼，从而能使孩子的不良情绪得到宣泄。

2. 帮助孩子正确分析与他人产生差距的原因

孩子的思维方式以主观想象为主，一般不会全面分析事物，常常将自己的嫉妒归责为自己或嫉妒的对象身上，而不考虑别的因素。所以，家长应帮助孩子仔细分析导致孩子和所嫉妒对象之间产生差距的原因，以及能够缩短这些差距，并找出缩短差距的方法，以使孩子能与人做出正确的比较，最终化解孩子内心的不平衡。

3. 家长要激发孩子的自强意识和竞争意识

有嫉妒心的孩子容易争强好胜，家长可以充分利用孩子的这一特点，激发孩子的自强观念和竞争意识。家长可以与孩子共同进行自我分析，帮孩子找出自己的长处和短处，想出超过对方的方法。竞争不是让别人失败，而是自己要努力超越别人。家长要帮助孩子树立正确的自我意识，明白人与人之间天生就存在差别，有胖有瘦、有聪明有愚笨、有富有穷，如果总是想着与人一争高低，凡事都要压过别人，结果只能自寻烦恼，因为处处超过别人不可能实现，而通过不正当手段超过别人是不道德的、可耻的。

4. 培养孩子养成豁达乐观的性格

家长平时应让孩子理解人与人之间的差异性，让孩子明白每个人都有长处和优势，但同时每个人都有自己的短处和不足，引导孩子发挥自己的长处和优点，并在学习和生活中学会正视和欣赏别人的长处和优势，从而能够借鉴、学习别人的长处和优势，以弥补自己的缺点和不足，用自己获得的成功来赢得别人的喝彩。在日常生活中，家长要对别人大度宽容，孩子在家长的潜移默化中，就会学到怎样对待比自己更出色的人,使自己的心理和个性更加健康。

细节提示

家长不要经常拿孩子与亲戚家、邻居家的孩子进行比较,否则也容易造成孩子嫉妒心理的产生。家长可以给已经产生嫉妒心理的孩子讲别的小朋友怎样在平时刻苦努力,以避免孩子只看见别人得到的奖励,忽略了别人付出的过程。

人之初，性本善

对孩子的善良教育不能忽视，尤其是孩子的妈妈，要用自己的母爱教育孩子做人要善良，培养孩子同情、宽容、博爱等品德。

孩子为何“性不善”

1. 家长行为观念的影响

很多家长对孩子是否需要善良犹豫不决，虽然善良是人性的体现，也是人际和谐的根本，但孩子过于善良就会软弱吃亏。有些家长对孩子过于保护，提醒孩子离疾病患者远一些，不要回应陌生人的搭讪，这些都会让孩子变得自私、冷漠，还有的家长粗暴、尖锐，孩子也在潜移默化中变得暴戾、刻薄。

小兵平时上学满口脏话，经常欺负女生，甚至对女老师也不尊重，小兵的母亲多次到学校向老师哭诉小兵对她的无礼。虽然小兵受到了老师的教育，但效果仍然不明显。周末，老师去小兵的家里，开门迎接老师的是小兵的父亲，老师见状询问孩子的母亲在哪里，小兵父亲轻蔑地说：“还在床上瘫着呢，懒婆娘！”小兵父亲这样在孩子面前并不顾老师在场而侮辱自己的妻子，那就不可能在孩子心中树起母亲神圣崇高的形象，孩子也就不能很好地去尊重母亲，更不能尊重他周围的女性了。老师很生气，批评了小兵的父亲，小兵父亲意识到自己的行为对孩子的不利影响，感到后悔和惭愧，于是向妻子道歉，并开

始尊重妻子,小兵的不良行为也慢慢改掉了。

2. 不良环境的污染侵蚀

社会不良风气对孩子的影响也是孩子不善良的重要原因。孩子间接或直接接触到的虚假、欺骗、暴力、冷漠等实例对孩子价值观的影响,远比书本上平淡空洞的劝善文章要生动。当孩子明白街上的乞丐大部分是团伙骗乞,路见不平要考虑自己是否有能力然后才可以决定要不要挺身而出,扶老奶奶过马路的陌生人可能就是寻找下手机会的小偷时,孩子的善良和热情也在这些社会风气中逐渐消散。

让孩子重寻善良

尽管有很多不利于孩子成长的客观因素,那么家长应该怎样做才能让孩子重新寻得善良呢?

1. 把善良的根植入孩子的心中

家长对周围人要表现出真诚的同情,并帮助身边正在遭受不幸和痛苦的人。家长还要用自己的善良陶冶和感染孩子,让孩子无形中也学会善良。学校和社会为了培养孩子的爱心,经常会举办一些为希望工程、为身边不幸同龄人献爱心的活动,家长要支持和鼓励孩子积极参加。

2. 夫妻要互敬互爱

家长教给孩子什么是爱,孩子从父母忠诚相待、彼此相爱中感受到家庭的爱,并学会了怎样爱别人。孩子的父亲要尊重、热爱妻子,并教育孩子也如此,因为孩子从爱母亲进而扩大到爱科学、爱他人、爱祖国。孩子的母亲也要尊重、敬仰孩子的父亲,孩子会从父

亲身上学得胸怀宽广等优点，孩子生长在父母恩爱、彼此尊重的家庭中，会对家人温和亲热，对外人也谦让有礼。

3．培养孩子的同情心

童年喂养过小动物的孩子，心地更加善良，感情更加细腻。相反，没有接触过小动物的孩子的感情比较冷漠，尤其是在与别人有争执时反应强烈，行为残忍，出口伤人，并且会欺负弱小的同学。为了培养孩子细腻丰富的感情和同情心，年轻的家长可以支持孩子饲养小动物。家长有责任保持和培养孩子的心柔软善良。有同情心的人能够理解别人的心情，愿意从行动上支持别人、关心别人，而没有同情心的人只顾自己，无视别人的痛苦。

细节提示

家长要对孩子进行善良教育，善良的孩子才会有美好的未来，以善良对待人生，应该是孩子一生追求的道德规范。所以，家长要倡导善良教育，不可让孩子变得不善良，否则拥有一个悲伤的结果就后悔也来不及了。

小孩子，大责任

孩子长大成人的一个标准就是有责任心，家长想让孩子能够成就一番事业，就必须让孩子学会承担责任。

责任心是当今世界每个人都要具备的品质之一，一个有责任心的人能够更好地担当起更多的事情，并能接受挑战。那么家长该如何培养孩子的责任心呢？

多给孩子承担责任的机会

培养责任心需要具备相应的情感和能力，并在一定的情景中亲身体验。家长需要让孩子在实际中承担责任，让孩子在不断的参与中培养责任心。

周末，妈妈要带11岁的儿子去游乐场玩，儿子开心地准备着随身物品，并向爸爸和妈妈询问着游乐场的娱乐活动，爸爸和妈妈都耐心地一一解答。临出门的时候，爸爸郑重其事地对儿子说："儿子，你已经是小男子汉了，这次是你和妈妈一起去玩，我不参加了，可是妈妈容易迷路，特别需要人照顾，你要替爸爸照顾好妈妈，记着把妈妈带回家呀！"儿子点点头。一路上，儿子不再到处乱跑，而是一直紧紧地握住妈妈的手，怕妈妈走丢，还会在路过冷饮摊的时候询问妈妈是否口渴了。他认为除了玩之外，更重要的事是把妈妈照顾好，把妈妈平安带回家。

在反复的实践中才能逐步形成孩子的责任感。所以，家长要

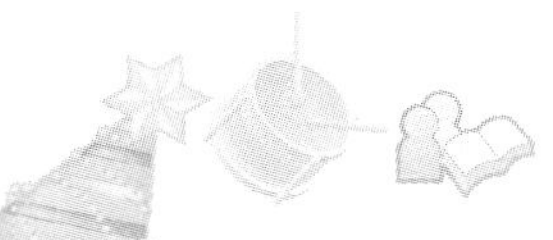

提供给孩子机会，对于孩子力所能及的事，要创造条件有意识地锻炼孩子，让他对自己、家人和家庭承担一些责任，敢于给孩子一些比较大的任务，让孩子感觉自己是有能力的，已经得到了家长的认可，并且自己在家中很重要。只有多提供给孩子实践的机会，孩子才会逐渐增强自己的责任意识，并通过做事得出一些关于"责任"的经验，这样的经验会强化和提高孩子的责任意识，从而逐渐形成良性循环。

让孩子多参与家庭生活

家庭是孩子活动、成长的重要场所，所以在家庭中培养孩子的责任心更容易一些。家长可以让孩子在饭前准备餐具，饭后刷锅、洗碗、倒垃圾，平时洗自己的衣服，并打扫家里的卫生，让孩子明白不能只顾享受，还必须承担一定的责任和义务。通过做一些家务活，孩子能感觉到自己是家庭小主人，应该对家庭承担自己的一份责任。

做有强烈责任心的父母

家长对孩子的深刻影响将是终身难忘的。家长在生活中表现出来的责任感是孩子最早对责任感的认识。当孩子年龄还小的时候，家长与周围环境对孩子身心所产生的影响不可估量。而家长的行为比言语更有说服力。如果家长对社会、对家庭、对自己不负责任，那么孩子学到的就是家长不负责任的行为而不是家长的言语。因此，家长要说到做到，是负责任的最好表现。

让孩子勇于承担自己的过失

家长对孩子犯错误可以原谅，但不能原谅孩子推卸责任，更不能帮助孩子找借口逃避责任。当孩子具备承担责任的能力时，就要让孩子勇敢面对，对自己的言行负责，不能推卸和逃避，更不能躲在大人的身后让大人出面解决。比如孩子踢球损坏了邻居的汽车玻璃，家长应该让孩子自己去照价赔偿或找人修理；如果孩子由于一时冲动打伤了同学，家长就应要求孩子自己去找同学道歉，并让孩子去照料被打伤的同学。

自己的事情自己做，自己的行为要由自己来负责，成长中的孩子需要在头脑中树立这样的观念，不能依赖家长，而家长的责任心可以反映出孩子的责任心，因此，只有家长在生活中给孩子做好表率作用，才能更好地教育和影响孩子。

知书达理的小朋友更受欢迎

国家重视礼仪,国家就昌盛,家庭重视礼仪,家庭就会团结安定,这就是对孩子进行文明礼貌教育的原因。注重孩子的文明礼貌教育,不管是对国家、对家庭,还是对孩子自身来说,都是十分重要的。

文明礼貌在社会生活中运用非常广泛,如"遵守社会公共秩序"、"尊老爱幼"、"保护自然环境"等,家长要抓住一切机会来培养孩子的文明行为习惯,并对孩子进行反复培养训练,从一点一滴开始培养孩子文明礼貌的习惯,家长可以从以下几个方面入手:

家长要为孩子树立榜样

如果家长想要孩子能够礼貌待人,自己要先做好表率,因为家长对孩子的影响最深刻、最直接。家长的言传身教是对孩子最实际、最生动的教育。家长可以在家里来客人的时候给孩子做示范,让孩子在实践中懂得热情、礼貌、文明的含义,并通过行为逐渐影响孩子,让孩子逐渐养成礼貌待人的品德。

要培养孩子最基本的接人待物礼仪

说话语气柔和,站有站样,坐有坐样,这也是文明礼貌。一些家长说话声音很大,吵吵嚷嚷,孩子也会像家长一样,声音分贝很高。因此家长要注意自身的形象对孩子的影响,与人讲话的时候声音能让大家听见即可,不用太大声。

要帮助孩子掌握必要的文明礼貌常识

让孩子掌握文明礼貌常识十分有助于孩子礼貌行为的培养。

孩子与人见面时要与对方说“你好”、“早上好”等，并与人打招呼、握手，与人交谈时表情、眼神和体态要体现出对别人的尊重。让孩子懂得文明礼貌，还需要孩子懂得遵守社会公德和公共秩序，爱护公共卫生，在观看比赛和演出时做文明观众等。

要帮助孩子确立自尊与尊重他人的意识

文明礼貌的行为是一种外在的表现，也是人内心修养的体现，尤其是充分表现一个人是否具有尊重他人及自尊的意识。每个人都有自尊心，想自尊就首先要尊重他人，遵守社会公共秩序。一个没有自尊心的人也不会具有文明礼貌的习惯。文明礼貌的习惯其实就是满足人自尊心的重要手段。

为孩子讲解待客的“规矩”

家长要多给孩子讲解一些接待客人的规则，让孩子懂得一定的行为标准。比如当客人来访时，听到敲门声要快速开门，并说“请进”，见了亲友要主动亲切地问好，热情地拿出茶点请客人吃，而不应该显出一副不高兴的样子或只顾自己吃；如果有小客人来访，还要主动拿出玩具请小客人玩。吃饭时也不能在客人没有完全入席的时候自己先吃，当客人离开的时候，要欢迎客人再来。家长要注意对孩子的表现做出评价，才能激励孩子学习的劲头。当客人在时，孩子良好懂事的表现家长可给予鼓励、表扬，当客人走后，家长也可以对孩子的表现做出全面的评价，肯定孩子好的表现，再指出不足和需要改进的地方。其中，如果孩子在招待客人中出现了失误，比如碰撒了瓜子，打碎了茶杯，家长不要立刻批评孩子，要注意保护孩子做事的积极性，并要重视孩子的行为动机，轻视行为后果，原谅孩子由于缺乏经验而出现的过失。对孩子文明

礼貌行为的培养需要长期进行,不断教育,不能靠一朝一夕形成。

细节提示

家长要鼓励孩子直接参与身边的各种活动,当家里来客,孩子都会很兴奋,不要冷落孩子,要让孩子感觉到自己是家庭小主人的身份,学会热情、礼貌待客。通过让孩子直接参与待客,使孩子待客的技巧和行为有机会得到练习并逐步养成习惯。

自我认知、自尊，都是成长的土壤

自我认知是个体对自己存在的觉察，包括对自己的心理状态和行为的认知，是对自己的理解和洞察，是个性中最有影响的成分。自尊也就是自我尊重，既不允许别人侮辱、歧视，也不会向别人卑躬屈膝，是个体由肯定的自我评价引起的自重、自信、自爱及希望得到他人、社会、集体爱护与尊重的心理。

如果一个人总是认为自己不如别人，总看到自己的不足，不能正确地认识自我，就会丧失信心，产生自卑，做事时畏缩不前。相反，如果一个人对自己评价过高，就会盲目乐观，骄傲自大，导致工作的失误。所以，对自己的评价实事求是，恰当地认识自我，是人格完善和自我调节的前提条件。在家庭教育中提升孩子对自我的认知，家长可以做到如下几个方面。

告诉孩子家庭、家族等历史

对孩子讲一讲家长自己的故事、家族的故事、家庭成员的故事、祖辈的故事，让孩子能够知道家族的历史，强化自己的身份认同。孩子也喜欢了解自己的历史，听家长讲孩子更小时候的故事。一本相册，让孩子和家长分享、回忆、交流的同时，找到归属感。另外，家长还可以通过一个旧玩具、一件衣服来借题发挥，同孩子一起重温旧时光。

帮助孩子感觉有价值和被尊重

帮助孩子拥有较高的自我认知、建立自尊的主要途径是成年人让孩子能感觉到自己是独特而被尊重的。家长需要做的是不能

无视孩子在生活中遇到的问题,同时要把注意力放在孩子的优点和优势上。对于家长来说,每天或每周留出“特定的时间”来特意和孩子在一起,此外,在“特定的时间”里,让孩子做喜欢做的事情,尽量和孩子度过一段美好的时光,让他有机会展示自己的长处和优势,而不是由家长来主导,做家长觉得该做的事情,如学习该学的技能和益智游戏等。

鼓励孩子自我反省和自我评价

晚上和孩子回顾一天做过的工作和事情,反省自己不满意的地方和满意的地方。在这个过程中,家长也对自己进行反省,比如“我需要换一种心态来对待这件事”等,都有利于促进孩子的自我反省。家长不能总是评价孩子,当孩子完成某件事情,试着让孩子自己来谈谈对事情的看法,孩子怎样看待自己和自己所做的事情是最重要的。

给孩子提供选择

给孩子提供选择的余地能够最大程度地减少孩子与家长的对抗,比如,询问孩子是否需要提前5—10分钟提醒他要做好上床睡觉的准备。让孩子自己做出选择,可以帮助孩子拥有自己掌控生活的感觉。

强调孩子的优势和长处

家长可以列个清单,把孩子的长处和优势都列出来,然后选其中的一些或全部,看看有什么方法来展示和加强这些优势,比如孩子擅长画画,可以在家里张贴一些他的作品,孩子喜欢唱歌,可以用录音机将孩子的歌声录下来,选择合适的时间来播放,并在客人来访时向客人展示。

给孩子设定实际的合理的目标和预期

合理的目标和预期不但能让事情顺利地进展，还能让孩子有自我掌控生活的感觉，让孩子做事有条理，并有利于孩子建立自尊。

家庭气氛很大程度上影响孩子自我认知，和睦的家庭氛围比优越的经济条件更有助于孩子树立良好的自我意识。既温暖又有适当限制原则的家庭中，家长自身就有很强的自信心，提倡民主，又对孩子要求高，对孩子信任、关怀、鼓励，如此一来就很容易培养出自信心很强的孩子。因此家长为孩子创设一种民主宽松的家庭气氛对培养孩子发展自我认知最有帮助。

诚实守信，让你的话语有价值

在市场经济的现代社会里，诚实守信是人们必备的素质，每个家长应该培养孩子从小就懂得诚信，让孩子拥有诚实守信的良好品德，得到别人的信任和尊重，获得友谊和真诚的朋友。

在将来激烈的竞争中为了让孩子立于不败之地，就必须从孩子小的时候就开始对他们进行诚信教育，让孩子伴随诚信健康成长，让孩子从小懂得要做一个讲诚信的人。

培养孩子诚信从点滴做起

培养孩子诚信的品质，要求家长既有与时俱进的细心、长期坚持的耐心，又贯穿家庭生活和亲子成长的全过程，深深扎根渗透于日常生活的琐碎点滴中。家长应要求孩子从小不说假话，说真话，犯错误时能够勇于承认自己的错误并及时加以改正，借别人的东西要还，不私自拿别人的东西，对别人说到做到。为了让孩子长大以后能成为一个光明磊落的人，父母要态度鲜明地针对社会上坑蒙拐骗的行为进行批判，让孩子坚信弄虚作假的行为必将受到惩罚。与孩子讨论有关诚信的话题，共同阅读有关诚信的图书，鼓励孩子多与人交往，在交往中思考诚信，感受诚信。总之，父母要从小事做起，从点滴做起，塑造孩子的诚信之心。

为孩子做诚信的榜样

父母要培养一个以诚待人、有责任心的孩子，就要做诚信的表率，以身作则。身教重于言教，父母的行动对孩子来说是有形的榜样、无声的语言。人没有诚信就不能在社会上立足，为了培养孩子

的诚信，在日常生活中，父母要说话算话，对待孩子一定要诚信。所以，父母在向孩子承诺之前一定要考虑清楚，答应孩子的事情就一定要做到，如果没有做到，应及时向孩子道歉，向孩子解释清楚，并作自我批评，让孩子从内心原谅和理解父母，事后父母应弥补自己的过失，设法让自己的承诺兑现。如父母总是没有信用，说话不算数，那么孩子会不信任父母，并认为是可以说话不算数的，慢慢就变成了父母不想要的结果。

营造诚恳、互信的家庭氛围

家庭成员之间应相互信任，父母要为孩子创造讲诚信的愉悦氛围，以感染孩子的稚嫩心灵。尽管孩子年龄小，但他同样会感受到家长对他的信任和尊重。从小受到信任、尊重的孩子，会更加懂得怎样得到别人的信任和怎样去信任、尊重别人。每个家长都不喜欢撒谎的孩子，希望自己的孩子能诚实守信。但是，很多孩子却表现得不尽如人意。探究原因，大部分是由于某些需要而撒谎，比如为了满足玩耍或吃东西，甚至是为了避免惩罚和批评，这些原因导致了孩子撒谎恶习的形成。

尽量满足孩子的合理要求

家长满足孩子要求的时候要分析孩子的需要，倾听孩子的心里话，从孩子的角度来看待事物，而不是用成人的眼光推测孩子的心理。当孩子向家长讲述了需要后，家长应该跟孩子一起分析，让孩子明白哪些是正确的、合理的。对于不合理的需要，对孩子讲明道理，对于合理的要求及时满足。不要认为孩子年龄小，不懂得道理，或事情不重要，而去放纵孩子，时间一长，就会强化孩子的不良行为，形成不良的品格，进而影响孩子一生。

细节提示

教育孩子做一个诚实的人，对任何人都信守诺言，有利于孩子的成长。必须让孩子懂得一个人只有不说谎、诚实、信守诺言，才能够拥有良好的信誉。如果经常欺骗别人，就失去了信誉，等到讲真话的时候，别人仍然不会相信，那时就后悔莫及了。

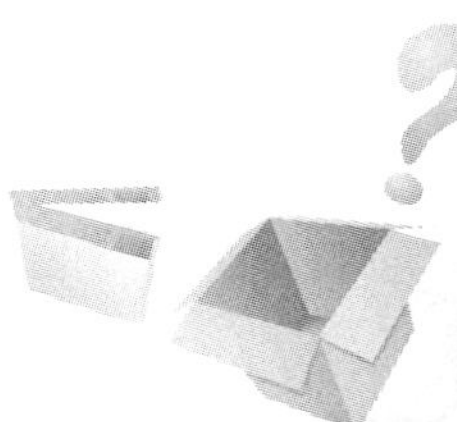

早起的鸟儿有虫吃

勤奋包括学习专业知识时注重广度和深度，包括广泛涉猎教科书以外的知识，最重要的是学习时的态度。勤奋的孩子能够自觉地去学习他成长需要的知识。

一个勤奋的人常常会有积极的精神和很强的上进心，从而能够获得比较大的成功，那么，家长该怎样来培养孩子勤奋的习惯呢？

用立志激励孩子勤奋

一旦孩子树立了远大的志向，就会用这个志向激励着自己勤奋向前，从而实现自己的志向。

有一次，李云经带着儿子李嘉诚到了汕头的海边。他一边指着港口来来往往的巨轮，一边耐心地给李嘉诚分析生活的道理。年幼的李嘉诚并没有把父亲讲的生活道理放在心上，反而对码头上停靠的巨轮产生了很大的兴趣。他觉得如此大的轮船可以在海上顺利航行真是不可思议。于是，他指着大船对父亲说："爸爸，我将来也要做大船的船长！"父亲高兴地对儿子说："真有志向！好孩子，不过，做一个船长不是容易的事情，必须思考得很全面，考虑很多问题。"父亲把手放在李嘉诚的肩膀上，说："你看，船在现在这样好的天气里海中航行就比较安全。但是，如果出海后遇到了风暴该如何处理？船长就

得提前想到会出现这种情况，提早把一切准备工作都做好。实际上，做任何事情都要像做船长一样，提前有周全考虑，随时准备应付可能出现的一切问题。”

李嘉诚树立了做船长的目标，并朝着这个目标努力。尽管最终没有成为一名船长，但他一直以船长的意识去经营、管理他的企业和人生。他喜欢把自己的企业和人生都当做一条船，并自豪地说：“我就是船长，我就是这条航行在浪谷波峰中的大船的船长。”

在现实生活中，每一个父母要帮助孩子明确自己的志向，及时发现孩子的志向，然后引导孩子向着志向不断努力。

坚持正确的方向，勤奋才见效

勤奋是一个见效明显的品质，勤奋在正确的道路上会出现好效果，如果在错误的道路上就会酿成大恶果。没有效率的勤奋除了扼杀孩子的发展之外没有别的益处。不少家长只知道孩子上课的次数多是好的，却忽略了多上课的负面因素。课程多了，孩子就会感觉单调，失去上课的兴趣。课程就好比一个营养菜单，需要有科学的比例和结构，家长必须了解，孩子学习十个小时的效果不一定会比学习八个小时的效果好，如果孩子对课程没有兴趣，甚至会对课程产生抵触情绪，学习时间越长，效果越差。所以，家长要让孩子在正确的方向上勤奋学习，才能得到良好的效果。

通过劳动促使孩子勤奋

勤奋通常表现在学习上，也会表现在劳动和工作上。当孩子步入社会后，就需要勤奋工作。所以，家长可以通过劳动来培养孩子从小勤奋劳动的好习惯。首先,家长要给孩子做好勤奋工作的表率,很多时候,家长的工作比较辛苦,比如在非常恶劣的环境中,做一些又脏又累的活,长时间地从事体力劳动等。如果家长咬紧牙关认真地工作,孩子也会学到家长的这种勤奋。其次,家长可以在家庭中设立一定的劳动付费项目,比如维修洗衣机1元,收拾收拾房间0.5元等,同时,告诉孩子要通过自己的劳动去挣零花钱,这样做的目的就是让孩子懂得,只有努力干活才可以有收获,懒惰的人是什么也得不到的。

细节提示

孩子的毅力和意志总是不如成年人,为了让孩子养成勤奋的习惯,家长可以采用循循善诱的办法,有步骤地引导孩子去学习。同时要注意培养孩子在学习方面的基本功,让孩子有一定的知识面,孩子有学习欲望的时候要引导孩子勤奋学习,但孩子学习的强度不要太大,不能超过孩子所能承受的范围。家长态度要平和,引导孩子勤奋学习不要急于求成,应该怀有一种平常心,不然结果会适得其反。

百善，孝为先

自古以来我国就有“滴水之恩，当涌泉相报”、“鸦反哺，羊跪乳”的浓厚感恩文化，可是在社会日益进步的今天，孝顺感恩之心却在逐渐远离孩子。

现在的大部分孩子都是独生子女，在家里很受宠爱，可父母毫无原则的溺爱，却让孩子一切以自我为中心，认为父母给予的一切都是很正常的，不知道应该孝顺父母。家长让孩子成才成人，需要培养孩子的孝顺之心。那么家长该从哪些方面来教育孩子呢?

欣赏孩子的每个孝顺行为

夸奖并欣赏孩子的任何一个细小的孝顺行为，比如孩子给妈妈夹了一片黄瓜，把奶奶买的菜从门外提到厨房，为爸爸倒了一杯水。心理学上有个“暗示效应”：当一个人被怎样对待，被看成什么样，在不用很长的时间内就会转变为现实。在孩子很小的时候，父母就教育孩子“给爷爷拿毛巾擦擦汗，对爷爷说你辛苦了!”“给姥姥拿个苹果，对姥姥说你做的饭真好吃，谢谢你!”并多表扬孩子：“乖，宝贝真孝顺，妈妈有宝贝真幸福!”这样的暗示能对孩子发挥奇特的效果，使孩子有一种积极向上的精神状态，并付诸行动，直至孩子真的成为一个很孝顺的孩子。

一个8岁的小女孩，有一天放学回家发现妈妈身体不舒服在床上躺着，立刻给妈妈倒了一杯热水，可是妈妈却板着脸：“你要真孝顺我，就去好好学习。学习成绩上

去最重要。妈妈自己会倒水,你赶快写作业去,不要偷懒。"转眼孩子已经上初中二年级了。有一次妈妈病得很严重,痛苦地呻吟着让孩子倒杯热水,可是孩子冷冰冰地回答:"没看见我在写作业吗?你自己没有手啊?"妈妈一时愣在那里,不明白女儿的心怎么会这么硬。

妈妈的话严重地打击了孩子想孝顺父母的积极性,让孩子的心肠变冷变硬,不再对父母怀有恭敬孝顺之心,这是家庭教育的失败,而如果孩子在被迫无奈中将对妈妈善意温情的关心变为对妈妈的诅咒和痛恨,那就是一件更可怕的事情。

一个12岁的女孩子,某天在书房里写作业,听见妈妈准备出门的声音,就马上大声叮嘱妈妈说:"妈妈,路上注意安全,要早些回来啊!"可是妈妈不但不感觉孩子的关心和爱是孩子长大的表现,却严厉责怪孩子说:"我出门声音这么小你都能听到,看来你根本就没有心思学习。"女儿没有说什么,但感到非常委屈。又一天,女儿仍然在书房里写作业,她又听到了妈妈出门的声音,忍不住关心妈妈说:"外面的天太冷了,穿厚点,不要冻坏了!"妈妈依然没有感受到女儿的关心,又斥责女儿:"怪不得你的成绩总提不上去,原来你从来就不专心学习。"然后,女儿听见了重重的关门声,忍不住在心里诅咒发狠:"出门就让车撞死,再也不要见到她了!"

身教胜于言教

榜样的力量是无穷的,家长要求孩子学会孝顺长辈,首先自己

要给孩子做好表率，孝顺老人，并给孩子讲各种孝顺的典型故事和事例来教导孩子。如果父母想让家里的老人或者孩子帮助自己做一些事情时，要用礼貌用语，说“请你”，而不是生硬没有温度没有感情的命令句，当老人或孩子帮忙做完了事，就要感激地说“谢谢!”日常生活中要与老人多商量事情，不与老人顶嘴抬杠，吃饭时的第一碗饭要端给老人，好的饭菜留给老人，注意老人的身体和心情，多关心老人，让老人的晚年更加幸福。父母凡事替别人着想，尊重别人，孩子自然也就学会了尊重别人，而不总是以自我为中心，欺负年迈的老人或弱者。

把孝敬列进制度

没有规矩不成方圆，不管孩子的年龄有多大，家长需要制定一些适合孩子年龄的规则，其中要包括孝敬老人。很多取得成就的人都生长在一个具有良好家教的氛围中，毛泽东的伟大与毛家《规章制度》不可分割：孝养父母，和睦乡邻，友爱兄弟，教训子孙，婚姻随宜，勤劳本业，奋志芸窗。家长要给孩子树立一定的行为标准，长期坚持，孩子就会把孝道内化成自己的优良美德，成为一个孝顺的好孩子。

 **细节提示**

让孩子孝顺父母就是要懂得长幼有序，学会正确与父母相处。孩子在家庭中建立了人生最初的人际关系，学会了怎样与父母相处，能恭敬面对父母，将来才会与别人相处融洽，适应社会。

想成功？先坚强

现代家庭中的孩子，意志很不坚定，主要表现是吃东西挑挑拣拣，娇气，经常找借口逃避体育课，稍微不舒服就不上学，一遇到困难就退缩，做一会儿作业就喊累，受点委屈就哭鼻子，干点家务就嫌脏怕累，做事常常半途而废，没有耐心，自制能力差，控制不住自己。

从坚强意志的角度来看，穷人家的孩子要强于富人家的孩子，农村孩子要强于城市孩子，残缺家庭的孩子要强于完整家庭的孩子，多子女家庭的孩子要强于独生子女。孩子的娇气与家人的宠爱娇惯有直接关系。不被大人娇惯的孩子，反而会意志更强些。在平时，孩子喜欢向大人要点赖，撒点娇，能让大人感受到天伦之乐，增加家庭的“幸福感”，这似乎不是大问题。但是，一旦孩子要赖撒娇过了头，会影响孩子的正常成长，让孩子的行为成了“病态”，那么家长该怎样培养孩子坚强的意志品质呢？

让孩子从小树立远大的志向

要教育孩子，如果终日以不学无术的人为榜样，就会觉得那些吃喝玩乐、游手好闲、把父母的财产和权势当做自己的资本而活着的人非常值得效法。但那样的孩子就不会磨炼自己的意志。相反地，只有树立了远大志向的人才会勇往直前，意志坚定地克服一切困难。

让孩子在体力劳动中锻炼意志

体力劳动是需要克服身体和心理困难的行动，能够更好地锻

炼孩子的意志。家长应当鼓励孩子积极参加社会实践、工农业生产劳动、社会调查、参观、军训、旅游等需要付出大量体力的活动。在活动中,孩子总要克服很多的困难,从而锻炼意志。意志是在参与实践的斗争中磨炼出来的,不是生来就有的。一般而言,军人、运动员的意志都比较坚强,因为部队上有严明的纪律、艰苦的拉练和严格的军事训练,运动员的刻苦训练对人的意志有很大的磨炼作用。

让孩子在体育竞技活动中磨炼自己

体育最大的特点是身体实践,通过身体活动对孩子进行教育。但体育教育不仅是身体素质的培养,也是培养心理素质的一种有效形式。人形成意志品质与体育锻炼密切相关。真正优秀的运动员都具有坚强的毅力和意志。比如邓亚萍学习外语运用到了练乒乓球的坚强意志,同样取得了惊人的成就。

帮助孩子制定计划

缺乏计划性的人一般都意志薄弱,每天遇到什么事就做什么事,有困难就绕过去,不去克服。而意志坚强的人都习惯事先给自己制定一个计划,如每年的具体目标,每个月做哪些事,每天的作息时间等等。在学习、生活中有条不紊,坚定地朝着自己的目标努力。

帮助孩子养成"说了算、定了干"的好习惯

制定了计划,最重要的是执行和坚持。有志之人立长志,无志之人常立志。为了避免自己的计划经常改变,计划的开头要留有余地,不要要求过高。从小事开始做起,如每天记忆 3 个英语单词、写一篇日记、跑步 1000 米等,每天坚持,不半途而废,时间一长，习惯就形成了，自然也磨炼了意志。

引导身体有缺陷的孩子正视缺陷

要告诉身体有缺陷的孩子，人生下来就会面临着不公平：有的人出生在和平年代，有的人出生在战乱年代；有的人出生在落后国家，有的人出生在发达国家；有的人出生在贫苦家庭，有的人出生在富裕家庭；有的人生来肢体残缺，有的人生来体格健全；有的人生来长相丑陋，有的人生来长相俊美。既然总会存在差别，那么我们痛恨差别、埋怨差别都没有用。理智地正视自己的缺陷是最有效的办法，要学会运用坚强的意志来充实自己，用知识武装自己，让自己的内涵、修养、成就来弥补自己的身体缺陷。

细节提示

适合孩子的体育活动、艰难一些的劳动，都能使孩子坚强起来。爬山、远足、游泳、跑步、较重的劳动等可供选择的活动有很多，家长要指导孩子进行选择，并要坚持下去。自强不息的精神和坚忍不拔的意志来自平时日常小事的培养锻炼，意志品质不是一蹴而就养成的，也不是天生的。坚强的意志不是单靠情感的体验和理智的沉思反省而来，最重要的是要平时的实际锻炼。

让同情心继续发扬光大

很多家长注重孩子学习成绩优异、智力潜能的开发等智商方面，缺乏对孩子同情心、爱心的教育，忽视了对孩子情商的培养。然而同情心、爱心是孩子走向成功的基石，家长应该挖掘孩子内心深处的爱。

一个没有爱心、同情心的孩子长大之后有了自己的事业，不会得到下属对他的支持、拥护和忠诚，孩子就不能拥有一个长久的事业。无论世界怎样千变万化，爱心和同情心是孩子走向成功的基石，也是孩子做人最根本的品质。

爱心、同情心能激发人的创造力

同情心让人去思考，表达同情心的时候也表达出来了爱，爱心是行动。同情心能激发孩子的创造力和想象力，家长爱自己的孩子，也要让孩子拥有一颗同情他人的爱心。这样孩子心中才能有一个远大的理想和奋斗目标，他才会明白人活着为了大众，而不是为了自己的区区小利，要活得有意义、有价值。拥有同情心和爱心的孩子，就会有更恢弘的气度和博大的胸怀，他会想到大众的苦难和利益，并会将自己的生命能量奉献给大众，会成就一番大事业。

孩子的同情心是与生俱来的

同情心是人的本能，是爱心的基础，孩子的同情心是与生俱来的。

龙龙从幼儿园回家后对妈妈说："我们今天玩的时候

发现一只死了的小鸽子,它特别可怜。老师看到它身上有伤,告诉我们小鸽子被人打伤后伤势过重就死了。小鸽子当时会有多疼呀！我们班小朋友都哭了,老师帮我们一起把它埋了。"妈妈安慰龙龙:"你觉得小鸽子特别可怜,就表明你是一个很有同情心的好孩子。"龙龙听了妈妈的话若有所思地去玩了。

过了一会儿,龙龙从外面回来,闹着让妈妈去帮他捉蝴蝶。妈妈问:"怎么又要捉蝴蝶呢?"

龙龙说:"花园里有好多好看的蝴蝶在飞舞。小强已经捉住了一只,他说捉回家去把蝴蝶夹在书里会很漂亮。"

妈妈问龙龙:"你忘记小鸽子的事了吗?小鸽子被人打死了,那么可怜。如果我们把小蝴蝶抓住夹在书里,蝴蝶也会疼啊,它们也会死的,你看那么多蝴蝶在花丛间飞舞,多好看啊,放它们一条生路吧!"

龙龙想了想说:"我不去抓蝴蝶了,可小强逮着的那一只蝴蝶怎么办呢?"

妈妈反问龙龙:"你认为应该怎么办呢?"

龙龙自告奋勇地说:"我去告诉小强,让他把蝴蝶放了,再也不捉蝴蝶了。"妈妈亲了龙龙一下,高兴地夸赞龙龙:"你能这样做真棒,我家的小男子汉既勇敢又有同情心!"

别认为孩子的行为是小题大做,或嘲笑孩子的感受,如果孩

子某些感受令人觉得确实是小题大做，那也不要责怪他，甚至也不宜以太冷漠的态度去处理。可以用关怀的表情对他说："对不起！我知道你很不舒服，但我不知道该怎么帮你，你可以告诉我，有什么方法可以让你舒服点，或哭出来。"

家长要成为爱的使者

如果家长在孩子幼小的心田里播种友爱、责任、善良，孩子心里就不会滋生仇恨的小苗。对孩子而言，爱是一种自发的被人爱之后的行动。孩子每时每刻都在潜意识中模仿大人。身教重于言教，家长需要以身作则。在家里，妈妈、爸爸孝顺长辈，互敬互爱，对人理解、尊重，与人为善，同时用爱滋养孩子的成长，孩子就会看在眼里，落实到行动上。所以，家长要不断地播种光明、播种爱、播种梦想在孩子幼小的心田里。孩子学会爱自己、爱别人、爱亲人、爱社会、爱这个世界，也就拥有了同情之心，所以他能有足够的精神状态去学习，去创造美丽人生。

培养孩子爱别人、同情他人、体恤他人的能力

家长一直是爱孩子的，孩子需要真正理解这一点，不管孩子是错还是对，是失败还是成功，这种爱是无条件的，是对孩子的接纳，让他充分地感受到父母的爱，父母永远都是他最值得信赖、最可靠的人，给孩子安全感，从而会获得一种战胜一切困难的自信和勇气。孩子的爱心、同情心、聪明才智只有在愉悦、宽松、被爱、安全的情况下，才能发挥出来，他才会有同情他人、爱别人的能力。家长的信任、鼓励、支持将是孩子走向成功的基石。

细节提示

家长能给孩子的知识是有限的，但给孩子优良的心理品质却可以是无限的，例如同情心、爱心、欣赏、尊重、勤劳，对幼小的心灵而言，爱特别重要。爱是创造的源泉和动力，同情心、爱心会使人展开想象的翅膀，遨游在无限可能的创造空间。

宽容是海，能纳百川

宽容是一种品质，是一种美德，也是做人的艺术。在今天这个充满竞争的社会里，要实现共赢，创造和谐的环境，就离不开人与人之间的宽容。

现在的孩子大部分都是独生子女，常常以自我为中心。而孩子要想成就自己的事业，就需要有宽容的品质。宽容的人能理解他人，容人之短。世界上没有完美的人，尤其是孩子，要和气待人，宽容待人，才能团结同学，营造一个愉快的学习、生活氛围。

首先父母要心胸宽广

孩子最初待人接物的方式是从父母那里学来的。孩子练习拥有宽容之心的主要来源就是父母。父母大度、宽容、遇事不斤斤计较，与同事、邻里之间相处融洽，孩子就会模仿父母的样子处理自己与同学之间的关系，也会变得善良、宽容、善于与人相处。如果孩子不小心犯了小错误，比如打碎了杯子，家长不要用责备或惩罚的方式来教育孩子。告诉孩子，父母知道他是无心的，其实父母有时也会犯这样的错误，下次再小心一些就可以避免。从原谅孩子的错误开始，用宽容的心去引导他认识自己的错误，让孩子明白，解决问题的办法除了惩罚、批评外还有宽容。

教孩子学会心理换位

心理换位是当双方产生纠纷时都能够站在对方的立场上思考问题，考虑对方为何会如此说话、如此行事，就能够理解对方，减少许多本来没必要发生的矛盾。很多孩子不习惯于站在别人的角度

思考问题,而只习惯于从自己的角度思考问题。要消除这种现象,只有“心理换位”。让孩子明白,别人是自己的影子,因此善待别人也就是善待自己。对他人多一份宽容和理解,其实就是帮助和支持自己。一旦孩子学会善待别人,就学会了宽容他人,因为孩子已经有了一颗宽容的心、友善的心。那么孩子自然地也就会在日常生活中宽容他人,容忍他人了。

教孩子明白“人无完人”

家长应该让孩子知道“金无足赤、人无完人”,有不足和缺点乃是人性的必然。和朋友相处,和同学交往,没有必要过分追求完美,只要朋友和同学的缺点不是原则性的问题,不是品质方面的,就可以求同存异。对于朋友的不足和缺点,对于同学心情不好时所做的事和所说的话,没有必要事事都要公平合理,过分计较。多给人一次理解和宽容,多原谅一次人,同时也为自己多找了一份好心情,使自己在完善个性的道路上又向前迈进了一步。

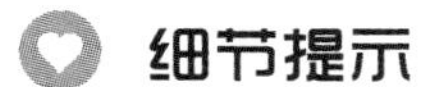

富有宽容心的孩子常常性情温和,心地善良,受人拥护,惹人喜爱,而缺乏宽容心的人常常易走极端,性情怪诞,不易亲近,因而往往人际关系不好。宽容对于孩子良好人际关系的建立以及对于孩子个性的健康发展,特别是情感的健康发展有着重要意义。

自信是成功路上的铺路石

在人成长过程中，自信心是对情商影响最大的一个因素，自信心强则理解能力、交流能力、判断能力都能有长远的发展，相反，自信不足造成的自卑甚至自闭，对今后的人生观、世界观都会产生消极影响。

自信心是独立工作能力的心理基础，是进取心的支柱。自信心对孩子各种能力的发展和健康成长都有十分重要的意义；孩子幼年时期的自信心对孩子一生有着举足轻重的作用。培养孩子的自信心可以从以下几点做起。

调整成人与孩子间的关系

孩子与家长、老师间的关系如何，在很大程度上从婴儿期开始就已经决定了孩子的自信心程度。培养孩子的自信心，家长首先应检查一下自己与孩子的关系是否对培养孩子的自信心有促进作用。如果孩子感到父母、老师尊重他、喜欢他，对他的态度温和，孩子往往就会积极热情、活泼愉快、自信心比较强。相反，如果父母、老师对孩子的责骂和训斥比较多，态度冷淡、粗暴，孩子就情绪低沉，对周围的事物缺乏自信心和主动性。

要言传身教

创设环境来培养孩子的自信心，在潜移默化中让孩子自信起来。平时，家长常对孩子说一些鼓励的话，“你肯定做得不错！你一定能行！”因为孩子自我评价往往对成人的评价比较依赖，当成人以坚信与肯定的态度对待孩子时，孩子在幼小的心灵中就会意识到:别人能做到的,我也能做到。家长、老师是孩子的模仿榜样,所以,家长在孩子面前更应有魄力、有自信心、自强、乐观、办事不怯懦。创设良好的精神氛围,为孩子树立良好的形象,也是形成孩子自信心的重要因素。

重视与保护孩子的自尊

少责备,多赞许,对提高孩子的自尊心十分有帮助,因为有高度自尊心的孩子,会对自己所做的事情充满信心,而缺乏自尊心的孩子,也缺乏自信,认为没人爱他,不愿参加集体活动。因此,作为家长、老师,切忌用尖刻的语言挖苦讽刺孩子,不用自家孩子的不足比别家孩子的优势,不能在别人面前不尊重孩子或惩罚孩子,不滥施权威,不把孩子的话当“耳旁风”,以免损伤孩子的自尊心,丧失自信心。所以家长要帮助孩子发展自尊感,特别要注意保护孩子的自尊心,树立坚定的自信心。

让孩子从成功的喜悦中获得自信心

过多的失败经历,常常使孩子怀疑自己的能力,培养孩子自信心的条件是让孩子不断地获得成功的体验。所以,家长、老师应根据孩子个体差异和发展特点,提出适合孩子水平的要求和任务,确立一个合适的目标,使孩子经过努力就能完成,从而在不断的成功体验中培养自信。切忌目标和要求定得太高,一旦孩子的实际能力达不到,接连失败,就会导致自信心受挫。孩子也需要通过成功地学会做某一件事来获得自信。一个总是做不好游戏的孩子,不容易把自己看做是成功的人,游戏的失败会让孩子减少自信心,并不愿再去付出努力,越不努力,就越做不好,然后就更加不自信,逐渐形成了恶性循环。成人可以适时帮助他们,完成孩子想要做的

事来消除并避免恶性循环。此外，要格外关心缺乏自信心的孩子，比如有意识地让胆小怯懦的孩子在家里或班级中承担一定的职责，负责一定的工作，在完成任务的过程中培养孩子的大胆自信。

细节提示

自信是成功人士最重要的心理素质之一，不过自信不是与生俱来的，家长必须对孩子从小正确引导，使孩子逐渐相信自己，树立自信心。只要一个人有成功的信心和决心，就能保持最佳状态，把全部的精力都集中到要追求的目标上。只要坚信自己能成功的人，才会取得成功。在孩子尽力向成功的顶峰攀援努力拼搏时，家长要多给孩子支持和鼓励。

自我激励，良好心理素质的必备因素

激励的力量是强大的，在孩子成长道路上，总会有很多难题出现，父母学会给孩子以激励，并让孩子能自我激励，能够激发孩子更大的发展潜质和热情。

孩子及时地自我激励能减轻或者化解外界环境对他的不良影响，目的是培养孩子对自身行为的正确认识。懂得自我激励的孩子通常重视的不是父母的物质上的奖励或者口头表扬，而是父母对自己的努力给予肯定，并且能够正确面对物质的诱惑。下面几招让孩子完美自我激励。

父母要做到经常激励孩子

很多因素都能够让孩子不断进步，但是家庭教育是主要的因素，并起到了重要的作用。父母对孩子的鼓励，可以帮助孩子快速地成长，开发智力。在父母的鼓励下，愚笨的孩子变得不再愚笨，聪明的孩子会变得更加聪明。激励孩子更应该重视精神层面的激励，并不是单纯地靠物质奖励。当孩子取得优秀成绩时，父母的"孩子，你的努力没有白费，做得真棒！妈妈相信你继续努力会做得更好"，远比给孩子钱、给孩子买新衣服更加让孩子受益。父母对孩子的鼓励，也许只是一个眼神、一句话或一个不经意的动作，这都可以让孩子有良好的心理感受。孩子会将父母对自己的鼓励转化为自己向前奋进的动力，不断督促自己进步。

军军今年上六年级，学习成绩一直不是很好，可是他

即将要期末考试了,如果再这样持续下去,不仅期末考试考不好,以后的学习也是个问题。军军的爸爸很头疼这件事。为了激发孩子的学习兴趣,爸爸说,如果在期末考试中军军能够将成绩有所提升,爸爸就会给他一个意外的惊喜。结果,孩子每天在心里暗暗鼓励自己,每天都坚持认真听讲、认真复习,当遇到困难的时候就向老师请教,在期末考试时成绩果然提高了很多。爸爸买了一辆军军早就喜欢的自行车,军军说:"我太喜欢这个奖品了,这是我自己努力得来的!"

父母要学会取悦接纳自己的孩子,对孩子的每一点进步加以赏识,这样孩子才会在父母的赏识中对自己的价值有所肯定,将自己的潜能发挥出来,从而取得更加理想的成绩。

引导孩子学会鼓励自己

父母要让孩子知道,求人不如求己,没有谁会一直有责任和义务给予支持和鼓励,所以孩子要学会自我激励,这样在没有外人鼓励自己的前提下,也能够取得比较大的进步。孩子可以学会下面六个自我激励的步骤:

1. 要在心里确定一个希望达到的目标——如果空洞地说"我要很高很高的分数"是没有用的,必须确定要达到的具体目标,比如具体的分数。

2. 要确认自己即将付出努力,并能够决定,自己将会付出多少代价与什么努力去换取自己的目标——世界是公平的,不会让人不劳而获。

3. 给自己限定一个固定的日期,并一定要在这个日期之前达到自己的目标——如果没有时间表,没有时间的限制,就永远到达不了目标。

4. 制定一个能够实现目标的可行计划,并付诸行动——不能让“空想”来耽误时间。

5. 将上面的四个步骤一笔一画地定下来——不能只凭记忆,而要白纸黑字地写在纸上。

6. 可以每天两次,大声朗诵自己写下的计划内容。一次在晚上睡觉之前,另一次在早上起床之后——当开始朗诵的时候,就必须能感觉到、看到和深信自己已经达到了这个目标!

这六个步骤在家庭教育中也有很重要的意义,父母可以将它作为参考,在对孩子的教育当中加以使用,让孩子读懂这六个黄金步骤,并制定出自己的学习步骤,从而达到自己的目标,实现自己的理想。

父母要给孩子选择一个好榜样

孩子在学习上和生活中有了自己的榜样之后,会朝着榜样努力,模仿榜样的言行,在学习榜样的过程中,孩子会不断地对自己进行激励,给自己打气加油。父母可以在孩子感兴趣的领域里选择有突出贡献的人作为他们的榜样,也可以选择孩子身边比较熟悉的人作为学习的榜样。在为孩子选择榜样时,父母要注意说话的态度和语气,不能掺带有任何的挖苦和嘲讽。

细节提示

家长帮助孩子愉快、独立地完成任务，有利于孩子自我激励，而过分地对孩子保护和孩子缺乏保护都是无益的。当孩子遇到压力和困难时，要鼓励他自己想办法动脑筋，等孩子真正需要时才提供帮助。孩子有好的行为和主意要受到表扬，并鼓励孩子进行自我表扬，这样，时间一长，在独立解决问题的过程中，孩子就能知道怎样运用自我激励，并巧妙、灵活地运用各种方法来解决问题了。

摔倒了，就要爬起来

孩子成长过程中，总会遇到很多坎坷，当孩子面对这些坎坷时，需要做的不是哭泣，等待救援，而是在哪里跌倒，就在哪里爬起来。

现代社会的孩子往往不知道该怎样对待挫折，一些孩子平常习惯了一帆风顺，遇到小的不如意不顺心，就心慌意乱手足无措，不知该有什么举动才是正确的。还有的孩子过惯了踏实舒心、衣食无忧的日子，碰到一些很小的问题时，就向父母和老师求助。甚至有的孩子不能正确地面对挫折，导致了悲剧的发生。

形成健康心态

孩子面对挫折会在心理和行为上出现问题，最根本的原因是孩子的心理素质太低。长期以来没有得到相应的挫折锻炼，心理不够成熟而导致的，所以家长首先要找到孩子不成熟心理的原因。

1. 自我认识水平不够

对自己需要有一个客观、正确的认识，自己有哪些缺点、优点要心中有数，实事求是，既不缩小，也不夸张。越是不能正确地接受自己，评价自己，在遭受挫折时的失败感也越强烈。抓住一切机会、时间教育孩子正确认识自我，解脱心理负担，有错误就及时改正，具备良好的心态。

2. 挫折观亟待形成

人生的航程会遇到各种阻碍和困难，不总是一帆风顺的，所以，挫折在所难免。受过挫折的孩子，对即将发生的事情总会在心

里有恐惧不安的情绪，表现为紧张，心情郁闷，精力不集中，过于敏感。孩子出现这种焦虑，轻者影响正常的生活、学习，重者则产生心理障碍，严重影响身心健康，影响孩子健康成长。这些都是孩子没有树立正确的挫折观造成的。

洛克很小的时候，他的父母就离异了。他总是被别的孩子欺负，不甘受欺负的他决定去学拳击。高中毕业以后，他踏上了职业拳击手之路，在一场比赛中，他脑部受到了对手的重创，他含泪告别了拳坛。

身无分文的他参加了一个演员培训班，白天拼命地打工，晚上疯狂地学习表演。在他22岁那年拥有了一个难得的机会，他在大导演执导的电影中演一个小配角，从此他踏入了好莱坞之门。后来他主演的电影《局外人》获得了巨大的成功，他的形象深入人心。

但是后来主演的电影《龙年》票房以惨败结局。性格暴戾的他放弃电影回到了拳坛。拳击手的生涯让这个男人的容貌发生了巨大的变化，已经看不到任何一丝当年好莱坞宠儿的影子。

他决定重回影坛，可是由于自己急躁的脾气，他因家庭暴力的罪名成立而锒铛入狱。他甚至一度想到了自杀来解脱自己，但当他看到自己的那个亲密朋友吉宝宝可怜巴巴地看着自己，似乎在说："如果你走了，我怎么办?"他打消了自杀这个愚蠢的想法，他绝对不容许这条跟了18年的狗流浪街头。他决定振作起来再一次进入

影坛。

这时候的他没有那傲人的外表，时间也将他桀骜的个性磨平。在《罪恶之城》影片中获得了所有人的认可，他再一次被大家所熟悉。后来他在《摔跤王》中不仅获得了威尼斯金狮奖，同时也获得了多个最佳男主角的提名。

转变观念，给予生活磨难

独生子女在家庭中受尽宠爱，这一情况严重地影响了孩子的心理健康发展。家长把所有的爱都给了孩子，却忽视了对孩子进行必要的心理健康教育，没有提前教给孩子面对挫折应有的防范措施和心理准备，从而使孩子在单独面对挫折时无从下手。为了孩子的将来，锻炼孩子，从小事做起，使孩子能经受挫折，才会在今后的生活中跑得快，飞得远。

瞄准契机，渗透挫折教育

1. 寓挫折教育于日常的教学过程中

很多时候孩子都会遇到挫折。挫折让人不开心，但不开心的程度，以及向开心转化的情况取决于自己处理和调控的能力。在日常的教育中，家长能够经常及时地通过谈话对孩子适当地渗透挫折教育的内容，对孩子的激励是很大的。

2. 发挥榜样的力量，进行挫折教育

在具体榜样的感染和影响下，孩子能激起内在的上进热情，加深对挫折的认识，提高把挫折转化为自我锻炼成长的能力。

细节提示

教育素材与孩子贴近,效果就会很好,另外,还可以选择一些中外著名人物战胜挫折的典型事例为榜样。以英雄人物为榜样,并以他们的事迹作为测量自己的尺度时,其挫折就会成为新的努力起点、新的成功台阶。

不平凡也是由平凡做基础的

平凡和幼稚是孩子的本色和天性，是成长中的真实个性，家教要自然真实，不能好大喜功。而在现实生活中，有的父母却不能接纳和容忍孩子的平凡和幼稚。

在当今开放的社会环境中，许多平凡、幼稚的孩子，可以成为创新的改革家；许多普通的孩子也可能成为某些学科或行业的专家和天才。关键是父母要能够接受孩子的平凡和幼稚，并小心地保护孩子闪光的理想和好奇心。

合理培养孩子

现在的家长，一说起孩子的教育问题，不是以孩子能背多少首诗、认多少个字为荣，就是以孩子能跳几个舞蹈、唱几首歌曲为自豪，却不明白这只是孩子早期教育中极小的一部分。智力是一种综合的认识能力，包括想象力、观察力、认识和解决问题的能力等许多方面。由于孩子的大脑功能没有发育完全，因此不能很好地调节自己的行为，而且孩子容易情绪激动，注意力不能持久，易疲劳。这一切都表明孩子的生长发育有其自身的特点，表明早期教育不仅要促使孩子发展，而且不能提出不切合实际的要求，违背神经系统的特点。

家长对孩子过高的脱离孩子实际要求的期望，不仅会起消极的阻碍作用，而且会僵化孩子智力发展，阻碍孩子的健康成长，是拔苗助长的举动。孩子经过努力却没有满足家长的期望，产生自卑感，会丧失上进心，心理上蒙着一种失败者的压抑感，这对孩子

的身心发展是不利的。

> 8岁的兰兰从小学绘画，而且能够自觉地坚持每天练习绘画，还有一些作品在《少年报》上发表。而兰兰的母亲对女孩学绘画发展前途持怀疑态度，女儿每年参加儿童绘画比赛，从来没有进入前三名，最好成绩是优秀奖，母亲认为女儿缺少艺术细胞，对兰兰说："我给你报名参加围棋培训吧，就不要学画画了！"兰兰知道自己与妈妈争辩不会有自己想要的结果，爸爸也没有明确的态度，她无奈之下去寻求心理医生的帮助："我确实很喜欢绘画，我长大了去做服装或是广告的设计师。为什么他们不理解我？一定要获得第一名才可以练习绘画吗？"

在很多家庭中都有过类似的事情，有的孩子学习成绩不够出色，没有特长，就被家长认为平庸无用，并被断定长大后不会有什么大作为。孩子没有良好的表现，却由于成年人急功近利，导致了孩子的自尊心受到伤害，甚至真正的天才遭到了扼杀。某些家庭由于不能客观评价孩子，常常出现十分偏激、极端的行为和态度。

让孩子的成长顺其自然

每个孩子都有自己的不足和特长，家长不能为了"面子"而盲目要求孩子，更不能要求孩子十全十美。家长要根据孩子的兴趣来培养孩子，同时仔细观察孩子兴趣的变化和发展，并对孩子正确指导，让孩子在合适的年龄充分享有与大自然接触的时间和享受玩耍的乐趣，自然地成长。不能让孩子自然快乐成长的家庭教育是不正确的教育模式，从教育的长远效果看，不仅会违背孩子正常

的身心发展,而且对孩子的生理发展产生不良影响。不少家长都会认为让孩子多学点东西有益无害,但这些家长没有遵循孩子大脑的发育规律。绝大部分孩子在学习能力有限而达不到预期的学习效果时,就被迫使学习时间延长。很多孩子在超强度学习时,如果遇到挫折,就特别容易产生厌学心理。另外,孩子的兴趣注意力很容易转移,爱好没有定型,也没有显现出特长,如果过早地对孩子进行定向培养,就很可能出现孩子时期的特长与成年之后的特长不相符合,影响孩子的全面发展和潜能开发。

让孩子做个平凡人

很多家长要求孩子按照自己规划好的道路成长,不考虑是否符合孩子的实际情况,不考虑孩子的兴趣爱好,如孩子的性格、心理、生理、智力等多方面因素,而只为了自己对孩子的一片期待,为子女设计好了未来,强硬地给孩子规定任务,这些都容易使孩子有逆反心理,甚至与家长有了尖锐的矛盾,最终孩子没法达到家长过高的目标,只能使家长的期望成为泡影。事实上,每个人都各有自己的兴趣和天赋,有人不愿演算数学题但喜爱摆弄文字,有人不愿抽象推理而擅长动手实践,有人对体育望而生畏而能歌善舞,这些都是多元智能理论所倡导的。每个人把握自己时都可以用独特的方式,从而实现自己人生的价值。家长对孩子寄予期望,这是对孩子的一种信任,但不要对孩子太追求完美,不要强制孩子,不要对孩子施加太大压力,对孩子的期望值要根据各种条件的变化进行及时调整,不要被已经定好的目标束缚,而应以最适合的目标和规则为标准,这样才会有最好的效果。

细节提示

一定要对孩子因材施教，不能跟随潮流，更不能给孩子的行为制定一些框架，让其按照某些套路去发展，否则不仅不会让孩子有发展，还会产生相反的效果。让孩子平凡地生活，只要孩子能够积极上进、诚实正直地成长。

孩子是小主人，让他有担当

在革命年代成长的孩子大多能够担当大任，而如今和平年代的孩子却被家长关在学校、闭在家里，只能在屋里看书写作业，不能担当适当的社会任务，最后面对社会要求的时候却一片茫然。

随着三口之家逐渐增多，在由爸爸、妈妈、孩子构成的现代家庭结构中，家庭的决策局面明显呈现“三足鼎立”的趋势，每个家庭都会有自己的决策方式，而新的家庭决策模式则体现了现代家庭的平等、宽松的氛围。

小明今年13岁，最大的愿望就是有一台属于自己的电脑。有一天，爸爸妈妈对小明谈论了电脑的事情，并表明了他们的观点。原来爸爸妈妈迟迟不给小明买电脑，是担心小明的自制力差，会沉溺于电脑游戏，小明理解了爸爸妈妈的良苦用心，向爸爸妈妈解释，买电脑确实有必要，能够学到很多新知识，而且上网查资料方便快捷，对自己的学习有促进作用。小明还向爸爸妈妈保证只在周末和节假日玩游戏。爸爸妈妈同意了小明的意见，终于在暑假前给小明买了一台电脑。

传统家庭里需要购置物品，通常是家长做主，没有孩子说话的余地，但现在像小明一样的孩子也逐渐增多，在家庭中有了发言权，能够参与家庭事情的讨论和决策，而家长也通常会征求孩子的意见。一些孩子虽然只有十多岁，但对各种新鲜事物都很有兴趣，

往往能给家长提出一些不错的意见，帮助家长转换角度思考问题，并能够锻炼孩子的决策能力。家长可以让孩子多做些决策，锻炼孩子。比如：

1. 让孩子多做一些家务，包括做饭、炒菜、购买日用品、买菜。

2. 可以让孩子参加社区的公益服务，有机会去儿童福利院、养老院，或者参与一些其他公益组织的活动。

3. 让孩子在家庭活动、家庭旅游的时候适当担任宣传与组织的工作，鼓励孩子在小朋友活动的时候做活动中的积极分子。

4. 鼓励孩子参加学校的学生组织，做帮助别人的人。

5. 鼓励孩子多做实践活动，积极参与旅行、手工制作、发明创造、关心动植物，见识与尝试自己感兴趣的职业与领域。

6. 鼓励孩子与陌生人说话，对人大方、有礼貌，学会辨别各种人物与行为，懂得与人沟通。当孩子在范围更大的社会环境中成长的时候，他们可以更好地知道自己适当的情景性反应、交际之道和行为规则。

带孩子多见识社会场景，给孩子施加适度的压力，赋予孩子应对挑战的能力，辅导孩子不断反省自己思维的适当性，这是父母爱护孩子的重要部分。孩子在增加阅历过程中，决断力会有很大的提高。

很多家庭中，孩子已经有了发言权，并在家庭中的地位有很大改变。家庭事务中，孩子在家长的考虑因素中占据越来越重要的地位。很多家长希望孩子能够参与到家庭的决策中，因为孩子的想法不仅能给家长已经僵硬的思维灌入新的想法，增加更多的选择，同时还能增强孩子的决断力，让孩子懂得各种事务的处理方式，懂得事情的原则和规矩，有助于孩子更好地理解世界，更好地做人做事，促进孩子的身心健康。

细节提示

虽然孩子有了发言权，但最终还是家长当家做主。大人做事有原则、重承诺，让孩子有好的模仿对象；让孩子独立完成自己应该做的事，不要所有事情都替孩子做主；遇事不要着急给孩子指引，让孩子多思考，自己提出方案，只在孩子不能想出办法的时候给孩子建议和深层思考的方法；认真对待孩子的错误，帮助孩子分析错误的原因，让孩子学会怎样避免，并有所担当。

一日三省，成功在即

家长在提高孩子各种能力的同时，千万不能忘记教会孩子自我反省。每天留给孩子一些时间，让孩子自我反省一下得失，并帮孩子分析怎样避免再次失误，从而使孩子能够对自己的行为有很好的把握，这对培养孩子的自我意识、依靠自己成功有着至关重要的作用。

家长要理解，孩子终有一天会长大，而孩子是否具有自我反省能力，将决定着他是否能成为具有独立精神的人。在人生的旅程中，由于每个人都很容易受性格、阅历、自身学识等因素的影响和局限，因而在经历、处理和理解生活中的某些事物时，就会陷入某些错误或片面之中，这必然会带来不良的结果。因此，"自省"就应该成为人们生活尤其是孩子生活一个重要的组成部分。

让孩子承担做错事的后果

孩子犯了错误，不少家长往往代替孩子承担后果，让孩子自认为即使做错了也没关系，因为有家长在给自己承担责任。家长这样的做法不仅不利于培养孩子自我反省的能力，还会让孩子丧失责任心，在今后还会不可避免地犯同样的错误，因此，家长要让孩子自己去承担错误的后果，这样才能促使孩子学会反省。

家长要让孩子懂得，如果不小心做错了事，就需要自己为错误负责，并且引以为戒，不再犯同样的错误。有的孩子在打球时将邻居家的窗户玻璃打碎了，爸爸立刻主动拿钱赔偿邻居；有的孩子将别人的文具不小心弄坏了，家长会掏出钱来让孩子买一个新的赔

给同学。这样的做法只会助长孩子不负责任的恶习。

孩子做错了事情，家长不要凡事为孩子承担，要鼓励孩子认真分析错误原因，主动承担后果。同时，家长还要允许孩子为自己的错误辩解，在孩子辩解的过程中，不但让家长了解到了事情的真实情况，而且锻炼了孩子的反省能力。当然，给孩子辩解的机会，并不是教孩子推卸责任。

不对孩子的错误横加指责

在孩子犯错之后，就会感到羞愧和后悔，对自己产生责备的情绪。此时，家长不要一味地指责孩子，而要激发起孩子内在的纠正错误的想法，平静地指出孩子的错误，促使孩子学会自我反省，这样在孩子今后的生活中，就会不犯或是少犯类似的错误。

不少家长面对孩子的错误时都会没有耐性，对孩子进行责骂甚至施行暴力，这样的教育方式是错误的，不但会阻碍孩子自我反省能力的提高，还会让孩子对家长产生抵触情绪。家长不要对孩子的错误横加指责，而要宽容地对待孩子的错误，不要让自己的暴躁脾气扼杀了孩子的自我反省精神。

小刚的家庭经济条件不太好，小刚经常会对自己的衣服和饮食感到不满而和父亲争吵。有一天，他又一次和父亲发生了激烈的争吵，冲动之下，他在卡片上写下一句“我是傻瓜的儿子”交给老师。第二天，老师并没有特意告诉小刚什么，只是在那张卡片上添了一句话：“一个人未来的人生与是不是‘傻瓜的儿子’有多少关系呢？”老师的这句话引起了小刚的反思：“我往往把不顺心的事

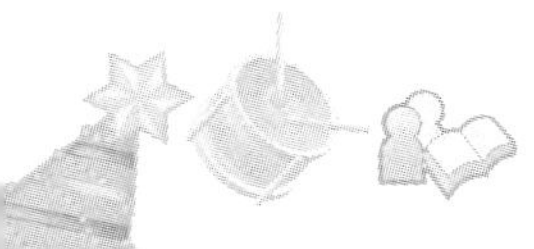

情全都归到家长身上，总在想如果不是他们没有本事，如果不是他们错误地干涉我，如果不是因为他们没有钱，我就不会落到现在这个地步。而我就好像是一个不公正的裁判员，总认为自己是对的，对于自己缺少自知之明，总是把成功归功于自己，把失败推给家长。”老师简单的一句话引发了小刚的反省，让他检讨自己，从“自我中心”中跳出来，并学会去做一个有责任感的人。变化在不知不觉中发生了，小刚的朋友增加了，学习成绩提高了，而和父亲也不再争吵了。

这个简单的故事向大家证明了自省的力量。人不可能完美无瑕，但人应该努力地去追求和塑造完美。成功者能够成功的原因，常常表现在能正确地对待失败和不足，能够在反省中总结教训，不断反省自己，不断进步。

细节提示

如果孩子将过程和结果结合在一起能够进行自我反省，那么他们在下次行动时就会先考虑清楚然后再行动，并且会对自己的认识更清楚，也会自己对事情的结果做出判断，如果最后自己的预想和事情的结果出现了偏颇，他们就会反思自己的行动，从而调整自己的状态。

孩子是个小思考者

现在不少家长事事替孩子包办，习惯于给孩子指路，当孩子在学习上有问题时，就直接告诉孩子答案，这样的家长已经在剥夺孩子独立思考的权利。

孩子养成了凡事依赖家长的习惯后，就不会去想如何解决问题，也不知道什么是思考，一切只等待着家长给自己想办法，出主意。这样的孩子长大后，只会人云亦云，没有创新精神和动脑思考的能力，很难有大的作为。在人的一生中独立思考的品质有着十分重要的作用。如果孩子能够通过独立思考发现问题，能够通过分析、思考找到答案，就会取得比较好的学习成绩。

保护孩子的好奇心

好奇心是孩子与生俱来的品质，强烈的好奇心能让家里的很多东西遭殃，家长不要因此责骂孩子，而应该因势利导，给孩子讲一些发明家的故事，一些孩子想知道的知识，鼓励孩子的探索精神，引导孩子的兴趣，这样会使孩子学会思考，开动脑筋，提高独立思考的能力。爱思考的孩子总会向家长问很多“为什么”，孩子在无数个“为什么”的谜团中逐渐长大。家长不要对孩子的疑惑表示反感，而要耐心解答，解除孩子心中的问号，对于孩子的成长有着不可磨灭的作用。

教孩子多角度考虑问题

如果孩子喜欢向家长提很多问题，甚至有些问题还特别幼稚，显得很“傻”，家长都不能打击孩子的积极性，不能嫌孩子烦，应该

给孩子尽可能多地提供机会去独立思考，并引导孩子从多方面寻找问题的答案，提高孩子独立思考的能力。

让孩子在独立行动中自己动脑

10岁的小雪虽然人不大，可是能做的事情不少，比如打扫房间、洗衣服、帮妈妈炒菜做饭等。学校里举行春游活动，唯独小雪不用老师帮助，所以获得了老师的夸奖。老师号召同学们都要学习小雪独立生活的能力。如果现在小雪离开父母，自己完全能够很好地生存，这是因为从小她的父母就开始让小雪做力所能及的事情。小雪在动手做事的同时，也提高了独立思考的能力，甚至对某些问题，她还能帮妈妈想出好主意解决呢，这使小雪的父母感到欣慰。很多家长对孩子都是事事包办，百般呵护，任何事情都不让孩子做，这样其实是把孩子害了。孩子动手操作机会少，动脑的机会也就少，不能锻炼独立思考的能力，不利于孩子的学习，也影响孩子今后生活的质量。因此，家长要让孩子动手去做他能够做的事情，不仅能提高孩子自理能力，还锻炼了孩子独立思考的能力。

从生活实践中提高孩子的思考能力

家长要找一些孩子自己能做的事让孩子独自完成，并带领孩子多出去玩，多观察，这样才能让孩子提出更多的问题，再进一步引导孩子独自思考问题，直到把问题解决。同样，家长可以不再给孩子睡前讲故事，而是让孩子自己把书阅读完，然后再给家长讲一遍，并且要说出从故事当中明白了什么，学到了什么，这些都需要孩子自己慢慢去想、去思考。如果孩子每天都不去实践，不能积极思考问题，就不容易调动起学知识的动力和兴趣，因为不实践，就没有好奇心，不会提问题，也就没有了探索知识奥秘的内在动力。

细节提示

孩子独立思考的能力需要家长的长期培养。家长可以抓住生活中一切能利用的机会,激发孩子的好奇心,让孩子自己思考,训练孩子的思路,养成独立思考的习惯。

孩子也要为事情负责

责任感是公民必备的核心品德，是构成一个人品德的基石。如果一个人没有责任心，就不会对自己负责，也不会对身边的人负责，更不能担当一些责任和义务，那么就无法做出一些大事。责任感会陪伴每个人的一生，并使人受益终身。

经常会有一些孩子做事不认真、学习马虎、生活草率、对自我过分关注，心里面没有别人，责任意识淡薄，缺乏责任感，做事不计后果，他们只关注行为过程，而全然不顾行为所导致的结果是怎样的。所以，培养孩子的责任意识，使孩子具有良好的行为习惯，是父母教育孩子的首要任务。家长可以从下面几个方面培养孩子的责任感。

不要让孩子逃避推卸责任

家长想让孩子有责任感，就应当要求孩子对自己的言行勇于负责。不管孩子的过失大小，只要已经具备了承担责任的能力，就要勇敢地去面对，而不能让他推卸和逃避责任，更不能由大人代替孩子承担责任。当孩子弄丢了别人的图书，家长应该要求孩子自己去买一本新的图书还给人家，或是赔偿一定数额的钱款，而不能由家长代为赔偿，更不能帮孩子找种种借口逃避，如果孩子早上动作拖沓导致了上学迟到，家长不用着急送他，更不用代替他向老师解释，而要孩子自己去面对老师。

让孩子参与家庭生活

家长可以在家庭里培养孩子的责任感，家长要提升孩子在家

庭里的主体地位，增强孩子对家庭的主体意识，让孩子能够积极地参与家庭生活的各个方面，当孩子体会到了他确实是被整个家庭所需要，而不是可有可无的，就会油然而生一种对家庭的责任感。要让孩子能够对家庭有责任感，首先家长必须转变观念，要把孩子看做是与自己地位平等的人，关于家庭的事务，不管是否与孩子有关，都可以让孩子帮着出谋划策，发表一下意见，并对孩子提出的好想法好建议积极采纳，同时加以鼓励和表扬；家务劳动也要有明确的分工，要事先规定好每天妈妈应当做什么，爸爸应当做什么，孩子应当做什么。还可以在孩子节假日或寒暑假期间当家，只要不会给家庭带来巨大的损失，这一期间家里大大小小的事情，都可以由孩子来安排，都可以由孩子来做主，从自己当家长的经历中孩子能够学到许多书本上没有的东西，也能够提高许多能力和认识，最重要的是责任感增强。

要求孩子做事有始有终

为了增强孩子的责任心，平时家长就应当注意培养孩子负责到底、做事有始有终的良好习惯，凡是让孩子去做的事情，无论大事小事，家长要对孩子有所掌握，及时纠正孩子遇到的问题，直到孩子认认真真地从头至尾把事情做好做完。此外，为了孩子能够更好地把一件事坚持做完，家长可以给孩子安排一些比较容易完成的任务，可以经常交给孩子不同的任务，给孩子新鲜感，不要总让孩子重复做一件事，否则孩子容易失去兴趣。

给孩子一个好的榜样

孩子有对自己崇拜和喜欢的人进行模仿的倾向，父母在孩子心目中都具有权威，因此父母的言行举止留给孩子巨大而深远的

影响，难以想象，一个对爱人、对长辈、对孩子、对家庭、对社会没有一点责任感的家长却能够培养出一个有很强责任心的孩子。但是在现实生活中，有的家长为了自己的轻松自在把孩子交给外公外婆、爷爷奶奶抚养，每隔一两个星期才见上孩子一面；有的家长对自家老人不尊重，老人生病住院了不在医院看护，依然与牌友在一起豪赌。父母的这些行为都被孩子看在眼里，长时间的耳濡目染必然让孩子受到影响，继而去效仿，即使父母想教育孩子做事要有责任心，孩子也会很不以为然，并很不服气。所以说，父母只有给孩子做好榜样，在生活中严于律己，才能更好地去教育和影响孩子。

细节提示

帮助孩子树立正确的责任意识，锻炼为他人、家庭、社会服务的责任意志，激发孩子关爱自己、家庭、社会的情感，养成互助自立的责任行为和责任能力，提升孩子的责任感，更加珍爱自己、关爱他人、关心社会，促使孩子学会对自己、对他人、对家庭和社会负责。

第八章

善于为人，让孩子成为最受欢迎的人

孩子成才很重要,但孩子成人更重要。懂得如何做人,才会拥有更完美的人格尊严和人生追求。善于为人,比善于做事更具挑战力,也更能让孩子合理运用。让孩子学会为人,就是交给孩子一把人生的金钥匙,开启生命精彩与神秘的大门。善于为人的孩子,能促进人际关系的和谐,与人分享自己的快乐和悲伤,能愉快合作,受到他人的欢迎。

孩子可以成为小绅士、小淑女

教养是环境熏陶和后天教育的结果，一些万人瞩目的公众人物为了一件小事对身份低微的人大打出手，接受高等教育的学生乘坐公交车要互相争抢座位。相反，有些人并没有很高的学历和地位，却能在言谈举止上做到文明高雅。

孩子的教养需要家长用心栽培。家庭财富可以继承，才智聪明可以遗传，但是教养不能直接移植，需要家长教育和孩子用心学习。如果孩子学而不行，家长养而不教，即使学富五车也难以拥有高雅的品位和良好的素养。

1. 教养让孩子尊重别人也尊重自己

良好的教养会使人尊老爱幼、富有爱心，保护环境、热爱大自然，同时让孩子懂得保护自己，能够防范别有用心的人利用人性的善良损害自己的利益，使他人利益与个人利益之间的关系达到和谐共存，成为一个处处受尊重的人。

2. 教养使孩子诚信仁义，胸怀宽广

正确人生价值观和远大的理想志向是做到有教养必备的行动准则，能帮助孩子学会选择和判断是非善恶，培养孩子拥有超越眼前得失的豁达胸怀和长远眼光，妥善解决人生中面临的各种问题。

3. 教养使孩子拥有良好的公德意识和行为习惯

教养是一个人的社会公德与个人生活细节相吻合，有教养的人不会边吃东西边走路并随手乱扔垃圾，在影剧院、图书馆、医院等公共场所不会大声喧哗，不破坏公共财物，不会随便闯红灯，不

会打扰安静休息或者正在专心做事的人。遵守公德、行为适宜会让他心灵愉悦,否则就会感到不安。

4. 教养增强孩子的责任心和自觉性

教养会让一个人表里如一,不管身边有没有人都不会图一时之快乐而敷衍了事,而是做事有责任心,严于律己,犯了错误能够接受批评,并努力改正。这样的孩子对他人、对自己、对国家和对社会都拥有使命感和责任心。

培养孩子礼仪习惯和良好的举止,从小就必须经常地对孩子进行影响和训练,不能靠一朝一夕之功,尤其是要注意对孩子在日常生活中所表现出来的一些不当行为和错误举止,家长要及时加以指导和纠正,这样才能收到非常好的效果。下面 6 条建议对培养孩子良好的行为举止十分有帮助:

1. 奖赏孩子好的行为举止

家长首先要给孩子的行为举止定下简单的标准,让孩子对于家长的阻拦和鼓励要心中有数。家长很希望孩子能在家里有客人时来帮助张罗和接待,如果孩子主动做了家长想要孩子做的事情,家长就应当回报一个微笑,或是说句感谢的话语。此时,鼓励起到的作用和效果是最佳的。时间长了,孩子便会养成好习惯。

2. 和孩子订约

对于稍大一些的孩子,可采取订约的方式,让孩子参与其中来决定应该有哪些行为,应该得到怎样的奖赏。这样,孩子就会从头脑中意识到合同是否生效跟他有直接的利害关系,也就开始自觉主动地履行他的职责。

3. 不要营造发生问题的环境

有些家长经常把孩子处于只适合成年人的环境当中，比如在一起喝酒、打麻将、脏话连篇、胡聊乱侃等，在如此环境下，孩子不但学不到文明的举止，反而朝相反的方向发展，越学越坏。而事后发现孩子说话不礼貌、举止不文明时又来责怪孩子甚至对孩子大发雷霆，这些都是家长不正确的做法。

4. 出现麻烦时就暂时停止，千万不要打骂孩子

如果孩子一定要与家长争个高低，倔强的脾气让孩子的情绪不能平静，那么就暂且停息下来，让孩子在另一个房间冷静之后，再向孩子说明乱扔食物或打破东西等行为都是错误的。

细节提示

一个孩子的语言、行为最能够反映他的教养水平，而沟通行为无疑是言谈举止的重要内容，因此，家长应让孩子在与人交往和沟通上体现教养。

让孩子微笑着说“不”

如果家长没有对孩子所有的要求都随便满足，而是能够坚定和温柔地对孩子说“不”，那么孩子也能够像家长一样坚定而平静地对别人的无理要求说“不”。

拒绝别人不用害羞，不用惭愧，因为这是很正常的事情。大部分家长都懂得，孩子最终要生活在群体中，要走向社会。学会与人分享，才能得到别人的支持、尊重和信任，然而，如果轻易对别人承诺了无法履行的诺言，就可能给自己带来更大的困扰，这就需要家长教会孩子学会如何拒绝别人，让孩子能够受益终生。

让孩子直接说出理由

家长可以教给孩子，如果自己不能答应别人某些要求时，就要直接向对方陈述客观原因，包括自身的实际情况和社会条件等因素，态度要真诚恳切。通常对方能认同这些状况，能够理解苦衷，认为遭到拒绝很有道理，从而放弃自己的要求。

婉言谢绝也是好方法

如果孩子不好意思对别人采取直接拒绝，也可以委婉地拒绝，根据具体情境来做不同回答。比如，丹丹向娜娜借图书，娜娜不情愿借给她，可以这样对丹丹说：“我还没看完呢。”“这本书是我借别人的，我放学要还给人家的。”

鼓励孩子独立做事情

当孩子能够对生活中的小事情进行独立处理的时候，家长就没有必要再代替孩子去处理。这样孩子才能从亲身体验中增长才

干、积累经验，才有能力对别人的行为做出拒绝与接受的判断。如果孩子害怕没有玩耍的伙伴而不敢拒绝别人的无理要求，就是对别人过于依赖的表现。家长需要让孩子学会自主，培养孩子的独立性，学会独处，使孩子在独自活动时，也能觉得很开心，不用跟在别人后面。当孩子不再对别人有过分依赖的时候，就很容易拒绝别人的无理要求了。

让孩子学会用商量的语气和别人说话

有时候别人会反复地央求孩子，以达到自己的目的，那么家长就要告诉孩子，有时需要和对方反复商量和讨论，直到对方认可，才能达到拒绝的效果。比如小朋友想借自己的玩具玩，而自己还没有玩够，不想把玩具借出去，就可以用商量的语气和小朋友说："我还没有玩够，过一会儿我再借给你，好不好？"如此就能够让对方接受，避免了一场争夺战。

孩子也很爱面子

有一些成年人很爱面子，害怕别人说自己"不懂人情世故"。有时候为了自己的面子，经常违心地做一些事情，比如与朋友一起吃饭，对方不主动付账，而又知道不该自己付账，也只好大方地掏钱，然而难免在家里会有一些怨言。这样的行为会对孩子有影响，如果没有及时纠正，孩子在长大后同样也会因为遇事碍于面子而吃亏，吃亏过后心里又不舒服，于是精神痛苦，心理失衡。要使孩子能够不继续这样痛苦，家长首先要在孩子面前做出榜样，对事情该拒绝的就要拒绝。如果自己没有拒绝，就不要唉声叹气地后悔，不要因为面子而患得患失，然后才能平静地拒绝。

让胆小的孩子也敢于拒绝

一些孩子明明不同意别人提出的要求，心里有理由也不敢说出口。如果孩子是内向的性格，上课不爱发言，平时不爱说话，有时会因为不善拒绝而遭到小伙伴尤其是粗鲁的小男孩的欺负，家长就要教给孩子拒绝别人，可以先让孩子学会怎样拒绝家长，拒绝熟悉的人，然后试着用正当的理由拒绝一些说话和善的人，多次重复，就能够让孩子的胆子越来越大。

 **细节提示**

家长要帮助孩子理解别人的感受，让孩子在拒绝别人的时候能理解别人的心情，学会在合适的时候拒绝别人，如果拒绝别人会令别人不开心，就要考虑自己的拒绝是否合适，比如拒绝别人参与孩子的游戏时，别人就可能会不高兴，所以孩子要友好地对待别人。

一次就餐得到众多朋友

自从孩子坐在餐桌吃饭的第一天起，家长就开始对孩子进行无形或有形的“进餐教育”，帮助孩子学会良好的进餐礼仪。当孩子长大了，能够将礼仪良好运用并在餐桌上施展交际才华的时候，就是孩子“人格独立”的象征。

随着对孩子不断深入的餐桌礼仪教育，有时候会发现孩子不能够将礼仪运用到人际交往中。让孩子在与别人的同食共饮中进行交往，家长要懂得让孩子学会在进餐中培养餐桌交际能力。

孩子不懂得问候别人

家长要在参加聚餐之前先告诉孩子等一会儿会有哪些人出席餐宴，该怎样称呼这些人，以及该说些什么样的话，让孩子有心理准备，家长也可以陪孩子先练习一下。当家长与客人见面时，要给孩子留出打招呼的时间，而不要忙着和客人说话，突然发现忘了让孩子打招呼，就赶忙催孩子，而孩子由于紧张不肯说话，结果家长越催促情况越糟糕。家长应该鼓励孩子把事先练习过的话语说出来，如果孩子确实害羞不配合家长，也可以让孩子微笑一下，点点头，向客人示意。宴会结束后，就要赞赏孩子今天的行为，比如“你今天和那个叔叔打招呼了，真有礼貌，那个叔叔可喜欢你了”。孩子都很聪明，当他知道有礼貌能够让大家都高兴，自己还能得到夸奖时，就会很乐意去做这件事。

教孩子说礼貌用语

要孩子养成讲礼貌的好习惯，家长就需要给孩子做示范，以身

作则。如果孩子常听到家长与人沟通经常用“请”字,就会领会这个字的使用方法。如果家长希望孩子能有个良好的交流习惯,就要在平时经常说“对不起”、“请”、“谢谢”,因为这些用语都是保持人际关系的良好基础。

孔融让梨,谦让之前先学真诚

> 孔融小时候才思敏捷,并且聪明好学,能够与人巧言妙答,大家都夸赞他是神童。在孔融4岁时,就已经能背诵很多诗赋,并且很有礼貌。
>
> 一天,孔融的父亲买了一些梨,特意挑了一个最大的梨子递给孔融,孔融没有接这个梨,在筐里另拿了一个最小的梨说:“我在家里年龄最小,就应该吃最小的梨,哥哥年龄大,应该把大的梨给哥哥。”孔融让梨的故事,很快传遍了整个村庄,并且一直流传下来,成为虚心、谦让的典型事例。

《孔融让梨》的故事,我们每个人都了解,但是这样的观念在餐桌上却不一定实用,家长在教会孩子谦虚礼让之前,在餐桌上应该先培养孩子诚实的品质。如果孩子表现出对某些食物的喜好,想吃好的或者大的,也是一件正常的事情,不用非要让他违心地说“把好吃的留给别人吧”。事实上,只要孩子不卑不亢,落落大方,让孩子学会礼貌地表达自己的要求,吃一些好吃的也是可以的。

勤俭节约,心甘情愿才有效

在生活中当孩子吃不完食物时,家长通常会说服孩子,让孩子尽量把剩下的吃完,因为粮食是靠农民伯伯的辛勤劳动得来的,来

之不易,吃不完就是不爱惜粮食、就是浪费。虽然家长的出发点是好的,可是这样做的结果是孩子违心地把肚子撑得更饱,眉头紧皱咽下了食物。并让孩子慢慢地学会了服从,在心里得出结论:我的想法是没什么作用的,我能做的就是顺从家长的意思,乖乖去做。如此一来就对孩子的成长没有益处,不妨在餐桌上多听听孩子的意思,多为孩子着想,教会孩子判断自己的食量,吃多少拿多少,这才适宜孩子的成长。

津津乐道,对孩子还是少说为妙

在中国,餐桌常常是一家人交谈的地方。一家人谈一下热门的话题、谈论一下今天遇到的新奇事情、谈论一下孩子的行为等,都是非常正常的。但是现在大家不主张在餐桌上"津津乐道",不论是从卫生角度,还是从进餐文化,"津津乐道"都是不符合规范的。特别对于孩子来说,餐桌上的"津津乐道"不但会影响孩子专注地进餐,还会让孩子从小就养成边说话边吃饭的习惯,对今后的处事都是不利的。因此,餐桌上家长应以身作则,尽量减少与孩子的交流,促进孩子养成专注进餐的良好习惯。

细节提示

家长应该多带孩子参加聚餐,因为聚餐中有外人在场,孩子会有强烈的自我表现欲。此时家长更应该抓住时机,进一步强化孩子的餐桌礼仪。同时,当孩子的表现符合礼仪时,家长也应该及时表扬孩子,鼓励培养孩子正确的进餐方式,满足孩子的表现欲,同时学到沟通技巧。

小孩子也会推销自己

平时总会有人说出来的话让人心里不舒服，虽然出发点是好的，但他们仍然不受人欢迎，主要原因就在于他们不会推销自己，展现一个良好的自我形象。

将自己成功地“推销”出去，是与他人成功交往的前提条件，因此家长要让孩子有自我“推销”的意识，懂得如何推销自己。

“推销自己”对孩子有很大的帮助

1. 如今的独生子女在家里很霸道，因为有父母、长辈宠爱着，在进入社会、参与到集体之后才明白，与人交往太“霸道”就不会有朋友，而谦让、礼貌才会受欢迎。要懂得对自己进行包装，塑造良好的形象。

2. 孩子的年龄特点决定孩子在交往中会不可避免地发生矛盾，成人要教会孩子运用一些积极的语言推销自己，比如“你的变形金刚拼得好酷啊！”“我不会搭这个积木，你帮我搭一下好吗？”以积极的态度向人寻求帮助；也能用“这是我爸爸给我做的小木马，可好玩呢！我们一起玩吧”等类似的语言来让小朋友分享自己的快乐，留住朋友，让孩子逐步学会如何与人交往。

3. 让孩子充分了解自己，家长对孩子进行公正、正确的鼓励和评价，让孩子以人人平等的心态和其他孩子交往，而不是对一些经常挨批评的孩子有歧视。要让孩子及时发现每个孩子优秀的地方，并对自己有自信，从而能正确地“推销自己”。

学会做广告

所谓做广告就是让孩子把好的事物、好的想法说出来，把自己好的一面推销给别人，并把别人的好处推销给另外的人。让大家在友好自信的环境里生活成长！与小女孩交往时，可以夸她的衣服漂亮，夸她的小辫子梳得好看，夸她学习好，而和小男孩交往时，要说他勇敢，有男子汉气概，这些话语都会收到意想不到的效果。要让孩子说话真实具体，让人感觉是发自内心的称赞，就不会让人觉得是在“拍马屁”。

教孩子说“让我们做朋友吧”

如果孩子能主动对人说“让我们做朋友吧”，那么孩子就已经掌握了人际交往最需要的主动权。当孩子说“让我们做朋友吧”，就是一种乐于交朋友、懂得推销自我的态度，是孩子人际交往成功的一个方面。家长们都应该教育孩子有“推销”自我的意识。因为敢于推销自我的孩子已经认识到了自己的闪光点、别人的需求，他们是阳光的、自信的。成人和孩子都喜欢自信、阳光的人。因此，家长让孩子学会如何推销自己，就相当于给予了孩子乐观、自信、阳光的性格，无论在何时何地，都会受到人们的欢迎。

新生入学时最容易推销成功

孩子在入学第一天最容易推销自己，也最需要推销自己，这样才能尽快融入集体中。孩子首先要有个良好的外表形象，衣着整洁，头发干净，能够让自己看起来更可爱，同时要注意行为举止，不要太沉默，也不要太张狂，要积极主动与新同学交流。和新同学交往接触的时候要表现出自己的兴趣爱好，同时也明确告诉别人自己的忌讳是什么。家长要多提供一些交流的机会给孩子。可以让孩子跟新同学一起放学回家，也可以跟新同学一起玩耍。让孩子能够跟新伙伴融入到一起，尽快熟悉起来。

细节提示

如果想让别人欢迎自己，受到别人的重视，就要向别人推销自己，而绝对不能把自己收藏、包裹起来，更不能干等着伯乐的到来。即使每个人的优点并不明显，没有优势，只要敢于推销自己，也一定会被别人认可和发现。

欣赏别人，让关系更融洽

每个人都有缺点与优点，经常看到别人优点的人比经常看到别人缺点的人会更受欢迎、也更快乐一些。因此，每个人应该多去欣赏别人，多去看别人的优点，它带给别人自信的同时也能让自己开心。

现在的孩子都比较自我，因此不容易看到别人的长处。作为家长，就有责任教孩子学会欣赏别人。如果家长在平时生活中经常给孩子灌输欣赏别人的思想，那么孩子的人格就一定会更加完美！那么，家长该怎样教育孩子呢？

多发现别人的长处，不说别人的闲话

一位母亲比较善于教育自己的孩子去发现身边每一个人的优点，并教导孩子说："每个人都是一朵小花，每朵小花上都有一颗露珠。在阳光下，每颗露珠都会闪闪发光。"于是，孩子学会了发现别人的优点，心地很善良。

因此家长要以身作则，多发现身边人的长处，不在背后说别人的闲话，时间长了，孩子就会逐渐受人欢迎，朋友逐渐增多。

真心地欣赏和感激别人

人类都非常渴望得到别人的赞赏和欣赏。每个人都喜欢跟欣赏自己的人在一起生活。想让孩子受人欢迎，就一定要让孩子学会真诚地感谢和欣赏别人。

如果希望家人和同事喜欢自己，就一定要先对他们产生兴趣；如果希望孩子受到老师、同学的喜爱，一定要让他及时去感谢别人

对自己的帮助。

不要总是批评、指责、抱怨

现在的家庭教育中普遍存在“三少三多”：看优点太少，看缺点太多；激励太少，批评太多；表扬太少，训斥太多。

在训斥中成长的孩子，常常喜欢指责别人，于是最不受人欢迎。因为指责和训斥常常没有任何好的效果，只能让别人增强防范，并绞尽脑汁想尽办法来证明自己的行为是对的；指责与训斥，还有可能会伤害一个人的自尊，对他人过分的伤害甚至会激起对方的怨恨和愤怒。

家长要多给孩子经历的机会

在孩子探索与学习中，不少家长的行为常常会阻碍孩子的成长，时常忍不住要伸手去帮孩子，结果是剥夺了孩子发现自己的权利与机会，这对孩子构建自信心没有一点好处。在孩子成长过程中，每个孩子都会用心去观察发现自己，并从中感觉到自己的能力，比如婴儿的翻身，每次都会很努力地翻，开始时总是翻身不成功，如果在一边观看的家长用手帮他一把，推一下，结果就是让他体验不到自己翻身的快乐与成就，而事实上，孩子自己能够完成翻身动作，甚至还会找到一个自己最有效、最舒服的翻身方法。

家长在旁边要做的就是给孩子一个温柔而鼓励的眼神，对他说，宝贝，这次很努力，翻身又一次成功了。让他明白自己的努力是有人理解的，爸爸妈妈的心是懂自己的，就足够了。这样，孩子会建立自信，有勇气继续尝试新的事物。当孩子体会到被人欣赏是很舒服的事之后，才会懂得去欣赏别人。

孩子经历时要给予正面引导

只有经历过,才更加理解和欣赏别人的努力与成就,才知道要达到某个程度是需要付出怎样的精力和工夫的。

比如,当孩子看到一朵月季花开得鲜艳时,他会发出赞叹的话语:“这朵月季花开得太好了,您是怎样种植的?我能不能学习一下?”面对这样的孩子,相信没人会不喜欢。

让孩子多去经历事情,家长要肯定、认同孩子的每一点付出与努力,才能了解别人的难处,并且在这样的经历中,得到积极的、正面的引导,才会懂得欣赏别人。

细节提示

独生子女往往受宠爱,不懂欣赏别人,也很少考虑他人,更谈不上合作,不利于人际交往,更不利于事业的发展。家长可以经常请其他小朋友和自己的孩子一起活动,引导孩子欣赏别人。

分享的不仅仅是物品

孩子天生不会与人分享东西,要靠后来的学习和培养。家长要在孩子成长到一定的阶段之后让孩子学会分享。

孩子只有学会分享,才会懂得怎样更好地与人沟通、交往。如果分享这个概念对孩子来说有某种意义,他们会更加容易地学会跟别人分享。

和孩子探讨解决方案

如果孩子为了玩具准备开始一场争夺战的时候,家长不要每人一巴掌先揍一顿再说,而应该先让孩子们安静下来,然后对孩子们说:"既然都想玩这个玩具,怎么做才能让大家既高兴又能玩到玩具呢?"把问题提出来,引导孩子自己开动脑筋解决问题,或者多给孩子提供些选择,让孩子们自己决定接下来该怎么做。

不要惩罚孩子

不要对孩子期望过高,或许对家长更有帮助。如果孩子不肯分享,家长对孩子惩罚或强迫孩子去分享,结果只会让孩子对家长和参与分享的伙伴产生怨恨,进而在心里有更多的不安全感,并不会让孩子从此变得慷慨。

以适当的方式去评价

2—3 岁的孩子很看重家长和其他长辈对自己的评价。当家长给予别的小朋友很高的评价,而且自己没有得到同样的评价时,孩子心里会不舒服。尤其当家长拿孩子跟别的小朋友进行比较时,孩子的心里会有更加强烈的感觉。所以,不要让孩子掩盖在其

他孩子的光环下。为了让孩子体现自身价值，家长可以经常把一些小朋友邀请到家里来做客，让孩子给大家表演最拿手的节目，这样既可以让孩子在玩耍的过程中感觉到分享的快乐，也能增强孩子的自信心。

帮助孩子理解情绪

当孩子和小伙伴共同玩耍时，家长要根据情况及时向孩子做出解释，帮助孩子理解与人分享时所碰到的问题。比如别的小朋友快速把属于自己的玩具车从孩子手里抢回去了，家长可以说："哥哥太喜欢他的玩具车了，他现在就想抱着他的玩具车。"如果孩子不肯把自己的玩具分享给别人玩，家长也要对孩子表示理解。

选择合适的分享物品

要孩子分享他的心爱物品是一件比较困难的事情，因此，当家里即将有小客人到来之前，聪明的家长会先把孩子最喜欢的物品收起来，避免小客人的到来引起一片混乱。蜡笔、积木、图书等物品，一般都是孩子容易接受的分享物品，如果孩子把玩具抱在怀里，死活不肯分享给他的同伴时，那么家长不要强求孩子，而要想办法把其他小朋友的注意力转移开，比如突然给他一些美食、问他一个问题或者给他另外的玩具等，以尽快结束他们之间的争夺。

给孩子树立榜样

孩子学会分享的最好途径就是对别人的模仿。家长可以尝试和孩子分享自己的美味冰淇淋，让孩子戴自己的发卡、围巾、帽子，戴爸爸的手套、穿爸爸的鞋子等，同时也要让孩子拿一些东西出来分享，如一起看他的故事书、一起玩他的玩具。最重要的是要让孩子亲眼看到家长拿走他的东西或者给自己东西，让他在此过程中

学会和家人分享,继而学会与其他小朋友分享自己的食品、玩具等。

细节提示

家长要让孩子勇敢地说出自己的感觉和想法。当孩子们为玩具发生争吵时,家长要帮助孩子弄明白到底是怎么回事。如果是某个小朋友拿着东西不放手,就要给孩子解释那个小朋友的想法可能是怎样的。比如你告诉他:“因为小海真的喜欢那个玩具,他现在想自己多玩会儿。”

让孩子多参加集体活动

能够与人很好地交往沟通是孩子需要学习的重要能力之一。现代城市中，独生子女和小伙伴交往的能力不能得到很好的发展，因此孩子是否合群已成为家长们担心的问题。

孩子在集体活动中，既可以结识很多的小伙伴，还可以了解自己在别人心中是怎样的，就可以用集体交往的规律约束自己的言行，学会信任他人、尊重他人、乐于助人、谅解他人，学会调整个人和集体的关系。

增强孩子的集体观念

家长要积极给孩子创造条件，鼓励孩子参加各种公益活动和集体活动、社会活动，包括音乐欣赏会、生日祝贺活动、讨论会、故事会等，让孩子在集体活动中养成助人为乐、团结友爱的品质。通过各种活动，增强孩子活动能力，扩大孩子交往的范围，家长可以交给孩子一些需要合作才能完成的任务，鼓励并支持孩子与人进行合作，或向家长求助完成，增加孩子与别人交往的概率。让孩子明白自己的力量很小，不能办到所有的事情，而大家一起参与做事就会容易很多。家长要教育孩子处理好人际交往中合作与竞争的关系，要指导孩子主动与人合作，在合作中宽以待人，严于律己，光明磊落，豁达宽容，甚至有时需要吃点亏，受点委屈来适应复杂的社会生活。此外，家长还要激励孩子勇敢与先进人物对比，鼓励孩子积极参与竞争，要争先进、勇攀高峰，让孩子在竞争中进步和提高。

鼓励孩子参加体育活动

体育运动是让孩子能够直接与人正面竞争和接触的集体活动,因为总是需要有两个以上的人参与,更重要的是体育活动不仅需要力量和智慧,也需要信心和胆量,这正是人际交往要具备的一个重要条件。一旦孩子爱上体育运动,就会主动四处寻找能抗衡的对手,在寻找中,就是人际关系的开展,孩子的合适对手,常常就是建立了深厚友谊的伙伴,多交往、玩耍会对交际能力有促进作用。

努力提高孩子的社交水平

对人要有礼貌,与人交往要主动,做事不要凭主观印象,要善于了解别人,不能有成见和偏见,不要背后议论他人,不说大话、空话、假话,在众人面前避免说别人的短处,待人要活泼、热情,能主动关心他人,批评他人时要与人为善,赞扬他人要诚心诚意。

孩子在人际交往中对人热情,要关心人、理解人、尊重人,心中有他人。家长要让孩子尽可能帮助干点家务,让孩子想着家人;要教育孩子关心同学、老师、邻居,体谅他人,尊重他人,注意在日常琐碎的事情中对孩子的道德情操进行培养。

家长要挤时间亲近孩子

家长每天要抽出一些时间陪孩子谈话。节假日带孩子去亲朋好友家或公园走走,积极地为孩子与小朋友们玩耍创造条件。开始时小朋友们互相陌生,家长可以在孩子旁边陪他们做游戏,当孩子们互相熟悉之后就可以放开手让他们自己玩。孩子们每次游戏后家长都可以夸张地表扬孩子玩得有趣、玩得好,使孩子在玩乐中感受到集体玩耍的快乐以及小伙伴的可爱。

对不合群的孩子要预防为主、纠正为辅

独来独往的孩子往往不合群，不喜欢接受小伙伴们的邀请。如果家长偶然间发现孩子勉强地接受某些小朋友的邀请，要及时鼓励；如果孩子接受了其他小朋友的邀请，并表示愿意合作，家长更要大为夸赞，积极鼓励。同时家长也要欢迎主动上门找孩子玩的小朋友，并为孩子们提供感兴趣的玩具和他们游戏的场所，还应热情地、不厌其烦地鼓励孩子们一起玩。要培养孩子在集体中能有良好的人际交往，家长要主动对孩子进行教育，而不应在孩子不适应集体生活、喜欢独自做事时才去纠正孩子的行为。家长在日常生活中应该多观察孩子的行为，在孩子年龄还小的时候就可以开始观察孩子怎样与其他小朋友进行交流和接触。比如观察孩子是自信地与别的孩子交谈，还是缩在别人后面听人家说话。如果家长发现孩子出现了一些不会受别人欢迎的特点，比如过于咄咄逼人、不诚恳、爱寻衅闹事等，就应该告诉他，小朋友们都乐意同语气柔和、态度友好的人做朋友，让孩子学会受人欢迎。

细节提示

家长应该融入孩子的生活和社交圈，尤其是当孩子进入一个新的环境或转学时，至少每个月同孩子的老师沟通一次，或与孩子同学的家长进行交流，再陪孩子看喜欢的电影，听听孩子喜欢的音乐，这样家长和孩子交流的时候，就会发现有更多的东西可以交流，容易引起共鸣。

合作，才是团结的基础

随着社会的不断前进和发展，人们就越来越需要具备与人合作的能力。21 世纪需要富有开拓精神的人，善于与他人合作的人，全面发展的人。因此可以看出，善于合作是孩子日后发展和生存所必需的品质之一，更是时代的要求。

现代社会要求人们不仅要激烈地竞争，还要与人多方面合作。如果孩子缺乏与人合作的能力和精神，那么孩子不但不会在事业上有所成就，甚至很难适应社会。所以，家长要培养孩子从小学会怎样与他人合作。

给孩子提供跟他人合作的机会

如今孩子的任何需求都能够得到家长的满足，不用受一点儿委屈。家长对孩子的溺爱容易使孩子养成不喜欢分享的坏习惯。当孩子出去玩时，别的小朋友看到孩子携带的食物或玩具也想分享一点，如果孩子强烈拒绝分享，家长要给孩子讲道理，如果现在跟别人分享，那么别人也会在以后分享给孩子。让孩子慢慢接受，体会分享的快乐，达到事半功倍的效果。家长可以经常带孩子去公共游乐场玩，因为那里的娱乐设施是需要大家一起分享的，不属于某个人，谁也不能独霸不放手。因此，家长可以建议几个孩子共同使用娱乐设施，一起来玩，比如说做游戏、搭积木等。毕竟孩子的年龄相似，相互之间能够产生共鸣，孩子不仅能体会到合作的快乐，还会喜欢上合作，通过孩子的亲身实践来教孩子学会分享。

培养孩子的主见性和主动性

家长要多带孩子出去玩,多接触各年龄段的小朋友和各种各样的游戏。让孩子理解很多游戏都需要小朋友之间相互合作才能完成的,并培养孩子的主动性,才能让孩子能主动与小朋友合作,从而乐意与小朋友合作。

家长要树立良好的榜样

家长是孩子的启蒙老师,每一个言行都会影响孩子,特别是在孩子有超强模仿能力的时候,家长在与别人进行合作或交往的时候,特别是在孩子面前,就需要注意相互间的交流方式,让孩子感觉合作是快乐的。比如,家长在做家务的时候,可以几个人共同做一件事,同时要表现出自己的快乐来,并邀请孩子参与其中,会收到很好的效果。

适当地让孩子尝尝孤独的滋味

如果孩子被娇惯得太任性,不想跟别的孩子合作,也可以先把孩子孤立起来,让孩子单独在家里待一段时间,或是自己出去玩,不让他找别人玩,并让他看到别人玩得很开心,那么孩子就会产生孤独感,有参与小伙伴玩耍的欲望。也许孩子感到与小朋友陌生而没有勇气去参与小朋友的活动,那么家长可以给孩子多一点鼓励,趁机帮助孩子完成与人合作的愿望。

要及时对孩子鼓励、引导

家长不应安静地等待孩子做出正确行为,而要主动地促使孩子做出相应的反应,并使这些反应逐步强化,从而抑制不良行为的发生。当孩子表现出良好的合作行为时,家长要适时地给予鼓励、肯定等语言对孩子进行强化,使孩子能继续保持良好行为,如:"你们能相互合作，一起拼图，真棒！”家长微笑的面容、肯定的语言、赞许的眼光都是对孩子的极大鼓励，而对于缺乏合作意识或不善于合作的孩子，家长要对孩子进行适时的引导，根据不同的情况提供不同的建议，逐渐地培养孩子的合作能力和合作意识。

细节提示

家长要让孩子明白，在一个群体中，不同人之间存在着差异，肯定会有冲突和矛盾的产生。为了共同的目标，就需要彼此之间相互协商、交流，并相互谅解，有时甚至需要做出牺牲或让步，才不会使双方的共同利益有太大损失。只有在集体中尊重对方，相互支持，才能共同努力、齐心协力，完成同一个目标，获得成功。

协商解决，问题不再有

让孩子学会与人协商，更重要的目的是让孩子学会从别人的角度想事情。当孩子的交际范围越来越大时，孩子与人商量的对象也由父母扩展到表姐、表哥等亲戚，还有同学和邻居等。

孩子之间的商量与成年人之间的商量是不同的，如果孩子们容易商量，就可以用三言两语顺利解决问题，如果性格倔犟，那商量再多也不能避免问题的出现，在“协商”、“交涉”、“解决”的过程中，孩子充分锻炼了各方面的能力，因此能学会在商量中解决问题对孩子来说也是一种能力的体现。家长可以从以下几个方面来帮助孩子解决问题。

培养孩子用礼貌用语协商解决问题

孩子如果不能用语言在发生矛盾时表达自己的意愿，就很难协商解决问题。所以要随时随地对孩子进行文明礼貌教育，如果孩子在游戏时出现问题，就要对孩子进行现场教育，如：两个小朋友抢积木，谁也不肯做出让步而争吵起来，排队时，为了谁站在前面而发生纠纷，别人弄脏了孩子的衣服而引发了矛盾，这时家长教给孩子用礼貌用语解决问题，让孩子体会听了粗暴无礼语言的生气和听了礼貌用语的开心。

能力冲突，引发决策契机

自我决策能力水平不同的孩子对同一事件会有不同的反应，孩子可以通过多种游戏和集体活动懂得：在集体中规则是要靠大家遵守的，更改规则需要通过协商得到大家的认可，而孩子自己可

以解决出现的问题，在做出决定的过程中单纯凭借产生问题的双方的互动是远远不够的，而针对“如何制定出一套更合理实用的新规则”、“如何让大家理解并遵守新规则”等问题产生的交流活动才是促进孩子做出正确决策的关键。此时就可以看到孩子在各种意见不断尝试、协调、争议和碰撞的过程，并且矛盾促使孩子把自己融入到集体中思考，当孩子从以自身为中心思考转为以原有经验思考，再转为以大家认同的方式进行思考时，孩子不但在学习决策中使游戏的开展更加融洽，而且重构了对自我的认识，重构了已有的经验。

在家多商量

在传统的家庭中，家长比较容易忽视对孩子的商量教育。这是因为孩子是家里的宝贝，只要孩子开口说出来，就满足所有的要求。这样孩子没有必要也没有机会同大人商量办事。在家没有商量沟通的机会，并不说明孩子在以后不用跟人商量，当他逐渐长大，由家庭走向社会，就会发现并非所有事情都可以顺心、满意，反而往往会违背自己的意愿。如果孩子仍然不能学会与人沟通商量，就只能用肢体的力量对别人进行人身攻击来解决问题，或站在一边孤单地没有伙伴。因此，家长要在家庭中多给孩子提供一些商量的机会，让孩子学会如何与人交流才能达到目的。

适时介入，提供决策平台

当孩子在游戏中争执不下时，或者制定的新规则没有被大家认可，或孩子间互不妥协退让时，家长要在不干扰孩子自主决定的前提下，选择恰当的机会以合作者的身份介入孩子的活动，通过提出的一些“问题”来促使孩子对问题重新思考并探寻解决方案。

孩子有自己的思维，家长起的作用就是促使孩子的思维激活，让孩子用自己的思维和自己的头脑去思考并解决问题，最终使孩子解决问题和自我决策的能力得到发展。所以，当孩子间的协调商议进入停止的状态时，家长的介入能让孩子的矛盾变为一个促进孩子学习和交流自我决策的过程。

 细节提示

当孩子能用语言表达自己的意愿时，家长可以从日常生活中的事情入手，有意识地对孩子的“社交”能力进行培养，学会在“协商”、“商量”中实现自己的目的，比如，孩子想看动画片，而妈妈正在看电影，爸爸可以鼓励孩子跟妈妈商量可不可以让自己看会儿动画片。通过商量来让孩子懂得与人的沟通。

相互关爱，爱充满世界

懂得关心他人是如今社会高素质人才的重要品质。培养孩子从小懂得关心他人，对促进孩子具有健全的人格和高尚的情操有很大的影响。

人与人之间的交往构成了生活，关心他人，人们善于理解他人的需要和情感，理解他人的处境，随时准备从行动上去帮助别人，从道义上去支持别人。独生子女在体能、智能发展方面占有优势，在品德、性格方面却是弱势。家长可以运用下面的方法培养孩子关心他人的优良品质。

从家教起步

培养孩子关心他人的良好品质，必须从家教起步。

1. 要让孩子体验感知父母、家族对自己的关心和爱抚，从而把孩子关心他人的情感激发出来。给孩子看看自己出生后的成长照片或录像带，听听录像带里自己的笑声和学说话的声音，讲讲孩子小时候的淘气故事，让孩子理解在他的成长过程中倾注着很多人的亲切关怀和辛勤劳动，从而让孩子产生尊敬、热爱、感激他们的情感，教育孩子学习他们真诚地爱护、关心、帮助别人的优良品质。

2. 关心父母和家族。家长要建立合理的互助、平等、民主的家庭氛围，让孩子生长在正常的家庭环境中，使孩子从小就明白家中每个成员付出的辛勤劳动，对社会做出的贡献。让孩子乐意分享自己的食物给家人，并学会关心家人的喜怒哀乐、病痛冷暖。使

孩子明白家中每个人都需要关心其他成员，比如把好吃的食品留一些给未回家的人，学会对生病的亲人进行安慰，帮助家人招待客人，对接送自己上学的家长要积极对话，不能不理睬。还要教育孩子学会关心邻居，帮忙送牛奶、送报纸，和邻居小朋友分享玩具等。

关心同伴和老师

理解能够让人们之间的交流没有障碍，顺利明白双方的思想，能够让人与人之间的关系更加融洽，被理解的人和理解别人的人都是快乐的，家长要注意对身边人的理解，对孩子一举一动也要理解，在潜移默化中对孩子进行教育培养，同时对孩子关心他人的行为加以重视，及时鼓励和强化。让孩子学习用爱的眼睛去了解和观察周围事物，对遇到困难或遭到不幸的人们提供支持、关心和帮助。

树立孩子的榜样

父母在孩子的心目中是最值得依赖的人，是至高的权威，是孩子学习的楷模和行为准则，在培养孩子关心他人的教育中家长首先要对周围人进行关心和帮助，比如给山区孩子进行教育资助，关心贫困人群和弱势群体，让孩子在家长的影响下也学会关心别人。

细节提示

培养孩子学会关心他人实际上就是教孩子怎样做人。现实生活常常会让人生活顺利或陷入困境，幸福或悲伤，无论人在怎样的境地，都会需要别人的理解和关心，孩子同样也需要得到别人的关心，同时去关心别人，所以，培养孩子学会关心他人势在必行。

第九章

正确教育，父母影响孩子一生的幸福

孩子的生命就是一张白纸，让孩子成为怎样的人，决定因素不是孩子的身体因素，而是后天的教育和栽培。家长对孩子的教育，将影响孩子的一生。正确的教育，能让孩子的身心健全成长，有偏颇的教育，则让孩子出现种种问题，小的问题表现为恐慌、懦弱，或自以为是，而大的问题则可能是人品的缺陷，价值观、人生观的错误。

温室花朵禁不住风吹

父母疼爱孩子是人的天性，但很多家长难以把握好爱的尺度，怕孩子受委屈，对孩子倾注了全部的爱，却忽视了应该引导孩子去体验父母的爱并教育孩子去关爱身边的人。

家长对孩子的过度保护和过分照顾容易导致孩子产生依赖性。但很少关心孩子或让孩子遭到过多拒绝，甚至遭到遗弃等，都会导致孩子的过分依赖性。那么家长该怎样减轻孩子的依赖性，增强孩子的抵抗力呢？

增强孩子的自制能力

在教会孩子能够独自做事之后，就要让孩子的生活自理，比如吃饭、穿衣服、洗脸等力所能及的小事情，让孩子慢慢地独立起来，不要所有的事情都替孩子包办，同时父母包办家务不利于孩子的成长，让孩子不再有动力去自理，也给自己增添了很多麻烦。为了避免孩子因为不适应幼儿园的环境而不肯去幼儿园，家长可以在孩子上幼儿园前带着孩子先到幼儿园里去适应一下那里的环境，由此可以减少家长和孩子的烦恼。

在爱孩子的时候要让孩子感受到这种爱

父母爱孩子要让孩子明白父母给予他的爱不仅仅是语言上的表白“爸爸妈妈很关心你、爱你”，在对孩子“棍棒教育”之后还说：“我们做的这一切都是为了你能成才。”孩子是不会信服父母的。日常生活中，父母应该结合具体情景，让孩子明白父母确实是因为爱他才这么做的。比如把好吃的菜夹给孩子吃，把不好吃的菜夹到自己碗里，家长要让孩子明白这样做是因为父母爱孩子，想让孩子吃得更好，营养更丰富，长得更快更壮，而不是简单地告诉孩子父母只爱吃这些不好吃的菜。避免让孩子在心中认为父母的爱是应该的、是理所当然的。

引导孩子做一些力所能及的事，凡事多为别人着想

让孩子做一些能力范围内能够做的事，不仅可以培养孩子独立生活自理能力，有助于发展孩子的身体动作，还能让孩子养成热爱劳动、珍惜别人劳动成果的正确劳动态度和优良品质，在做家务劳动的过程中不仅能体会父母为自己所付出的艰辛，还能学会凡事多为别人着想。叶圣陶先生在教育孩子，让孩子给他一支笔时说："递一样东西给别人，要想到对方接到手里是否方便。递一支笔，如果你把笔头朝着对方递过去，对方还要把笔倒转过来，如果没有笔帽，可能会弄得人家手上沾了墨水，递剪子、刀子这类东西更是如此，决不可拿刀尖、刀口对着人家，因为有可能会戳破人家的手。"在涉及到孩子和别人关系的事情上，家长要反复让孩子明白时刻多为他人着想。

让孩子懂得父母工作的意义与价值

孩子出生之后，对吃喝玩之外的事情都不关心，不懂得怎样关爱他人，父母要用适当的方式让孩子了解自己的劳动与工作，让孩子懂得是父母的辛勤劳动和工作才换来了自己的幸福生活。引导孩子珍惜父母的劳动成果，尊敬父母，激发孩子的感激之情，更加理解给自己带来幸福生活的父母。

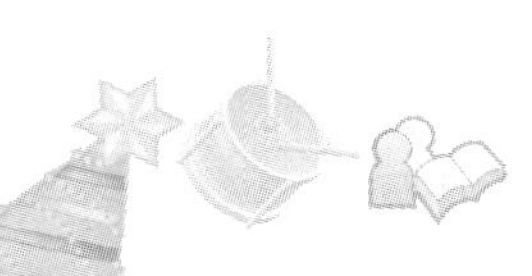

 细节提示

家长应该配合幼儿园和学校的教育工作,可以在家里引导孩子把好吃的东西分享给爷爷奶奶、爸爸妈妈,也可以鼓励孩子把心爱的玩具和图书带到幼儿园和小朋友们一起玩耍,并及时表扬孩子的行为,进行强化。

让孩子把话说完

当孩子语句不连贯、发音不准确的时候，是不是经常不耐烦地责备孩子或打断孩子的话？如果答案是肯定的，那么孩子的语言水平就将停在目前的水平上。

孩子在刚开始学说话的时候，通常说半天也没说清楚事情的情况，这种情况很正常，如果家长总是打断孩子的话或者责备孩子，时间一长，孩子就不想和别人交流了，自然语言也就不能很好地发展。

不可轻易地打断孩子的话

要尽可能地、耐心地让孩子说完话，如孩子磕磕巴巴地说："妈妈，我想吃……"妈妈知道孩子想吃饼干，便赶忙打断孩子的话："想吃饼干吗？别动，妈妈给你拿去。"时间一长，孩子会在说话的时候只说半截。孩子想说的话大部分是自己的感受或要求，特别是他感到害怕或好玩的事，但父母常常忽视这类问题，不注意把孩子所说的话听完。如果经常出现这样的情况，就会打击孩子说话的积极性。

孩子有自己的思维，大人不要自以为是

有一个成年人问一个小孩：假如这里有两个苹果，一个小的一个大的，你准备把哪个苹果给妈妈吃？小孩认真地回答："我要先在两个苹果上都咬一口……"话没有说完，提问题的人愣住了，正要对孩子进行礼貌、孝顺的教育时，孩子却说出了让他震撼的话："我看看哪个苹果更甜一些，我就把哪一个给妈妈吃。"幸好，问话

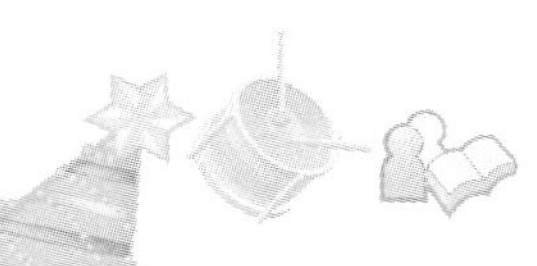

的人没有打断孩子的话，否则孩子就会被贴上一个不孝和贪婪的标签，所以，成年人不要总以自己的思维来断定孩子的行为，面对孩子时，要学会站在孩子的角度想问题，耐心听孩子把话说完，然后再下结论。

思维不仅需要敏捷，而且需要流畅

语言是展示思维的重要工具，训练思维能力从日常的说话开始是最好的。因此，家长在同孩子说话时一定不能轻易打断孩子，因为一旦语言被打断，就不会让思维连贯顺畅。

曹植是个很有才华的人，天文地理十分精通，并对当时朝廷的政事有自己的看法，因此在朝中很有威信。曹植的哥哥曹丕对曹植很嫉妒，产生了怨恨之心，而众位大臣也在曹丕面前说曹植的坏话，鼓动曹丕杀了曹植，免得曹植夺去曹丕的皇位。一天中午，曹丕让曹植到大厅里相见，曹植说："哥哥你怀疑我造反？我可没有做这件事，你还是再调查一下吧。"曹丕不好意思直接杀了亲弟弟，就对曹植说："看在咱俩兄弟的情分上，我命令你在七步之内作一首诗，如果办不到，就不要怪我杀你！"曹植胸有成竹地说："好，我要是作不出来，任凭你处置。"曹植迈出了第一步，突然，他闻到了从远处飘来的阵阵煮豆的香味，灵感一来，借物抒情，在刚走到第六步时就作出了这首脍炙人口的《七步诗》："煮豆持作羹，漉菽以为汁。萁在釜下燃，豆在釜中泣。本自同根生，相煎何太急？"作完诗，曹丕大为感动，再也不敢为难曹植，从此两人同心协力建设魏国。

著名的《七步诗》是曹植在危难时刻急中生智写出来的，如果曹植的思维不够流畅连贯，就不能在短短的几十秒内作出《七步诗》，那么他的性命也就要丢掉了。

家长同孩子交流时，要注意倾听孩子的心声，只要在合适的时间里问一句："还有什么别的吗？"就让孩子感觉到你在认真地听他讲话，这样当孩子把想说的话说完后，你付出的仅是耐心和真诚的态度，就会让孩子感觉自己充分地得到了尊重，那么对孩子的教育就在家长无言的倾听中取得了圆满的效果。

细节提示

家长要认真听孩子把话说完，可以在孩子放学时、走路时多陪孩子聊聊天，问问孩子一天中有什么有趣的事情，孩子就会滔滔不绝地把自己心里的话都讲给家长听，家长只要在旁边做出一些微笑、惊讶、感叹的表情，并配合孩子的讲述加上几句简单的话，就能让孩子过上一把讲话的瘾。

孩子的自尊更要维护

自尊心是人类向上的内在动力，是人类特有的思维活动。在孩子形成自我意识的时期，开始保护自己的自尊心，注意别人对自己的评价。孩子的自尊心是一个重要心理因素，对孩子健康成长有重要的作用，如果挫伤、损害孩子的自尊心，孩子就会丧失前进的勇气和动力，进而带来不良的后果。

心理成熟的标志之一是有自尊，孩子有自尊可看做是孩子对自己表现、能力、身体等感到很满意的一种心态。不同的孩子有不同的特点，有的孩子丑，有的孩子漂亮，有的孩子胖，有的孩子高，有的孩子灵活，有的孩子聪明等。孩子对外界给他的评价很敏感，因此父母要培养和维护孩子的自尊，可以从以下几个方面做起。

不在孩子之间互相攀比

每个孩子都有不同的成长过程，孩子的心理发育显现出很大的个体差异。父母要尊重孩子之间的个性，不拿孩子与其他的孩子相比较，避免不利于孩子的成长。

一天，芳芳的妈妈带着芳芳到文文家里做客，文文和芳芳在一起玩，文文妈妈和芳芳妈妈两个人谈教育孩子的话题，芳芳的妈妈夸女儿懂事听话。这时，文文家的小猫跑了过去，在文文妈妈身边来回蹭，撵也撵不走，文文妈妈就对文文喊："女儿，快来帮我把小猫拿走！"文文却回答："妈妈，我们玩得正高兴呢，你自己把它拿开就好

了。”

文文妈妈听了，就有些生气地批评文文说道：“你这孩子真是不懂事，跟人家芳芳学习学习，芳芳在家可比你懂事听话多了！”文文撅着小嘴抱走了小猫，事情很快过去了。

却没人能料到，从此文文不再去找芳芳玩了，上幼儿园也是文文自己去。每次文文妈妈一提到芳芳，文文便捂着耳朵对妈妈喊：“我不听，我不听，我就是不听话！”

文文妈妈找芳芳妈妈讨论女儿的问题，芳芳的妈妈说：“那天你当着我和芳芳的面，说文文不懂事，伤害了人家的自尊心，她有了自卑心理，现在是为了跟你反抗！”文文妈妈这才明白，原来不经意的批评，就能伤害孩子敏感的自尊心，可是孩子这样来对抗，只会更加伤害并孤立自己。

于是晚上文文妈妈特意坐在闷闷不乐地玩拼图的文文旁边，温和地对她说：“女儿，还在生气呢？妈妈那天不是故意要批评你，芳芳妈妈还直夸你比芳芳要懂事呢，其实在妈妈心里，你是最乖的好孩子！”文文看看妈妈，不敢相信：“妈妈，你真的这么想吗？”“当然了，芳芳的妈妈可喜欢你了，说你又活泼又懂事，让芳芳向你学习呢！”文文妈妈笑着对文文说，文文喜滋滋地笑了。

孩子的自尊心特别强烈，家长在批评孩子的时候，一定要注意方式和场合。维护孩子小小的自尊，孩子才会更自信。

父母也向孩子承认自己偶尔犯的错误

家长也有做错的时候，比如答应孩子的事情没有办到，和孩子约好了时间却因为有事而迟到，这个时候，家长要记着向孩子道歉，即使只是简单的一句话，也能让孩子心里很舒服，感觉自己是受尊重的，比如："牛牛，真对不起，妈妈没能买到你明天要用的橡皮；你还是用你手边的那块橡皮吧！""小亮，爸爸来晚了，在学校等着急了吧？以后再来接你我一定按时。"

减少孩子的难过情绪，允许孩子失败

家长在他人面前列举孩子的错误和缺点会让孩子更加难堪，如果孩子过于难堪，就会让孩子无地自容、羞愧无比，或是我行我素，不再去考虑问题。因此，家长在纠正孩子的错误行为时要留意孩子的情绪，维护孩子的自尊，不要让孩子太难堪。孩子做事时难免会遇到挫折、失败，父母需要在孩子失败时给予心灵的爱护与支持，让孩子真正感受到父母对他的信任和理解。

细节提示

家长要保护和重视孩子的自尊心，了解孩子、尊重孩子、尽量满足孩子的合理要求，当家长不能满足孩子的要求时，要给孩子讲清道理。当孩子有错误和缺点时，家长应先把情况了解清楚，再依据事实给孩子讲道理，做适当的批评教育，并且批评要注意场合和分寸，尽量避免把孩子的错误公之于众，也不要对孩子翻旧账，更不能恐吓、训斥孩子。

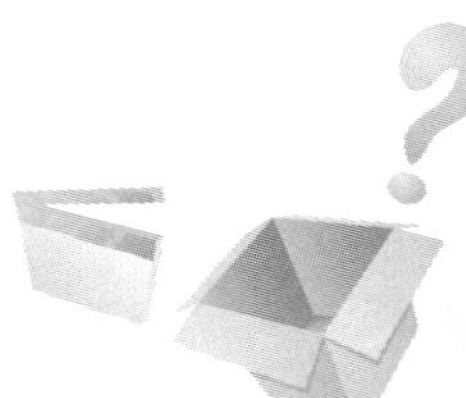

打骂孩子的结果是负面的

天下父母都盼望孩子能成就一番事业,但当父母把望子成龙,望女成凤的愿望强加在孩子身上时,却是收效甚微。

如果孩子不愿做某些事,而家长却强逼着孩子去做,那样只会导致孩子越发地反感,不良情绪无处发泄。如果家长过于勉强孩子,甚至以打骂来迫使孩子听话,就更不能获得有效教育孩子的结果,家长不妨用以下方法来对孩子进行教育。

调整对孩子的期望

父母望子成龙,望女成凤的心情可以理解,但是有的父母往往拿着过高的标准来要求孩子。因此当孩子由于种种原因在某些方面没有达到父母的期望时,就会不可避免地出现父母与孩子之间的冲突与矛盾。打骂只是父母的一种感情发泄,对改变孩子的现状没有任何帮助。与其这样白费力气没有效果,不如家长将对孩子的期望降低一些,让孩子无压力地前进。如果父母必须要对孩子设定一些要求,也一定要对孩子的成长状况进行考虑。

龙龙的父母都是知名音乐家。他们希望小龙龙能够继承他们的事业,并能综合两人的特点,有更高的成就。因此在龙龙刚满周岁的时候就开始音乐方面的熏陶和培养。3岁后开始正式让孩子每天接受两个小时的训练。然而小龙龙却对音乐一点也不感兴趣,随着年龄的增长逐渐有了反抗的意识。一天,龙龙又被父母关在家里学

音乐，可他学不进去了，因为窗外小朋友玩闹的声音实在是太有诱惑力，太吸引他了。龙龙站起来想跑到窗前去看他们，却被爸爸一把抓回来，劈头就挨了一巴掌。龙龙哭着叫妈妈，没想到妈妈并没有阻拦爸爸，也没有安慰龙龙，而是骂龙龙没出息，不像他们的儿子。妈妈的骂声使爸爸火上加油，于是爸爸随手从身边拿起一根木棍对龙龙抽打起来……当龙龙被医生宣告抢救无效死亡的时候，龙龙的父母感觉很茫然，而更让他们茫然的是他们很快被警方控制住了。这一对音乐家夫妇觉得自己是在“教育”孩子，怎么会是这样的结果呢？

放下父母的架子，尊重孩子

有的父母比较传统，喜欢在孩子面前保持家长的威严，对待孩子通常是以上对下的态度。其实，父母想教育好孩子，就要从内心里对孩子尊重，要真正地放下父母的架子，平等地看待孩子，将孩子当做成年人那样尊重他。

从多方面了解孩子

对孩子多一分了解，就减少一分误解。父母一定要从百忙中抽出一些时间与孩子、孩子的老师多多沟通，尽量对孩子在学校和家庭中的表现有一个全面的把握。这样一旦孩子真的出现不恰当行为的时候，父母在心里也知道该怎样去教育孩子。

盛怒时不管教孩子

当父母在极度愤怒的情况下，肯定会感性地处理问题，无法理智地管教孩子。因此，当父母的心情无法平静的时候，要转移自己

的注意力去做别的事，或是暂时离开孩子所处的环境，等自己冷静下来再管教孩子。当脾气暴躁的父母面对不听管教的孩子时，通常最直接的反应就是对孩子打骂。实际上，父母此时应该让自己的头脑冷静下来，尝试着与孩子进行沟通，走入孩子的内心世界，耐心地询问孩子做错事的真正原因。当父母集中精力了解孩子的想法并想办法帮助孩子把问题解决掉，就会发现其实孩子的行为是可以原谅的，同时也会减轻自己对孩子的愤怒和失望等很多负面的情绪，进而也就避免了打骂孩子。家长要把孩子当朋友看待，因此，为了使孩子能够健康地成才，父母绝对不能打骂孩子，要以理服人，对孩子循循善诱，给孩子的成长创造一个良好的环境和一片快乐的空间。

细节提示

当孩子实在是说教、打骂都没有办法的时候，家长也不要强逼着孩子去做事，顺着孩子的个性对孩子进行教育，是最好的教育方式。

孩子禁不住恐吓和欺骗

家长对孩子都是百依百顺,时间一长就养成了孩子娇气、蛮横的一些坏习惯。家长可能会采用吓唬孩子的方法使孩子听自己的话,认为严厉的管教就可以教育好孩子,但是却不知道这样会造成孩子的心理问题,为孩子以后健康成长留下隐患。

恐吓是对孩子的精神施行暴力,以镇压为手段,来达到控制孩子精神和行为的目的。每个人都不喜欢被镇压,即使是成年人,如果被威胁、被恐吓,在内心里也会充满愤怒,有反抗的欲望,即便暂时被动地服从恐吓者的威压,也不会愉快、主动地完成指令,更不可能突破性地将事情做好。

对孩子进行恐吓会有哪些危害

1. 容易使孩子精神紧张

人人都有恐惧感,这是正常的心理现象,但如果恐惧感持续时间过长,恐惧程度过于强烈,并与孩子的年龄不相称,就会造成小孩的心理问题,使孩子容易做噩梦,睡眠不踏实,不利于孩子的身心健康。因此父母要尽量避免对孩子的不良刺激。不能因为孩子吵闹、不听话,就用鬼神或凶猛的动物等对他们恐吓,比如“你再哭,小鬼把你抓走”等,当时确实是把孩子吓得不哭闹了,也比绞尽脑汁地向孩子解释为什么不要哭、怎么才算听话要容易得多,可是,恐吓产生的后果却是很多家长开始没有料到的,它会造成孩子精神紧张,容易对黑暗或动物等产生恐惧感。

2. 对大人不信任

恐吓会影响孩子的个人品质塑造，经常恐吓孩子，孩子会形成条件反射，惧怕家长经常提及的事物，导致胆小、软弱的个人品质形成。大人无法制止孩子的哭闹时，就会使孩子对家长不信任，认为家长欺骗自己，孩子长大以后也会对周围的人和事产生不信任。

3. 对孩子的一生造成影响

不要用警察、医生、老师等恐吓孩子，一个害怕警察的孩子，即使迷路了，也不会去向警察求助，一个对医生怀有惧怕心理的孩子，在生病的时候不会情愿地跟医生合作的，一个对老师惧怕的孩子，就不能安心听老师讲课。孩子的心里有不安的土壤，轻则性格压抑，无法集中精力学习，重则会萌发出很多恐惧，并可能最终导致为不幸事件，毁掉孩子美好的一生。

家长该怎样对孩子进行教育

1. 多理解孩子

家长在对孩子进行教育的时候要讲究方法，不能依靠恐吓和威胁获得孩子短时间的乖巧，应该善于寻找、发现孩子不听话的根本原因，然后针对性地进行教育，同时要善于赏识和理解孩子，不要用过高的要求让孩子做力所不能及的事情，要站在孩子的角度，及时发现他的进步和长处。比如孩子在吃饭时总会掉一些饭菜在餐桌上，家长首先要理解，孩子的自制能力和精细动作还不完善，出现这种状况很正常。然后通过对孩子的鼓励和赏识，促使孩子改正自己的缺点和不足，比如："你比以前进步很多了，掉的饭菜越来越少，继续加油，你会成为一个节约粮食、爱惜粮食的好孩子！"

2. 含蓄暗示的方式更有效

如果父母能运用间接、含蓄的方式对孩子的行为和心理施加

教育影响，不但符合孩子要求独立、自尊的心理特点，还会使孩子更容易理解家长的意思，与家长站在一条战线上，配合家长的教育，特别在公众场合，间接、含蓄的教育比直接教育的效果更好，还能起到积极作用。只要家长在教育孩子时讲究一些含蓄、暗示的艺术，并能以心平气和的状态与孩子玩玩“心理战术”，就可使对孩子的良药不苦口、忠言不逆耳，还能使顽皮的孩子乖乖地听从教育。

3. 对孩子进行安慰和鼓励

对已经有恐惧感的孩子，家长要给孩子以安慰，对年龄稍大些、已经懂得一些事理的孩子，要反复耐心地讲解事实真相，并多次让他们与恐惧对象接触，身临其境，帮助他们消除恐惧感。比如家长陪着孩子，先开灯站在房间内，然后关灯，让孩子明白黑暗也不恐怖。

细节提示

孩子年龄较小，有时候不会了解家长说出恐吓他的话是为了什么。而家长也不能为了让孩子听话对孩子进行恐吓，尤其不能说这些话：“让公安局来抓你”、“再哭，让狼把你叼走”、“再不听话，把你送给要饭的”、“看我不打死你”。

孩子比大人更爱面子

如果孩子被家长当着众人的面揭自己的短,甚至被揭开心灵上的伤疤,那么孩子自爱、自尊的心理防线就会崩溃,甚至会产生以出丑为光荣的变态心理。

保护孩子的面子,尊重孩子,对孩子的成长是特别重要的。站在孩子的角度想问题,尊重孩子,有助于孩子形成和产生一种自爱、自重、自尊,并要求得到别人尊重的情感。具有这种情感的孩子,在日常交往中,既能尊重他人又能尊重自我,因此他们也能得到别人的尊重,在生活、学习中就会责任感强,自信心高,有进取精神。

注意时间和场合

家长尽量别在早晨、吃饭时和睡觉前批评孩子。在早晨批评孩子,可能会让孩子一天都没有好心情;吃饭时数落孩子会影响孩子的食欲,时间久了会对孩子的身体健康不利;睡觉前数落孩子,会影响孩子的睡眠质量,对孩子的身体发育不利。家长最不应该在公开场合批评孩子,比如:公共场所、当着众多亲朋的面、当着孩子朋友同学的面。孩子也是有自尊心的,如果家长在公开场合对孩子进行批评,会让孩子很没面子,还可能会对家长心生怨恨、心怀不满,会影响孩子与家长之间的感情。

批评要合理

合理批评才能使孩子从心理上接受,才有可能抑制孩子的不良行为、不良品德、不良学习态度与不良习惯等。

家长批评孩子首先要把孩子的不良行为事实搞清楚,夸大其词、事实不清会使孩子有拒绝心理。因此,家长在批评孩子时,要做到就事论事,不能翻旧账,不能把无关的事情也拿出来说一说。生活中,有些家长批评孩子时会遭到抵触,甚至让孩子产生不满情绪,就是因为家长批评时夸大其词,或者理由不充分,导致孩子反感。

批评与教育结合起来

批评孩子的目的是为了纠正孩子不良品德、不良行为、不良学习态度与不良习惯等。为了使批评能够达到目的,家长在批评孩子时一定要向孩子讲清楚不良习惯、不良品德、不良学习态度与不良行为的危害性,使孩子感到非常有必要改正错误与克服这些缺点,家长批评自己确实是为了自己能够更快地进步、是为了自己好。

批评要在关键主题上

家长的批评要就事论事,有针对性。然而,有些家长批评孩子却是东拉西扯算旧账,而不是就事论事,把上星期、上个月,甚至一两年前孩子的错误都放在一块儿算。这样就容易转移家长要批评孩子过失的主题,如果孩子不知道自己挨批评的原因是什么,也不明白家长让他改正什么,而是一大堆缺点,容易使孩子失去信心,产生消极情绪。

要给孩子申诉的机会

家长也应允许孩子在批评不符合事实时做出解释,因为假如孩子心里非常委屈而表面上虚假地表示接受批评,实际上批评不仅对孩子没有帮助,还可能引发各种弊端。与此同时,家长也要让

孩子明白，让孩子做出解释的目的并不是为了孩子推卸本来应负的责任，孩子解释时用实事求是、心平气和的态度。

成功的家庭教育源于家长对孩子的深入了解，以及对孩子的尊重和接受而不是揭孩子的短。所以，当家长不满意孩子的表现行为时，千万不要随意劈头盖脸地指责孩子，要根据孩子不同时期的心理特点给予积极引导。

细节提示

实际上，孩子的脸面比大人的脸面更重要。所以，家长们不要当众批评指责孩子，因为孩子每一个行为都是有原因的，是由孩子的生理、心理年龄具有的特点所决定的。也许这些原因在成人看来是不值得在乎的，但在孩子的心里却是很严重的事情，如果家长不了解孩子的原因而当众批评孩子，不仅解决不了问题，反而会使问题变得糟糕，使孩子产生抵触逆反情绪，很难继续对孩子进行教育。

孩子不笨，大人要高看他一眼

在现实生活中，有一部分孩子缺乏信心、略显滞后。他们认为自己在某些地方，甚至很多地方都不如别人，对自己的评价是“不能干”、“能力有限”、“很笨”等，这都是家庭教育的失败所造成的。

孩子各方面达不到父母的标准让父母感觉孩子很差劲，并为此大伤脑筋。如果家长能换一个角度，确信孩子从来不会差劲，并用这样的思维去指导孩子，那么孩子一定会变得更好。面对爱捣蛋或脑子反应慢的孩子，绝对不能打骂，因为这些孩子需要我们更多的肯定和赏识，具体方法如下。

可以创造条件，让孩子显示出能力来

现在社会对人的能力要求很高，孩子也不可避免地被迫提高自身能力。面对这样的现实，家长总想为孩子做些事情，其实家长能做的事情很简单：无论在家里还是在学校，家长要注意孩子的兴趣变化，根据孩子自身条件进行后天的培养。孩子的好奇心和厌倦一样旺盛，所以不能任由孩子自然生长，一旦确定了孩子的优点和长处，要给予孩子一定的压力和强度，让孩子能够发挥自己的长处，并学会持之以恒。即使孩子对于坚持有一些抗拒和排斥，也不能放弃，因为学习习惯是需要耐心培养的。

徐女士的儿子上小学，语文成绩不错，但不喜欢学数学，因此成绩比较差。一次，儿子从学校回家，对妈妈说：“学校给我们测了一下智商，老师说我左脑不如右脑发

达，数字概念差，形象思维能力强，所以我的数学成绩不如语文好。看来，我的数学成绩想提高是没希望了。”徐女士惊讶地问：“真的这样吗？明天我去问一下老师。”为此，徐女士特意去了学校，找到孩子的班主任，并与班主任暗地里达成了一项约定。几天后，徐女士十分认真地对儿子说：“儿子，有一件大事要告诉你，我去学校问过老师了，老师说他当时搞错了，你的测试结果是左脑比右脑发达，学数学会比学语文要容易多了！”“是真的？老师真是这么说的？”儿子惊喜地睁大了眼睛，挺兴奋。“对呀，老师告诉我说，他看错结果了，他说的不是你而是另一个同学，你的左脑比右脑发达。”儿子信以为真，真的感觉自己的数学一定能够学好，这个结果完全转变了他对自己的看法，从此，儿子在学数学的时候提起了精神，恢复了自信，数学成绩很快就超过了语文成绩。因此，对父母来说，重要的是相信孩子所拥有的潜力，只要能充分发挥这一做法，任何一个孩子都会变得了不起。

赏识孩子的努力而不是聪明

遇到风霜雨雪，聪明的人跑掉了，笨的人亲自尝试，却意外地在风霜雨雪中成长。笨的人逐渐领悟到：“付出努力不一定会获得成功，但想获得成功却永远需要付出努力。”那些经常被夸赞为头脑聪明的孩子，常常把分数看成聪明所得，分数高低比任何东西都重要，一遇不顺就容易灰心，而且不敢也不愿意接受新的刺激和挑战，而那些被赞赏为做事努力的孩子，则更愿意做出大胆的新尝

试，并尽自己最大努力去做好。

要用欣赏的眼光看待孩子

家长要坚定一个信念，即孩子永远是最好的。不少父母盼望孩子成才的心太过迫切，几乎不能容忍孩子普通的成绩与暂时落后，常常把自己焦急的心情强加在孩子身上，但这样做往往会适得其反。家长要学会欣赏孩子，每个人之间都有差距，是无法进行比较的，家长应该感觉自己的孩子永远是最优秀的、最好的。因此家长可以先冷静下来，即便孩子不能让人感到满意，也要学会忍耐与等待，不要过于心急，多想想孩子的好处，感谢孩子给家庭带来的快乐和幸福，不要总想他的缺点。调整好自己的心态，少批评责骂孩子，多给予他们鼓励与赏识，孩子才会有信心和勇气继续走自己的人生路，最终获得精彩的人生。

 **细节提示**

家长应该赏识孩子的努力和勤奋，对孩子的努力给予最热情的鼓励和支持。不要担心孩子的头脑不够聪明，而应该担心孩子的不努力。家长应该重视孩子的努力，故意淡忘孩子的聪明，并把这种思想传达给孩子，让他们明白只有努力付出才能获得家长的夸奖和认可，进而逐渐懂得：聪明只能改变一时的成绩，而努力则为一生的命运奠定基础。

夸奖要具体适当

每个孩子都需要得到家长的夸奖和赞赏。家长对孩子热情的夸奖能够帮助孩子拥有更多的技能。但是,家长的夸奖只适于孩子所取得的进步和学习的进展,而不是用同样的赞美之词面对所有时刻。

父母可以常常夸奖孩子,但应该夸奖孩子的成果、学习的进步和坚持不懈的刻苦努力,不要单纯地赞赏他聪明。

夸奖孩子需注意的三大原则

1. 夸具体不夸全部

"宝宝真棒",这样对孩子的表扬对家长来说已经再熟悉不过了。在家长眼里,孩子的每一个成长进步都是值得赞美和惊叹的,孩子会笑了,孩子会翻身了,会说话了,会蹦了,在这些不断的惊喜中,家长习惯于对着孩子做出"真好!""真棒!"这样的评价,却不知家长随口的赞赏,可能会带来消极影响。直到有一天,家长突然发现孩子经不起一丁点儿挫折害怕失败。原因在于家长总是笼统地表扬孩子会让孩子无所适从,比如你真棒,真厉害。当孩子为妈妈端了一次饭,妈妈与其开心地夸奖"好孩子,你真棒",倒不如告诉他"谢谢宝贝帮妈妈端饭,妈妈很高兴"。具体有针对性的表扬会更容易让孩子理解,并且知道今后如何努力,应该怎么做。

2. 夸努力不夸聪明

"你真聪明!"这也是家长惯用的评语。如果家长对孩子的每一个进步都用"聪明"来做标准,即将导致孩子认为自己的好成绩

就等于聪明，一方面他不会变得"自信"而是"自负"，另一方面，他们会采取回避的态度面对挑战，从而避免显得自己不够聪明的结果。被夸奖为聪明的孩子更倾向于选择自己有把握做得非常好的事情，而被夸奖为努力的孩子更倾向于选择有挑战性的事情去做。

3. 夸事实不夸人格

家长要夸奖孩子做出来的事，而不要夸奖他的人格。家长经常的夸奖语言比如"好宝宝"就是对孩子人格的夸奖，"好"是很抽象的概念，范围比较大，如果孩子经常被这样夸奖，反而会有压力。当成年人被别人不断夸奖为"好同志"时，开始会很开心，逐渐就会觉得有压力，甚至不想努力做好事情，以便能够喘息、休息。因此，如果家长总是这样夸奖孩子，孩子也会感到压力。

夸奖孩子的三大窍门

1. 留心孩子的努力

家长首先要了解孩子做事情的整个过程。家长有的时候能够亲眼看见孩子付出的努力和良苦用心，那么在总结孩子行为和成绩的时候，就不妨详细地描述一下自己的所见所闻。比如孩子写完一篇作文后，在阅读作文后进行评价说："文章的开头新颖独特，你能想出这样的开头真是不容易；中间的过程描述能看出你经过了认真仔细的观察；结尾用的这句话比较精彩，用它能恰当地点题……"这样，你把孩子在作文上所付出的辛苦都一一说了出来，孩子的脸上肯定会立刻洋溢愉快自信的笑容。如果家长没有亲眼看见孩子的努力，可以通过询问的方式让孩子自己说出努力做事的过程，家长不失时机地在孩子陈述时加以适当的点评，同样可以给孩子一个有用的赞美。

2. 夸孩子别嫌“啰唆”

家长夸奖孩子时通常会很随便地张嘴就来,甚至有点心不在焉,当孩子的表现很好时,家长夸奖孩子的第一反应就是“你真棒”,既符合鼓励的教育标准,又省事。实际上这样的表扬对孩子的成长没有很大意义。家长可以用一些夸奖技巧,比如用更多的话语来描述孩子的努力,就能很快引起孩子的共鸣,自然达到了夸奖的目的。

3. 把夸奖当“预防针”

夸奖不单纯是事后对孩子的肯定和鼓励,有时候在能预见到孩子会抵触某些事情时,可以提前夸夸孩子,用表扬来预防孩子的不良行为,没准会有意想不到的效果。牛牛的妈妈在牛牛生病,给牛牛喂药之前,对爸爸说:“我发现牛牛和别的孩子不一样,别的孩子吃药的时候都哭,可他不怕吃药,从来不哭。这一点他和别的孩子真是不一样。”然后妈妈把中药端给牛牛。牛牛捧着碗,红红的小脸上一副紧张的表情,一口气就把苦苦的中药喝下去了。

细节提示

适当的夸奖可以激励孩子,还能让孩子感觉自己特别有能力,明白自己积极地努力能让自己在将来成功,或是对别人更有帮助。